U0563388

杨沛英／主编

创新农村社会管理

*I*nnovation of
Rural Social Management

社会科学文献出版社
SOCIAL SCIENCES ACADEMIC PRESS (CHINA)

目 录

序 …………………………………………………… 任宗哲 / 1

第一章　农村社会转型呼唤农村社会管理理论创新……………… 1

第二章　工业化、城镇化浪潮对乡村社会的冲击 ……………… 17

第三章　农村改革矛盾凸显期农村利益关系的新变化 ………… 30

第四章　农村人口城市化进程加快背景下出现的

　　　　社会管理新问题 ……………………………………… 43

第五章　农村劳动力转移与人口迁移带来家庭结构新变化 …… 56

第六章　城乡文化碰撞与融合过程中的思考 …………………… 68

第七章　村民自治与村民委员会选举的现状与问题 …………… 80

第八章　农村社会管理中县乡村的治权与分权 ………………… 91

第九章　农村环境问题现状和形成原因 ………………………… 102

第十章　各地在创新农村社会管理实践中的新探索 …………… 113

第十一章　创新农村社会管理的目标和路径 …………………… 136

第十二章　创新农村社会管理的基本原则 ……………………… 147

第十三章　把解决民生问题作为创新农村社会管理的出发点和

　　　　　落脚点 ………………………………………………… 157

第十四章	建立上下联动、多方配合的农村社会应急管理体系……	180
第十五章	创新农村公共文化产品供给方式……………………	195
第十六章	加强农村基层组织和人才建设……………………	212
第十七章	创新农村社会保障的政府支持……………………	225
第十八章	全面推进义务教育，提供更加丰富的优质教育………	239
第十九章	加强农村环境保护工作的原则和对策建议…………	254
第二十章	建立以农村襄理为主体的红白喜事理事会，解决村民婚丧大事操办中的困难…………………	270

Table of Contents

Preface   Ren Zongze / 1

Chapter 1   Rural Social Transformation Needs Innovative
            Management Theory   / 1
Chapter 2   Impact of Industrialization and Urbanization
            on Rural Society   / 17
Chapter 3   New Changes of Rural Interest Relation in the Period of
            Prominent Contradiction of Rural Reform   / 30
Chapter 4   New Problems of Social Management in the Rapid
            Urbanization of Rural Population Process   / 43
Chapter 5   New Changes of Family Structure in the Migration of
            Rural Labor and Population   / 56
Chapter 6   Thinking in the Process of Collision and Fusion Between
            Urban and Rural Culture   / 68
Chapter 7   Villager Autonomy and Villager Committee Election:
            Situation and Problems   / 80
Chapter 8   Power and Decentralization of Grass-root Government
            in Rural Management   / 91
Chapter 9   Current Situation and Causes of Rural
            Environmental Problems   / 102

Chapter 10	New Explorations of Innovation on Rural Social Management Practices in Different Areas	/ 113
Chapter 11	Goal and Path of Innovation on Rural Social Management	/ 136
Chapter 12	Fundamental Principles of Innovation on Rural Social Management	/ 147
Chapter 13	Start Point and Goal of Innovation on Rural Social Management: Issues of People's Livelihood	/ 157
Chapter 14	Establishing the Interaction System for Rural Social Emergency Management	/ 180
Chapter 15	Innovation on Supply Ways of Rural Public Cultural Products	/ 195
Chapter 16	Strengthening the Construction of Rural Grass-root Organizations and Talents	/ 212
Chapter 17	Governmental Support for Innovation of the Rural Social Security	/ 225
Chapter 18	Promote Compulsory Education Comprehensively and Provide Abundant High Quality Education	/ 239
Chapter 19	Principles and Countermeasures of Strengthening Rural Environmental Protection	/ 254
Chapter 20	Establishing Council of Rural Assistant Managers to Solve the Difficulties in the Weddings and Funerals	/ 270

序

由陕西省社会科学院农村发展所全体同志历时半年多合作完成的《创新农村社会管理》一书终于结集成册，由社会科学文献出版社即日出版。这是一件值得庆贺的事情。

首先，这本书是破解农村社会管理难题的新作和力作，对认识和解决当前农村社会管理问题有借鉴和参考意义。统筹城乡发展，"三化"同步推进，是我们党解决"三农"问题历史经验的最新总结，也是"十二五"时期所要完成的一项重大任务。然而，在统筹城乡发展、"三化"同步推进过程中，创新农村社会管理问题变得愈来愈突出。农村社会管理问题是城乡一体化和农村社会转型期出现的突出问题，也是农村管理面临的新的历史课题。

改革开放步入新阶段以后，农村社会形态出现了一些新的显著变化。一是工业化、城市化进程加快，农村劳动力和人口在城乡之间的流动频率和流动量空前增大，城乡居民之间生活习惯和文明相互影响、相互冲突，城乡融合的步伐加快；二是市场经济对家庭经营方式的冲击日益加剧，小生产与大市场的矛盾更加突出，农产品市场供求和价格波动的频率和程度日趋激烈，改造传统农业的任务迫切艰巨；三是城乡之间生产要素流动组合中的利益关系日益复杂，村庄改造、房屋拆迁、土地征用过程中矛盾频发，群体性事件较前增多；四是在村民自治和民主管理推行中农民的公民意识日益觉醒，当家做主意愿增强，社会诉求多元化问题日益凸显，农民的思想统一工作更加难做；五是农村管理体制和税费制度改革以后，农村基层组织权力散发的方式和渠道出现了新的变化，原来行之有效的组织动员农民群众的方式方法已经过时，短期内还没有找到有效的与群众沟通协商的方式方法。

从农村社会管理的角度而言，有三个领域必须高度关注。一是留守妇女、儿童和老人的物质与精神生活必须高度关注。改革开放以来，城乡人口流动性加剧，大量劳动力外出，农村以老人、小孩和妇女为主，他们大多缺乏关爱，精神生活空虚，需要获得来自社会物质和精神方面的慰藉。二是家庭经营的兼业化、边缘化问题值得高度关注。大量劳动力和人口转移城市以后，农户家庭兼业化、边缘化趋势明显，土地收益已经不能满足农户需要，务工收入成为农民收入的主要来源，土地对农民的吸引和束缚程度降低，农业产值不再是他们关心的主题，对家庭经营和传统农业生产方式改革与创新成为主题，谁来种地的问题被提上议事日程。三是"两栖"农民工像候鸟一样于城乡之间来回流动带来的社会管理问题需要解决。进城农民工非常向往城市生活，但务工的不稳定和城市生活的高成本使他们难以变为城里人，孩子义务教育补助、新农合医疗保障、父母亲养老保险都和户籍捆在一起留在原籍，使他们难以割舍与家乡的联系，只好游离于城市与农村之间，城市把他们当流动或暂住人口管理，农村的公共服务又不便利享受，因而带来诸如计划生育、医疗医保、孩子上学、户籍管理、党团员登记与过组织生活等一系列社会管理问题。

其次，这本书的出版，是在村民、村委会和乡镇政府三个层面，对农村社会管理实践和经验全面总结。农村社会管理的出发点和根本目的是满足农民全面而自由发展的需要，因而农村社会管理必须围绕解决农民的政治地位、权利与义务、社会保障与公共事务决策等众多领域的价值诉求来进行，并通过农民主体地位的全面提升，来促进农村社会和谐稳定，经济全面发展。

表现在村民全面而自由发展层面上，农村社会管理主要是解决利益多元、经营分散和农民觉悟提高问题。由于农村主要劳力外出务工，留守妇女和老人农活家务繁忙、接受培训不够，思想素质不适应形势需要，村民在公与私的利益冲突中，对服务的需求愿望增多，对参与、协同、自治、自律、互律的积极性不高。由于受知识和眼界所限制，一些年纪大的农民小农意识、小私有观念严重，商品经济观念较差，在经济活动中斤斤计较眼前得失，看不到经济发展走势和长远利益。农民生活习惯与文明程度的提升，商品经济意识的觉醒和农业科技知识的提高，单靠生产生活中的经验积累是远远不够的，必须通过教育培训及科学的社会组织机制来提升，所以创新农村社会管理的基本任务是教育培训农民，用农村发展的美好远景吸引农民。

表现在村级管理层面上，农村社会管理主要是解决村民自治、村务公开和村政普选的民主集中制建立和完善问题。虽然广大农村普遍建立了村委会普选、村民会议和村民代表会议制度，有的村还建立有监事会、理事会和村务公开等制度，但由于家庭户主外出打工的人多，流动频繁，留守妇女和老人家务繁忙，农活繁重，组织村民会议比较困难。一些地方虽修订完善了村民自治章程、财务管理制度、"村务三公开"等制度，但遵章办事执行力度不够，少数基层干部存在贪污、侵占、挪用、乱支胡花问题；村民自治和村委会民主选举已普遍实行，但由于家族势力和利益集团干预较多，选举中弄虚作假以及请客拉选票等问题时有发生。因此，建立公开公平、民主协商、民主监督的村民自治制度仍然是一项长期任务。

表现在乡镇层面上，农村社会管理主要要解决执政理念、执政水平和工作作风的转变问题。目前，在我国农村，一些乡镇党政组织的治理方式不适应农村新形势。一是"乡政村治"的治理模式存在"断层"。一方面是乡镇党政组织管理与村民自治组织之间的"断层"，乡镇以上是行政管理，村以下是民主自治、自我管理，两者之间缺乏有效衔接；另一方面是村委会与村民小组（经济社）的"断层"，集体所有的土地、山林、水塘等财产基本上掌握在村民小组（经济社）手中，是农村真正的经济实体，一些村民小组组长（经济社社长）任意处置集体资产，乡镇组织和村委会无法有效管理监督。二是乡镇党政组织的管理职能弱化，他们把精力主要放在上级考核的各个项目中，自税费改革、农业税取消后，乡镇财政收入来源进一步削减，提供公共管理和服务的能力下降。三是乡镇党政组织的治理手段单一，习惯于行政手段和经济处罚的方式，而这些对村干部和农民群众常常"失灵"，不能有效应对农村出现的新情况、新问题。近几年来，虽然国家出台的"惠农、强农、扶农"政策愈来愈多，财政转移支付愈来愈大，农村市场环境和公共设施也在逐步完善，但政府职能转变的速度水平仍然赶不上农村发展的需要，工作作风和工作方法还未完全从行政命令型向指导服务型转变过来。由于农村公共服务体系尚不完善，部分干部"以人为本、为人民服务"的公仆意识不强，导致他们面对各种复杂问题时感到力不从心。个别乡镇热衷于搞政绩工程和招商引资，在土地征用和项目建设中过快过急，透明度不高，与群众沟通协商不够，使得干群关系紧张和上访事件频发，结果造成部分乡镇整天忙于熄火，无法安心其他工作。

再次，这本书坚持以统筹城乡发展理念为指导，站在城市看农村，跳出农业抓农业，理论观点有前瞻性。党的十七届五中全会审议通过的《中共中央关于制定国民经济和社会发展第十二个五年规划的建议》中明确提出，在工业化、城镇化深入发展中同步推进农业现代化。这是我们党科学把握现代化发展规律，构建新型工农、城乡关系的重大部署，是着眼经济社会发展全局的重大战略，但在实际推进中仍然存在一些难以克服的矛盾和困难。例如，工业化、城镇化用地刚性需求和农业规模化对土地刚性需求的矛盾，农村劳动力总体过剩和农业经营人才严重短缺的矛盾，米贵伤市民、谷贱伤农民的矛盾，等等。为克服这些矛盾和问题，解决农村社会经济发展的结构性难题，我国政府要坚持统筹城乡发展、"三化"同步推进的理念，以城市化视野看农村，跳出农业抓农业。

一是解决米贵伤市民、谷贱伤农民问题，保持农业稳定和解决农产品安全问题上要坚持城乡统筹，站在城市看农村。近年来农产品价格和市场波动屡屡发生，2007年出现以猪肉打头的农产品涨价，使中央不得不连续7次下调利率，抑制物价上涨势头；2008年为应对世界金融危机对我国经济的冲击，中央实行了积极的财政政策和宽松的货币政策，出台了4万亿元的经济刺激计划，但宽松的货币政策并没有带来农业的发展，反而出现了2010年初以蔬菜打头的农产品的全面涨价，导致中央又不得不采取措施，抑制通胀的压力。总之，农产品供给剧烈波动，价格像过山车一样上下震荡，弱质农业就像一把剑，一直悬在我们的头上，随时有可能掉下来腰斩我们的全面现代化。农业、农村和农民问题看似发生在农村，根子却是二元分割的经济体制。长期以来，我们一直实行的是工农业产品"剪刀差"的城乡交换模式，用农民的廉价劳动力维持低价位的农产品价格，这样，一方面使城镇居民能够消费价格较低的农产品，另一方面通过城乡交换的"剪刀差"为国家工业化提供资本原始积累。这种带有掠夺性的城乡交换模式，在农村劳动力大量剩余并且靠国家对城市消费市场的垄断时尚可维持，但现在农村劳动力市场已发生质的变化，农村用工成本成倍上升，已不再可能用廉价的农村劳动力维持低价位的农产品了。米贵伤市民，谷贱伤农民，二者利益很难兼得。因此，我国政府必须坚持城乡统筹发展，站在城市看农村，用跳出农业抓农业的办法统筹解决。

二是平衡土地流转和征用中的利益关系需要坚持城乡统筹，站在城市看农村。工业化、城镇化不断侵蚀耕地和农产品需求刚性增长，使得保护耕地"红线"的矛盾愈来愈突出。工业化、城镇化发展对土地的需求是刚性的，粮食安全和保障其他农产品供给对土地的需求也是刚性的，两种刚性需求造成的用地矛盾在实践中很难调和。城镇建设用地过度扩张，而城镇人口却没有同步增长。现在几乎所有的市和县都在争城市建设用地指标，而国土管理部门却一再发出警告，说国家规定的18亿亩耕地红线岌岌可危。时任国家发展和改革委员会秘书长杨伟民在上海城镇化发展高层论坛上指出："本世纪以来，国内城市建成区面积扩张了50%，而城镇人口只增长了26%。国家级和省级开发区超过1500个，平均每个开发区面积6平方公里，大的15平方公里以上。"因而他提出了"'十二五'期间要通过一项规定防止特大城市面积过度扩张,增加城市人口密度"的规划。另外,工业化、城市化带来的城市人口增长,意味着农产品需求增加也是刚性的,这将会给农产品供给带来更大的压力。城市人口增加后也许直接消费的粮食会减少,但肉、蛋、奶、菜、果、糖、棉等产品将会显著增加,而这些产品有的是由大量的粮食转化来的,有的要和粮食生产争占耕地。所以长远来看,保障农产品稳定供给,维护粮食安全,关键还是要坚持城乡之间的协调发展。

三是解决农村劳动力和人口转移带来农业劳动力结构性、季节性短缺矛盾,也需要统筹城乡,站在城市看农村。总体上来看,农村土地承载了过多的劳动力和人口,农村劳动力和人口向城镇转移是符合经济发展规律的。但在农业生产方式落后、经营规模弱小、机械化优势难以施展的情况下,不少农村又出现了地无人种或者粗放经营农业的问题。据本书作者在陕西11个地级市的11个村共300个农户的入户调查资料显示,接受入户调研访谈的人男性占36%,其中20~55岁的仅占28%;女性占64%,其中20~55岁的占55%。这说明目前留在农村的劳动力绝大部分是妇女和55岁以上的老人。那么,5年以后最多10年以后,当这些老人和妇女失去劳动能力以后,谁留在农村搞农业,现代化农业靠谁来完成?近几年来,农村用工成本大幅攀升,雇用零工每天工价最低70元钱,最多100元以上,另外还有管午饭、送烟等附加条件。由于劳动成本大幅上升,一些劳动密集型的生产环节,比如摘棉花、苹果套袋、摘花椒、摘草莓等,已很难雇到零工,有的经营者已开始寻求用机械代替人力操作,有的寻求用休闲农业方式吸引城市人自己采摘,还有的干脆放弃经营,任其腐烂或者任由别人采摘。要解决农村劳动力短缺问题,从长远看,我国政府必须加大工业反哺农业、城市支持农村的力度,加快改造传统农业,提高农业机械化、科学化水平。

最后,这本书的出版有利于在全国上下齐心协力完成"十二五"规划,党的十八大胜利召开之际构建农村和谐稳定的气氛。通常认为,一个社会，当它开始急剧转型时，也是社会冲突频繁发生、社会心理危机大量涌现的时期。从失意农民工群体性讨薪到城镇化改造和土地征用中的上访事件，从留守儿童的无奈到空巢老人孤独寂寞，无不表明农村社会正在经历复杂的心理危机与社会转型。

今日中国，经济高速增长，社会财富积累迅速，但同样不可回避的是正在拉大的贫富差距和城乡差别，这一切问题的解决，迫切需要我国政府尽快健全社会福利保障体制，完善对底层群体的制度性扶持，强化维护公平与正义的人文精神。当前，关注蛋糕做大问题还是蛋糕分配问题，绝不是单纯的经济问题，而是比较敏感的政治问题。国际经验表明，人均 GDP 在 3000 美元～10000 美元的阶段，既是中等收入国家向中等发达国家迈进的机遇期，又是矛盾增多、爬坡过坎的敏感期。这一阶段，经济容易失调，社会容易失序，心理容易失衡，发展容易掉进"中等收入陷阱"。我国 2010 年人均 GDP 按照汇率法计算已接近 4500 美元，已跻身中等收入国家行列，因此，"中国会不会深陷其中？中国能不能越过这道坎"是发展中遇到的新的挑战。要知道，正是在挫折与绝望之间，在诱惑与无助之间，一些人才因失去爱与信仰，而同时失去直面日常挫折的平常心。经年累月的不如意让他们觉得"被社会抛弃"，由此产生种种愤懑，不惜以聚众闹事、频繁上访等过激的行动来维护自己的权益。因而，寻求心理慰藉和社会公平正义，随时随地关注社会心理健康，是社会进步的重要标志之一，而跨越这场社会危机与心理危机的关键，仍在于以权利为公约的公民教育的程度和水平，在于创新社会管理。

农村稳则天下安，农业丰则百事兴。本着对广大农民生存权利的尊重和个人生命与家庭负责的态度，及时化解部分农民的心理危机，政府与社会对此要有所作为。广而言之，包括积极推进社区、农村、学校、企业等心理疏导机构和民事调解机制建设，塑造自尊自信、理性平和、积极向上的社会心态等。与此同时，心理危机更离不开公民教育、生命教育。所有这些，都是创新农村社会管理应该关注的内容和要追求的目标。

陕西社会科学院农村发展研究所是陕西省社会科学战线专门研究"三农"问题的研究机构。近年来，他们深入基层、深入群众，坚持理论联系实际的工作作风，完成了一系列有分量的研究课题和专著力作，《创新农村社会管理》是最新的成果。杨沛英作为该所所长和该书的主编，付出了艰辛的努力和不少心血。

最后，预祝该书出版发行能顺利完成预期目标，希望社会各界能关注这本书，喜欢这本书。

陕西省社会科学院党组书记、院长　任宗哲
2012 年 7 月

第一章　农村社会转型呼唤农村社会管理理论创新

党的十六大以来，社会建设与经济建设、政治建设、文化建设并列为四大建设之一，同时提出要加强和创新社会管理，建设和谐社会。这凸显了社会建设和社会管理所具有的战略性、基础性、保障性重要地位，也说明创新社会管理具有很强的客观必要性和紧迫性。创新社会管理面对的领域既宽泛又深远，面临的问题既复杂又多样，但最具挑战意义的是创新农村社会管理。我国有13.32亿人口，其中6.7亿人生活在乡村，1.8亿人生活在县城和建制镇。县镇和县级以下的乡村社会，既是中国社会最大的村落群体，又是中国社会稳定的重要保证。自古以来，我们就有"农村稳而天下幸"的古训。乡村社会不仅在数量上占中国社会的大多数，而且就其发展变化轨迹而言，也反映了中国社会发展的基本特征。因此，认真研究和梳理农村社会管理创新问题，既有重要的理论意义，又有迫切的现实意义。

一　农村社会转型及其历史学分析

农村社会转型主要包括两个方面：一是农村组织架构的历史变迁；二是农村社会管理对象、管理目标与管理任务的改变与换位。

（一）农村基层组织架构变迁引起的社会转型

新中国成立以来，农村村一级组织和乡镇一级组织经历了三次较大的变化。村一级组织经历了互促组、合作社、人民公社组织架构向家庭承包责任制实行后村民自治组织架构转变的过程。以十一届三中全会为标志，农村村一级经济和行政组织进入改革开放时期。家庭承包经营责任制实行以后，村经济组织由生产大队和生产队改为村委会和村民小组，原来"三级所有、队为基础"的集体经济组织改为土地家庭承包经营、村集体经济组织共有土地的统分结合、双层经营的经济组织。村政方面，"文革"期间人民公社的人民代表大会和革命委员会是基层政权组织，又是集体经济的领导机构，基本组织结构沿袭"三级所有、队为基础"的模式，某某生产大队改称为某某大队革命委员会，生产队依然称为第几第几生产队。1975 年《宪法》规定，地方各级革命委员会是地方各级人民代表大会的常设机关，同时又是地方各级人民政府，从法律层面确立了人民公社和生产大队政社合一、政经一体的体制结构。1979 年召开的第五次全国人大第二次会议通过的《关于修改〈中华人民共和国宪法〉若干规定的决议》中，将地方各级革命委员会改为各级人民政府。至此，革命委员会组织自上而下宣布结束，大队革命委员会转变为村民选举、村民委员会自治的组织架构，政社合一的生产大队被村民委员会所取代，生产队作为村政组织，被村民小组所代替，而作为集体经济组织被搁置起来。

乡镇一级组织经历过小乡制、大乡制、人民公社、恢复乡制、撤乡并镇等几次大的改革。1950 年 12 月，中央人民政府政务院颁布了《乡（行政村）人民代表会议组织通则》和《乡（行政村）人民政府组织通则》，确认乡与行政村同为农村基层政权组织，实行的是小乡制。1954 年《中华人民共和国宪法》和《中华人民共和国地方人民代表大会和地方各级人民委员会组织法》规定县以下农村行政区划为乡、民族乡和镇，撤销了行政村建制，实行了大乡制。1958 年中央八届六中全会通过《关于人民公社若干问题的决议》，我国农村基层政权建设正式进入了人民公社时期。人民公社化开始是由高级农业合作社的小社并大社引起的,当时认为农业合作社的规模和公有化程度,已经不适应生产力发展的要求,因而要全面推行小社并大社,将规模较小的农业生产合作社改变为"规模较大的、工农商学兵合一的、政社合一的、集体化程度更高的人民公社"。现行乡镇一级政府是20世纪80年代中期农村体制改革的产物。1983年10月12日,中共中央、国务院发出《关于实行政社分开、建立乡政府的通知》,要求在1984年年底以前大体上完成建立乡政府的工作。四川省广汉县向阳乡率先摘掉了人民公社的牌子,成立了向阳乡人民政府。以此为标志,农村、乡村两级基层组织行政管理制度的改革在全国各地自发地开展起来,到1986年,全国农村人民公社政社分开、建立乡政府的工作全部结束,实行了长达25年的政社合一的人民公社被乡镇政府所替代。① 在恢复乡镇建制的二十余年里,乡镇政府根据农村实践发展的需要,先后进行了三次大的改革。第一次是1986年建立乡镇财政,改变乡镇报账制度;第二次是1994年增设机构,将原来的乡办、党办两个办公室改为4~5个办公室,并增加6~7个事业单位,乡党委、乡政府两套班子逐渐分化为"五套班子",分别是乡镇党委、乡镇政府、乡镇人大、乡镇纪委、乡镇武装部;第三次是2002年撤乡并镇,为减少财政支出将乡镇数减少1/5到1/4。几次改革虽然目标和任务有所不同,但总的局势是放权让利、扩大农民自主经营和村民自治权利的过程。

(二)农民由单位人(公社社员)向社会人转移与换位带来的社会管理对象的变化

改革开放以后,农业生产方式的最大变化即是土地由集体"共耕制"向家庭承包经营模式的转化。土地经营交给了农户,土地管理交给了村民委员会。农业生产大队和生产队改为村委会和村民小组后,原

---

① 中共中央党史研究室:《中国共产党历史(第二卷)》,中共党史出版社,2011,第492页。

基本经济核算单位的村集体经济组织虽然没有明确其经济组织的地位，但作为村委会和村民小组的附着物是客观存在的，仍然是集体土地的法人代表，同时又是统分结合、双层经营的统一层次。据《陕西统计年鉴》资料，2011年年底，全省有29207个村民委员会，163559个村民小组。按照中央文件和有关法律条文，这些都是统分结合、双层经营的集体经济组织，农户分散经营之上"统"的经营层次。从过去三十余年的演变局势看，集体经济组织在逐步消亡，大多数村、组已丧失了"统"的功能。村委会和村民小组是村政组织，他们只是集体土地法律上的代表者和管理者，在划分庄基地和土地小调整中继续发挥某些作用，平时很少干预农户的经营活动。土地耕作已承包到户，三十年不变，长久不变。原有的集体资产也所剩无几，除个别村办企业搞得好的村组还为农户提供某些服务项目外，大多数村组已丧失了统一服务功能。

农民身份的最大变化是由单位人变为个体的人。1979年以前，"农民"称呼并不多见，大多数情况下为"某某公社某某大队、第几生产队社员"。当时的农村人也像现在机关事业单位的人员一样，是单位的人，社会身份是公社社员。公社作为政社合一的基层组织，既是一级经济组织，又是基层政权，管理上推行半军事化管理，农民基本没有个人财产权和个人自主权。分配上搞平均主义、刮共产风；生活上大办公共食堂，搞所谓的供给制。这种现象导致农民说出"除了一双筷子、一只碗是个人的，其他都归公了"这样的话。人民公社化运动严重挫伤了农民的生产自主权和生产积极性，加上全国范围内滋长的浮夸风，使新中国成立以后发展起来的农业生产力遭到极大破坏，国民经济步入长达三年的困难时期。1962年以后，虽然将基本核算单位降为生产队一级，实行了"三级所有、队为基础"的公有制形式，但被挫伤的农民生产积极性始终没有调动起来。1983年开始实行的政社分开、建立乡镇政府的机构改革，是我国农村继普遍推行家庭联产承包责任制以后的又一项具有深远意义的改革。这次改革解放的不单是农村生产力，而是农民的身份，在农业生产方式由土地集体所有、集体共耕向家庭承包经营模式转变的同时，农民也由单位人变成社会人。这标志着农民不仅作为财产所有者成了土地真正的主人,而且作为独立的人成了真正意义上的公民。

(三) 农村劳动力转移和人口迁徙引起的社会管理任务的变化

城镇化进程加快带来的直接后果是大量农村人口向城镇转移和迁徙,由此带来了农村社会管理对象、任务、目标的显著变化。从农村管理的角度而言,近年来有三个变化值得关注。首先是农村常住人口结构的变化。农村人口流动性加剧,大量劳动力外出,农村人口加速向城市集聚。人口结构以老人、小孩和妇女为主,青壮年劳动力和人口急剧减少。留守人员缺乏家庭关爱,精神生活空虚,需要加强人与人之间的交往,需要各户之间的联合互助,需要通过新的管理机制满足人口结构变化后的管理与服务需要。其次是经济结构的变化。现有的土地经营收益已经不能满足农户需要,土地对农民的吸引和束缚程度降低,务工收入成为农民家庭重要的收入来源,家乡对他们来说是一种难以割舍的牵挂,而农业产值不再是他们最关注的问题,他们希望留守人员得到社会组织照顾,使自己能在外安心挣钱。再次是农民工"两栖"现象比较普遍。这一现象导致人口流动频率加剧,给社会管理和交通运输增加了新的难题。例如,在计划生育、党团员组织生活、孩子上学等方面,原有的管理形式已不再适应。农民工进城后同样面临一系列新问题,在城市难以扎根。以上问题造成农民对土地的离而不弃,一方面,务工的不稳定和城市生活的高成本使他们不愿放弃农村的退路,宁愿游离于城市与农村之间;另一方面,他们向往城市生活,又希望农业收入成为他们转变成市民的后方基础。

二 农村社会转型与农村社会管理的目标定位

农村社会转型与农村社会管理创新关系密切,是正相关因果关系。农村社会形态在变化,农民群体的组织结构和社会身份在变化,农村的治理也必须跟着变化。

（一）农村社会管理创新的价值核心与目标定位

农民本身即是农村社会管理的价值核心，农民自由而全面的发展就是创新农村社会管理的价值归宿，因而创新农村社会管理应该以农民的全面发展为社会管理的核心，坚持农民本位的价值取向。为了满足农民全面而自由发展的需要，农村社会管理必须解决农民的政治地位、权利与义务、社会保障与公共事务决策等众多领域的价值诉求，并通过农民主体地位的全面提升，农民民主意识的觉醒，自省自律行为的养成，推动和建设农村和谐社会，促进农村的全面发展。

十七大以来，以胡锦涛同志为总书记的中央领导集体提出了以人为本的执政理念，高度关注民生问题。胡锦涛同志担任总书记以后多次讲到"情为民所系，权为民所用，利为民所谋"的民本思想。十七大报告把"发展为了人民，发展依靠人民，发展的成果由人民分享"以党的文件的形式再次提了出来，这是马克思主义人本思想在我国的生动体现。科学发展观的核心是以人为本，既继承了马克思主义人本思想，又是对天赋人权普世价值的批判性吸收。

马克思主义人本思想有四个主要内容，其中就有天赋人权的普世价值成分。具体内容如下。第一，"人本身是人最高的本质"，就是说人的存在就是人的最高价值，人的生命权是第一位的，人应该爱人，因而"被压迫的人和压迫别人的人都不是真正具有人性的人"。第二，人应该全面发展，不应该被生产活动和社会活动所异化。分工是人全面发展的必要环节，同时又是造成人的异化的帮凶。"个人受分工的支配，分工使他变成片面的人、畸形发展的人，使他受到限制。"而解决人的异化问题的办法是利用分工带来的生产力发展成果解放劳动者、公平分配。另外，通过社会变革扬弃分工和私有制。第三，"人本身的发展是衡量经济发展，社会进步的最终尺度"，所以，人的全面发展不仅是经济发展的原因，而且是经济社会发展的最终目标。第四，人是自然的一部分，人有双重身份，"主观上作为他自身而存在，客观上又存在于自己生存的这些自然天机的条件之中"。因而人应该和自然界和谐相处，遵循自然规律。创新农村社会管理，现阶段最主要的议题就是要全面准确地落实科学发展观，坚持以人为本，以农民自由全面发展为价值核心，以提高农民的福祉为目标，坚持"情为民所系，权为民所用，利为民所谋"的执政理念。

（二）创新农村社会管理的主要议题和任务

社会管理的基本任务包括：协调社会关系，规范社会行为，调节社会矛盾，解决社会问题，化解社会风险，促进社会公正，实现社会和谐。创新农村社会管理就是根据农村管理对象、目标与任务的变化，与时俱进地创新社会管理的方式方法，提高基层政府和干部的执政能力和执政水平，全面完成上述社会管理任务。

从理论层面上看，创新农村社会管理的逻辑诉求是行政理性和制度理性。人类本质上是理性的，因而管理人群的政党和政府及管理者也应该是理性的。保障行政理性和制度理性要坚持四项原则：一是专业化和职业主义施政原则；二是政府公权力运行与运用的公开、公平与公正；三是公职人员天下为公的公仆意识；四是依法施政的原则和理念。

职业主义意味着专业化，专业化的程序操作者比外行更有可能作出合理的判断，作出符合实际的决策，保障决策的正确性和一致性。西方国家公务员队伍实行政治官僚和技术官僚的双轨制，既顺应了政党政治的一般规律，又坚持了职业主义与专业化决策原则，应该说有其可取之处。日本首相和政府频繁更替，但社会秩序却能基本保证稳定和正常运转，这与专业化、职业化的技术官僚队伍是分不开的。保证公权力和行政资源理性和公正使用的另一个重要原则是依法办事，法律体现的是制度理性。法律和政策法规一般情况下是通过立法程序形成的，大多数是科学的、理性的。新中国成立以来，党和政府坚持"立党为国、执政为民"理念，努力实现行政理性和制度理性，其探索实践大体经历了三个发展阶段：一是"大跃进"年代和"文革"时期的盲目冒进、"左"倾主义泛滥的非理性阶段；二是改革开放以后"摸着石头过河"本能的自在的行政理性阶段；三是坚持科学发展理性的自觉的行政理性阶段。中共中央政治局坚持集体学习六十余次，邀请一百多位专家就当前热点问题进行讲座，政治局全体成员集体学习讨论，极大地提高了决策的科学性与实效性。

创新农村社会管理实践原则是实事求是、按客观规律办事。邓小平讲："过去我们搞革命，是靠实事求是；现在我们实现四个现代化，同样要靠实事求是。"实事求是、按客观规律办事，是我们党一贯坚持的思想路线，也是克敌制胜的一大法宝。原因有两个方面，一是作为某个特定的组织和个人，认识上总是有局限性的，一个人不可能穷其一切知识，但党的事业是方方面面的，非常复杂，因而只有坚持实事求是的思想路线和理论联系实际的工作作风，摸着石头过河，才能避免出现大的偏差。二是受党内某一阶段的风气使然，可能在某个时期会出现某种倾向性的东西。"楚王爱细腰，后宫多饿鬼"，领导干部政绩观不正确或者领导好大喜功，下面的人争相效仿，就形成党内和社会上的不实事求是之风，所以，我党要养成坚持实事求是、密切联系实际的工作作风和坚持真理、敢说真话的勇气。从党的建设和发展的历史经验来看，要坚持实事求是的思想路线，除了党的各级领导要始终保持求真务实的工作作风之外，还必须始终坚持用科学的世界观和方法论观察事物、认识事物发展的内在规律。比如，对当前农村社会出现的新情况、新问题，对当前农村形势的估计，就有一个如何认识事物的本质和内在规律的问题。

当然，权力运行和运用的阳光化操作，公务员队伍为人民服务的公仆意识也是保障行政理性和制度理性的重要保障。"立党为公、执政为民"是党和政府始终坚持的执政理念，但如何才能把这一理念贯彻于社会管理工作的始终，就取决于执政者和管理者的执政能力和执政水平。其中保证权力运行的公开、公平与公正和公务员队伍为人民服务的公仆意识是两个关键环节，程序理性和良知公正缺一不可。中国共产党执掌全国政权后，党的第一代和第二代中央领导集体在领导社会主义建设和改革开放实践中，确定了如何执政的大政方针，积累了丰富的执政经验。但是，经济社会发展的丰富实践和世情国情的不断变化，对党的执政能力和执政水平提出了更高的要求。所以提高执政能力和执政水平是当前的重要课题。胡锦涛总书记讲："提高党的执政能力，首先要提高党领导发展的能力。"而提高领导发展的能力则是"要把科学发展观贯穿于发展的全过程"。

（三）创新农村社会管理贵在与时俱进

认真研究改革开放以来农村社会管理的变革历程，我们可以看出农村社会管理经历了政府职能的市场化、政府行为的法制化、政府决策的民主化、政府信息的公开化过程。这一过程是一个不断变化与不断革新的过程，也是依据事件发展需要不断探寻与摸索的过程。

进入新世纪以后，我国经济社会发展呈现出一系列新的特征。第一，经济实力显著增强，但结构性矛盾和粗放型增长方式尚未根本改变；第二，人民生活总体上达到小康，但收入分配差距拉大的趋势还未根本扭转；第三，社会主义市场经济已基本确立，但影响发展的体制机制障碍依然存在，改革攻坚面临深层次的矛盾；第四，农业基础薄弱，农村发展落后的局面尚未改变；第五，社会建设取得一定成就，但许多民生问题有待解决，经济社会发展存在的主要问题依然是不平衡、不协调、不稳定、不可持续等问题，解决这些问题需要科学、理性的发展理论作指导。

十六大以来，我国农村经济社会发展进入到又一个大好时期，"十一五"时期是农民收入增长最快的历史时期。但是，从总体上来看，依然存在农业基础不牢、农村建设滞后、农民增收困难、城乡经济社会发展差距拉大等问题。当前，关注蛋糕分配问题决不单纯是城里人议论的问题，也是农民特别是农民工队伍高度关注的问题。由于不能顺利实现农业二次飞跃和农民收入持续增长，加之农业生产资料和劳动力价格快速提高，导致农民投资农业的积极性下降，农业增长动力特别是内生动力不足。同时，农村劳动力转移和人口城市化过程又遇到各种阻力，使2.37亿农民在城市与农村两地之间来回奔波，造成交通压力增大、流动人口基数庞大、新的社会管理问题凸显等诸多问题。

另外，快速发展以后带来的问题并不比发展前少。国际经验表明，人均GDP在3000~10000美元的阶段，既是中等收入国家向中等发达国家迈进的机遇期，又是矛盾增多、爬坡过坎的敏感期。我国2011年人均GDP按照汇率法计算已达到5600美元，已跻身中等收入国家行列。这一阶段，经济容易失调，社会容易失序，心理容易失衡，发展容易掉进"中等收入陷阱"。发展后造成的贫富分化加剧、产业升级艰难、城市化进程受阻、社会矛盾凸显等问题已经显现。这些年我国经济的高速增长，主要是靠土地、资源、能源、劳动力等成本的低廉来发展的。现在人口和资源"红利"已经吃得差不多了，发展的成本要素迅速上升，投入边际效益不断递减，国际贸易受金融危机的影响，优势正在弱化。因此，如果我国不能加快转变经济发展方式，优化经济结构，刺激国内消费，则必然出现对外贸易受阻而内生发展动力不足的双重困境，掉进"中等收入陷阱"。

农业生产方面，随着农村商品经济的发展和市场法则向农村的不断渗透，市场经济固有的波动性和难以预测性对农民打击越来越大，流通和加工环节的问题不断上升，小生产与大市场矛盾愈加凸显。近年来，农产品供给市场和价格的剧烈波动，给城市居民生活和农业生产流通带来了难以承受的阵痛，农业急需通过统与联等产业化生产方式来弥补分与散的缺陷，使农户生产经营由小与弱转为大与强。我国农业当前的生产现状是既没有西方式的农业合作社（如欧洲），也没有东方式的农民协会组织（如日本和我国台湾地区）。农业生产弱小分散，农民群众是一盘散沙，因而在市场竞争中屡屡受挫，农民家庭经营收入难以持续增长。目前，我国农村社会管理需要面对的一个重要问题就是如何通过农业生产方式的进一步变革，让农民由封闭分散的自耕农，变成既有分工又有协作的农业企业。

从我国农村基层组织的现状看，乡镇政府作为单纯的行政组织，已不能满足农村经济发展中的这些客观要求。我们党长期形成的动员、引导、组织农民的优良传统正在丧失，乡镇政府的日常工作和农民的生产经营活动联系很少，村组基层组织和农户的生产活动也相互脱节。基层行政权力缺乏向农户行使的有效形式和渠道，处于体外循环（指农村经济活动）状态。村民委员会是村政组织，只在农村政治民主化中有现实意义，而在组织动员村民从事生产销售方面普遍软弱无力。由于和村民没有经济上的实质联系，政治上的影响力也就打了折扣。在多数村民还处在为生存而劳作的情况下，离开了经济联系的政治民主，其动员组织群众的影响力就显得有些苍白无力。要知道，政治和经济从来密不可分。毛泽东主席曾经说过，严重的问题是教育农民。农村社会管理要面对的一个重要问题就是如何教育和引导农民群众。

三 农村社会管理理论创新综述

社会管理作为一种社会实践活动，需要理论的指导和学科的支撑。显然，公共管理学、组织社会学、公共行政学和财政与税收都是社会管理的基本理论基础。对于特定的农村社会管理而言，还必须有人、社区与群落等人类学知识作支撑。

（一）有关社会管理创新问题的理论评介

就社会学发展历程而言，从迪尔凯姆对社会秩序的强烈关注到帕森斯的结构功能主义，再到亚力山大的新功能论，社会问题是如何形成的，社会的秩序从何做起，一直是社会学家最关注的基本问题；经济学、公共行政学和财政税收学，一直企图通过效益与公平兼顾的制度安排来促进社会秩序的良性互动；人类学也试图通过对人的本性和生存状态的剖析，通过对特定人群历史和现实的文化解读来构建理性的社会秩序。总之，有关社会管理创新的问题已经引起各有关学科的高度关注，其中对社会管理产生较大影响的有以下理论。

1. 大众社会理论

撒切尔主义提出的所谓精英集团把控的大众社会理论主张通过塑造社会精英"生机勃勃的美德"，即倡导自给自足、思想独立、勇往直前，对朋友忠贞不贰、对敌人坚贞不屈的品德，来影响社会和把控大众群体，构建生机勃勃的社会秩序。①

2. 社区主义理论

滕尼斯更希望通过构建和谐社区来构建合作性道德秩序。他认为社区本身就蕴涵着和谐要素，社区中社会关系建立在情感、传统和共同纽带的基础上，社区成员对社区有强烈的认同感、归属感，人与人之间亲密度高、感情深、道德约束感强，社会整合度高。社区主义认为社区存在"道德的声音"、非正式的约束机制、情感性质的社会关系、较多的社会联系、高水平的回应能力、权力与责任平衡的相互约束等，可以使人、社区和社会处于理想状态。②

3. 社会资本理论

20世纪80年代以来，社会资本的理论对社区重要功能和存在意义进行了新的阐述。社会资本理论认为，个人与邻里相互接触，就会产生社会资本的积累，社区最大的特点是社会单元群体性善意、伙伴关系、相互同情和交往、相互照应，这些积累起来就会形成社会资本，这些社会资本可以为自己提供便利和帮助，同时具备社会互助潜力，使社区总体受益于成员之间的合作帮助，从而提高整个社区的生活质量。③

4. 包容性治理理论

近几年兴起的包容性发展也被看做是一种倡导机会平等的民主协商基础上的社会治理。包容性发展其最基本的含义是公平合理地分享经济增长机会和发展成果，实现不同国家、不同地区、不同人群、不同阶层之间的共赢与共享。包容性发展不认同泛竞争型发展观，认为这种发展理念只看到事物中互相否定、互相排斥、互相对立的一面，试图通过"优胜劣汰"的丛林法则使自己一股独大，却没有看到事物内部还存在着相互依存、相互协作的统一性的另一面。这种排斥性较强的泛竞争发展最初伤害的是其他竞争方的利益，进而妨碍所有市场主体共同利益，最终会酿成一同咬住、一同困死的悲哀结局，反过来阻碍自身的发展。

---

① 〔美〕迈克尔·S. 格雷弗：《真正的联邦主义》，王冬芳译，陕西人民出版社，2011。
② 〔英〕大卫·G. 格林：《再造市民社会》，邬晓燕译，陕西人民出版社，2011。
③ 夏建中：《合作性道德秩序：和谐社区建设内涵》，2012年5月7日《中国社会科学报》。

对组织（地方政府或企事业单位）而言，团体间的泛竞争发展固然有其合理性，但过度竞争会产生负面作用。因而在解决利益之争过程中，各个方面都不宜过分扩张自己，而应该兼顾其他，实现多赢共赢。

（二）农村社会的特点及其对社会管理理论的甄别

1. 乡村社会结构的特殊性

乡村社会与城市社会是完全不同的两个社会群落。德国社会学家腾尼斯在其《社区与社会》中最早提出社区的本质属性："社区是一种比邻而居、相识相知、出入相友、守望相助、疾病相扶的富有人情味的社会生活共同体。"乡村社会的社区本质属性最为典型，其社会联系和社会结构更为复杂，是由业缘、地缘和亲缘共同作用而形成的社会群体。从政治关系看，村民们祖祖辈辈同住在一个自然村，相互联系非常紧密，家庭之间相互依存，共进共退，剪不断、理还乱；从经济关系看，他们共同拥有所在地的农田，生产中相互协作，生活中相互帮衬，困难时相互借贷，遇到大事（如婚丧嫁娶）时共同面对；人际关系方面，血缘、姻缘和朋缘融为一体，亲戚套亲戚，打断骨头连着筋。这种社会关系和社会结构，城市社会根本不能与之相比。因为这种社会关系是在较小的人群中（几百上千人）形成的，因而对社会组织与社会结构的演变影响很大。而在城市非常大的群体中，血缘、亲缘、地缘关系尽管存在，但对城市社会关系和社会结构的影响有限，城市社会特别是大城市基本上是由业缘而联系、由流动人群组成的商人社会，人与人的关系主要是劳动雇佣关系、生产协作关系、商品交换关系、单位同事关系等。因此，创新农村社会管理，特别要注意农村社会结构的特点，有针对性地设计农村发展未来的组织框架和管理模式。

2. 对管理理论的选择性甄别

首先，社会管理的目标选择要确认是塑造一个精英集团把控的大众社会，还是塑造一个大众普遍参与的合作性道德秩序。撒切尔主义提出了一个所谓的塑造精英社会的"生机勃勃的美德"，即倡导自给自足、思想独立、勇往直前，对朋友忠贞不贰、对敌人坚贞不屈的品德。然而，精英社会所注重塑造的个人品德和孤芳自赏，难以与普通大众产生共鸣。他们在注重塑造个体道德的同时，却忽视了市民美德，即自我牺牲，公民责任，团结互助，人人为我、我为人人的合作性美德。个人责任和相互之间的义务是市民社会富有活力的基石，而精英集团所要建立的理想主义福利国家，把社会管理界定于为其他所有人提供全方位服务的理想主义境界，因而销蚀了支撑市民社会富有活力的泉源。

其次，社会性的参与机制的重要性毋庸置疑。社会性参与是分散化治理（distributed govern-ance）的特征和机制。体现在社会管理领域，社会性参与就是将政府职能通过向社会转移或委托代理等方式，转移出政府，以达到提高行政效率，推动政府管理现代化的目的。罗·达尔认为"独立的社会组织在一个民主制中是非常值得需要的东西，至少在大型的民主体制中是如此，其功能在于使政府的强制最小化，保障政治自由，改善人的生活"。现在被大多数人认同的社会管理指导原则，即党委领导、政府负责、社会组织协同、公众广泛参与的管理格局，只是从管理者的构成要件出发来设计管理机构和管理机制，而忽略了被管理者的认知和感受。一般认为，政府主导应以公开、公正、公平分配为原则导向，建立相应的财政扶助的政策制度，尤其要改善针对社会弱势群体的社会福利政策，通过实现公共服务的全社会共享，以彰显社会政治民主的价值。对于我国农村的社会管理而言，引入社会性机制参与社会管理的目的就是要打破政府的一元垄断，倡导管理主体多元化，寻找有利于公共利益实现的治理模式。

最后，要特别关注社区发展。根据联合国1956年的定义，"社区发展是指依靠人们自身和政府当局的共同努力，改善社区的经济、社会和文化状况，使社区融入国家生活并对国家进步作出充分贡献的过程"。将社区发展机制应用于农村社会管理，其作用主要体现在三个方面：一是农村发展的动力主体是政府、社区居民及各类组织，它们之间相互补充；二是社区发展的目标是农村公共利益的实现，充分体现社区生活的公共性和社会性；三是社区发展的过程是合作的体现，以改变村民的观念和心理，培养村民的自治能力和合作精神，建立社区内部的良性互动，从而带动国家和社会的整体进步。

四 农村社会管理创新的基本维度和思路

农村社会管理创新的基本维度和思路有以下六个方面。

1. 坚持以村民自治为特征的社区化管理模式，发育农村公民社会

主要实现路径有以下几个方面。一是充分发挥村民自治的民主管理机制，坚持和完善村委会民主选举。政府适当退出自治民主的领域，增强社区的独立性、自治性和社会公益性特征，使之成为独立的社会管理主体。二是发挥政府的制度供给功能。政府要培育和扶持并依法管理农村社会的组织，利用各类组织和渠道为村民提供服务、反映诉求、规范行为和秩序。三是从立法、政策和资金等方面，政府要积极支持农村公民社会的发育，增强村委会和各类社会组织参与社会管理的能力，以承接政府转移的部分社会管理职能。

2. 吸引村民广泛参与村中事务，增强社区成员互动与合作

一是政府通过社区事务的广泛动员和参与，培养村民对社区的认同感和归属感，让农民在广泛参与中将"我"变成我们。二是政府要完善多元化的公民社会监督机制，增强社区成员的责任意识和互动意愿，完善村监事会职能，坚持"村务三公开制度"，加强对农村社会组织的管理和监督，强化组织自律，杜绝权力寻租现象的发生。

3. 实行网格化、信息化管理，推进村民联保和自治

网络、信任和规范是社区社会资本构成的基本要件。依据农村自然村分散居住和家族化集中居住的特点，政府正好可以利用农村社会资本的特点推行网格化、信息化管理：实行大社区套小社区的网格化管理模式；推行自然村或者家族内的联保与自治；建立更小范围内的大家共同认定的信任和规范机制。

4. 坚持用共同的发展愿景凝聚人心，将管理目标内化于心

发展是硬道理，农村中的问题最终还是要靠进一步发展来解决。如果没有共同认可的奋斗目标和责、权、利统一的权利和义务，农民不可能听从于任何人的指派和安排。

5. 通过公平的支持规则和合理的投入机制，为农村公民社会发展提供资金支持

受农民最讲现实和传统的平均主义使然，如果没有公平、透明、合理的扶持规则和投入机制，给农民再多他们也不会满意。政府对"三农"提供资金支持，一定要注意程序和结果的公平、透明与公正，这样才有利于培养农民的集体感、责任感、归属感等社区公民意识。从目前情况看，农村公民社会所需要的资源中，最需要加强的是网络化的组织资源、智能化的人力资源与技术化的信息资源等。

6. 坚持用群众的办法治理农村社会，提高群众自我管理能力

一是政府要坚持开门议事、与群众互动、让群众参与的群众路线，构建"听民声、察民情、办民事、排民忧、解民怨"的工作机制，通过发扬密切联系群众的工作作风解决群众中的问题；二是政府应利用民间力量去组织动员群众，让民间组织资源为党和政府所用，让乡村的道德模范、经济能人、技术能手、红白喜事协会等，协助基层组织做好农村社会管理工作；三是政府要用群众的办法解决群众的问题，坚信"妙方在民间，关键在发现"，充分相信群众和依靠群众，借鉴、沿用群众创举，助推农村社会管理工作。

参考文献

[1] 中共中央党史研究室：《中国共产党历史（第二卷）》，中共党史出版社，2011。

[2] 〔美〕迈克尔·S. 格雷弗：《真正的联邦主义》，王冬芳译，陕西人民出版社，2011。

[3] 〔英〕大卫·G. 格林：《再造市民社会》，邬晓燕译，陕西人民出版社，2011。

[4] 夏建中：《合作性道德秩序：和谐社区建设内涵》，2012 年 5 月 7 日《中国社会科学报》。

（杨沛英）

第二章 工业化、城镇化浪潮对乡村社会的冲击

随着农村经济、社会、政治、文化等全方位改革的不断深化，农村经济结构的调整，经济利益分配方式的转变，城乡差距的拉大，流动人口的增多，农村土地征用、房屋拆迁、移民安置等引发的农村群体性事件和社会治安案件的逐年增多，使得农村社会正在经历巨大的历史变迁。许多以前没有过的新情况、新问题不断涌现，农民的生产和生活方式、思想观念和精神面貌都发生了广泛而深刻的变化。农村的工业化和城镇化是农村开放的过程，它使农民深刻认识到工农差别和城乡差别，并从传统农业中走出来，到农村中小企业就业，到城市非农产业就业，获得比从事农业生产高得多的收入。通过打工，农民可以在城市居住和生活，享受比农村便利得多的基础设施等公共产品。

一 城市扩张对原有乡村的地沿侵蚀

城市化是城乡社会结构变动，由传统农业社会向现代工业社会转变的过程；是大批农村剩余劳动力从传统农业解放出来，进入城市二、三产业就业的过程；是农民转变为市民，人口、资本、技术向城镇集聚的过程；是全社会物质文明和精神文明发展成果为农村居民所共享的过程；是绝大多数社会成员进入先进生产方式和生活方式的过程；是全社

会成员整体素质不断提高，相互交往方式、社会秩序发生重大变化的过程。这些都是城市化积极的一面，但任何事物都有其两面性，在我国加速城市化的过程中，城市的飞速扩张对原有乡村的地沿侵蚀也在加速，造成了大批失地农民，他们被夹在传统耕种农民和城市市民之间讨生活，身份与社会极不适应，生产生活状态发生了巨大的改变。

（一）城市扩张中的农村土地流转

农村非农产业和城镇迅速扩张，引发了农地大规模的流转。土地流转的动力主要来自经济发展和行政干预。土地换社保、宅基地和农村住房换城镇住房、土地与户籍制度联动改革等做法成为农村土地流转的流行模式。而农村土地流转中的主要问题是农民权益缺乏保障。

1. 农村土地流转的原因

农村非农产业和城镇迅速扩张，引发了农地大规模的流转。越是经济发达的地区，土地流转规模越大。城市周边的县和乡镇在城市的扩张中已被归整到"开发区"。郊县原有的国家基本农田保护区也逐年在萎缩，被取而代之的是一座座现代化的工厂、一栋栋现代化的楼房。城市的大规模扩张在不断侵蚀着乡村的大片土地，近年来城市郊区的菜地越来越少，引发了全国菜价持续居高不下，成为助推本轮通货膨胀的一大主因就是很好的例证。

2. 农村土地流转的两大动力

经济发展和行政干预是土地流转的两大动力。经济发展吸纳农村剩余劳动力，推动农村土地流转是内生性城市化，是建立在农民自愿基础上的。而行政干预是地方政府追求政绩，人为城市化、外生性城市化的过程。我国目前城市化率达到51%，这里既有经济本身发展的功劳，也有地方政府的贡献。事实上，某些地方行政干预过度，一些是通过下指标、压任务强迫农民流转土地，一些是派出"征地工作组"进村入户征用土地，一些是冲破现行法律和政策限制，越过国家土地用途管制，使土地规模集中和大量流向非农用途。

3. 农村土地流转的模式

2010年7月,南京市提出通过"三个置换"实现"三个转变",即以土地承包经营权置换城镇社区保障,以分散的农村宅基地和农民住房置换城镇产权住房,以集体资产所有权置换股份合作社股权,转变农业生产方式、农民生活方式和农民身份。之后,全国其他地方纷纷效仿南京的做法。土地换社保,主要是从土地出让的增值利润中拿出一部分,乡(镇)财政按比例配套一部分,共同作为社保基金;村集体补贴的一部分资金和农民投保认购的部分进入失地农民养老保险个人账户。当失地农民分别达到55岁或60岁后,每月可以享受120元左右的生活补贴。"土地换社保"不能解决根本问题,容易诱发社会矛盾。许多专家对部分地区推行"土地换社保"的做法表示质疑,认为不能解决农民的长远生计问题。而且,专家还指出"土地与户籍制度联动改革"会诱发地方政府谋求农民土地的利益动机。对一些地方"三个置换"的做法,多数专家持谨慎态度,有部分专家明确表示反对。"土地与户籍制度联动改革"是指农民放弃家乡的宅基地使用权,将其对应的建设用地指标转让给其就业所在城市,作为城市扩张的指标,以此为条件获得城镇的户籍,同时借助这一建设用地指标而实现的城镇近郊土地增值收益,为进城农民获取公共服务筹集资金。

4. 农村土地流转中的主要问题

农民权益缺乏保障是集体建设用地流转中的主要问题,根源在于缺乏明确的土地财产权。在集体建设用地流转中存在的这些主要问题,主要原因是收益分配缺乏规范,农民权益得不到有效保障,流转中的违法、违规问题比较严重,行政干预过度,农民没有相对完整的土地财产权,国家垄断土地资源使得农村土地市场发育严重滞后。

(二)农村土地流转的方向

土地流转在农业内部向种、养大户和"新三资"企业集中,在农业外部流向"国家建设"、"工业园区和商业性开发"、"乡村集体非农化利用"等方面。

1. 土地在农业内部的流向

土地在农业内部流向本地种植、养殖业大户，非农村住户和股份合作社等三种主体。据有关统计资料显示，江苏省流转土地的58.8%进入本地种、养大户，11.5%由非农村住户经营，1%左右进入农业股份合作社，28.7%以其他形式流转，或转为非农用地，或作为建设储备地。浙江省有超过7%的土地进入工商企业，F县流转土地的67.2%由本地种植、养殖业大户受让和经营，剩余32.8%全部由非农村住户经营。

2. 土地在农业外部的主要流向

流向农业外部的农村土地、政府征用地（包括公益性、商业性、经济开发区用地）约占一半，乡（镇）村集体非农建设占三成，用于其他目的占15%，流转中"阴消"的土地约占5%。经济越发达地区，村集体非农化用地占耕地的比例越高，减少的农地主要用于工业，商业性（如商业住宅）用地和公益性用地（如公路、学校等）占较小比例。

（三）农村土地流转的形式

农村土地流转的形式有委托经营、转包、转让、互换、租赁、入股等。土地流转形式最终是由土地收益分配形式决定的。调查发现，委托经营价格每年每亩约100元，农户间转让、转包每年每亩约50元，入股土地每年每亩大约400元，其他流转形式每年每亩约60元。村集体往往在委托经营中截留部分土地收益，而其他流转形式不需要村集体作中介，极大限制了村集体参与土地流转收益分配，因此现实中，"委托经营"大行其道而其他流转形式发展缓慢。行政推动土地流转，其动机大多是打着发展"规模经营"的旗号而达到重新配置土地资源的目的。

（四）农村土地流转诱发的制度创新

农村土地大规模流转呼唤相应的配套制度改革，促进了农村制度创新高潮的到来，其中最直接的效果是农村合作经济组织蓬勃兴起和农村土地流转服务组织应运而生。

1. 农村合作经济组织蓬勃兴起

伴随着农村土地流转,农村合作经济组织蓬勃兴起。农村合作经济组织有:满足建设用地和农业规模经营需求而发展的土地股份合作社、满足运营和管理村集体巨额资本需求而发展的社区股份合作社、满足农业生产社会化服务需求发展的行业协会或专业合作社。新型合作经济组织有农民自愿、利益激励、运作机制国际标准、产权清晰、经济民主等五大特点。

2. 农村土地流转服务组织应运而生

许多乡镇、村建立了农村土地流转管理服务中心、流转土地储备库、土地信托服务中心或土地流转中心。这类服务中心的主要作用是接受农户委托,将外出经商、打工或办企业的农户不愿耕种和无力耕种土地的经营权集中,统一对外租赁或招商引资发展效益农业。

二 市场经济对农村社区邻里互助关系的冲击

费孝通先生在《乡土中国》一书中认为,传统社会是小农经济社会,以村落为基本单位聚居在一起;靠农业来谋生的人们是依附于土地的;"生于斯,长于斯,死于斯",世世代代定居于此,人口流动性非常小,使传统社会成为一个"熟习"的社会,没有陌生人的社会;而现代社会是个陌生人组成的社会、高度流动性的社会,各人不知道各人的底细,要靠契约、法律来约束和规范社会成员的行为,维护社会正常运转的秩序。

(一)传统社会农村互助互惠的邻里关系

传统社会是小农经济社会,土地是人们从事生产的主要生产资料。受土地这种生产资料固定性的局限,人们总是在故土上繁衍生息。正是由于祖祖辈辈在固定的土地上休养生息,传统社会成为一个熟人社会,没有陌生人的社会。

小农经济社会作为一个熟人社会,抬头不见低头见,宗族、亲戚等血缘关系，同学、同事、同乡等地缘关系交织在一起，盘根错节，错综复杂。社会成员之间的交往是一种长期的、稳定的行为，彼此之间信任度高，付出很容易得到回报，不讲诚信、违背风俗习惯等不道德行为很容易受到熟人圈子的惩罚。因此，互惠、互利、互助成为邻里关系的基本特征。

传统社会邻里之间的互助互惠表现在农忙时节和盖房时的互相帮工、婚丧嫁娶的参与和随礼、遭遇疾病和急事时的无息借贷等方面。

(二) 市场经济社会的人际关系

市场经济下，人们的基本生产和生活活动都要通过"市场"这个中介环节来进行。在生产方面，生产过程需要的资本、劳动力、技术等生产要素从市场上取得，劳动成果销售要在市场上进行；在消费方面，人们所需要的吃、穿、住、行、游等一切消费资料都从市场上取得；在分配方面，通过市场合理分配人、财、物；在交换方面，人们之间的一切交换活动都表现为市场上的买卖活动。

随着社会主义市场经济体制在我国的建立和不断完善，社会流动的速度越来越快，规模越来越大，人际交往的圈子逐渐扩大，完全冲破了传统社会的熟人圈子，越来越多的交际活动是在陌生人中进行的。社会流动的范围包括职业之间、职位之间、职业地域之间和生活地域之间等的流动，并且这些流动呈加速趋势。在这样的社会条件下，人们之间的交往表现为短暂性，人们之间虽然交往的数量增加了，但熟识程度却下降了，人与人之间的关系日益表现为功利性和间接性。尤其是亿万农民工进城后，传统的人际交往方式彻底被改变了。

(三) 市场经济社会农村互相交换的邻里关系

市场经济社会下，乡村原有的生产和生活方式逐渐发生了改变，价值观念也随之变化，过去生产要素、劳动的产品在邻里之间的调剂余缺都是无偿的，现在都具有了交换价值，实行等价交换的法则。

市场经济体制下,无论是在家乡从事农业生产还是进城打工,商品交换的思想注入人们的大脑,使得市场及其准则延伸到农民日常生活的所有方面,追求经济利益成为人们日常行为的动力。于是,原有的无偿互助互惠的人际关系逐渐转变为待价而沽的商品交换关系,农村社区邻里之间传统的互惠性换工、帮工、互助已不复存在,无论是在生产上还是在日常生活中农民之间的劳动关系变成了即时性的金钱交换关系。社区内人际关系的金钱化,既从根本上削弱了传统的农村社区认同,也从根本上消解了传统农村社区自身。

三 城乡之间要素流动的新动向、新要求

国家"十二五"规划提出,促进生产要素在城乡之间双向自由流动,进一步完善城乡居民的权利,健全市场化配置资源的体制机制,实现劳动力、土地、资本等生产要素在城乡之间自由流动,激发农村经济社会全面发展的内生动力,加快形成城乡经济社会一体化发展新格局。

(一) 生产要素在城乡之间双向自由流动的试点

成都市在统筹城乡改革试验区建设过程中,把促进生产要素在城乡之间双向自由流动作为一项重大的战略举措,试点坚持农村基本经营制度、科学规划和耕地保护、群众主体地位、因地制宜与循序渐进等四条基本原则。第一,农村基本经营制度是党的农村政策的基石。实现生产要素在城乡之间自由流动的改革探索,要有利于巩固和完善农村基本经营制度。第二,完善最严格的耕地保护制度。农村土地等生产要素的流动和开发利用,必须符合规划和耕地保护的要求,有利于资源节约和集约利用,促进生态环境建设。第三,农村生产要素的流动必须由农民自己做主,任何单位、组织和个人不得以任何形式阻止、限制或强制、包办,不得剥夺和侵害农民的权益。第四,实现生产要素在城乡之间自由流动的政策性、系统性强,各级政府要根据不同时期、不同情况推进改革探索,在先行试点的基础上,逐步总结推广。

成都市促进生产要素在城乡之间双向自由流动的试点主要包括三点内容。

1. 进一步夯实生产要素自由流动的基础性工作

一是深化农村产权制度改革确权颁证工作。二是在完成"暂缓确权"问题处理的基础上，进一步明晰农村土地、房屋的权属。三是鼓励支持农民集体形成长久不变的决议。四是充分发挥农民群众的主体作用，鼓励农民集体通过自主、自愿、自治方式，形成长久不变的决议，其主要内容包括：约定土地承包经营权长久不变、约定集体经营性资产和农村未利用土地使用权股份量化到户后长久不变的决议，不因人口的增减而对股份进行调整；约定自留地、宅基地使用权长久不变，确权颁证后不再新批宅基地，新增人口可通过继承、赠与、转让等方式取得；约定土地征用、征收时，按照"占谁补谁"进行补偿。

2. 深化要素流动的配套改革

一是深化户籍制度改革。乡镇政府要认真贯彻落实《关于贯彻市委、市政府〈关于全域成都城乡统一户籍实现居民自由迁徙的意见〉的意见》文件精神，促进城乡劳动力的自由流动。二是推进征地制度改革。乡镇政府要按照市委、市政府《关于实现生产要素在城乡之间自由流动的意见》（成委发〔2010〕29号）要求，按照"占谁补谁"的原则逐步推进征地制度改革。

3. 加强生产要素在城乡之间自由流动的服务

一是建立健全生产要素自由流动服务平台。乡镇政府要健全镇级生产要素流动服务平台和村级生产要素流动服务平台建设，促进生产要素在公开、公平、公正的市场环境中自由流动。二是实现农村产权的直接抵押担保融资。乡镇政府要进一步完善金融服务体系，建立农村产权抵押担保风险基金，支持金融机构积极开展农村房屋、土地承包经营权、集体建设用地使用权等农村产权的直接抵押融资。三是规范土地股份合作社的组建。在确权颁证和试点的基础上，乡镇政府要研究制定镇土地股份合作社的登记管理办法，由农民自愿组建土地股份合作社。

(二) 生产要素在城乡之间自由流动的障碍

在计划经济时代,长期工农业产品价格剪刀差致使农村和农民与城市和市民的发展处于不平等的地位,形成了较大的发展差距;市场经济时期,城乡之间、工农业之间的土地价格剪刀差,致使农用土地成为地方财政收入的主要来源,城乡之间发展差距进一步拉大,农业和农村一直处于被动和弱势的地位。

目前,要实现城乡之间生产要素自由流动存在着体制和机制上的诸多障碍。一是城市凭借优势地位,通过"虹吸效应"吸附农村的人才、资金、土地等生产要素并形成聚集,造成农村要素的单向净流出。二是农村生产要素和城市生产要素之间存在不平等交换。农村建设用地的价格,一般是城镇土地价格的1/3,而同样的贷款,在农村一般是高利息,在城市是基准利率或打折利率。三是农民进城打工享受不到与市民同等的工资、就业条件以及教育、社保、住房等福利待遇。四是市场经济下,人们行为的逐利性决定了城市生产要素很难向农村流动,因为城市相对于农村,生产要素面临更多的机会和更高的收益。五是城乡生产要素双向流动,无论是显性成本还是隐性成本都是高昂的。

四 城乡一体化进程中的制度重构与管理方式变革

城乡一体化是指一定区域范围内城市与乡村在政治、经济、文化等方面发展的有机结合,形成了以城带乡、以乡促城、相互依存、互补融合、协调发展的城乡关系,逐步消除城乡二元结构格局,实现城乡共同发展、共同繁荣。十七届三中全会审议通过的《中共中央关于推进农村改革发展若干重大问题的决定》中指出"要建立促进城乡经济社会发展一体化制度",从而把推进城乡一体化作为了国家发展战略。由于城市教育、医疗、社会保障、保障性住房等公共服务供给能力薄弱,大量进入城市的农民工并没有享受到与城市居民平等的公共服务。2011年,在城市工作半年以上的农民工及其家属已达到1.59亿人,他们已经成为产业工人的主体,却不能完全融入城市生活,处于"半市民化"状态,长此下去,容易引发社会矛盾。随着人口向城市快速集中,城市配套设施建设与管理服务水平却难以适应,未能同步提升。近年来,一些城市出现的交通拥堵、住房紧张、环境污染、事故灾害等问题,对城市治理能力形成新的挑战。同时,从规划、建设和运营等环节创新城市基础设施管理模式,也对城市政府提出新的要求。

(一) 政府功能重构与管理方式变革

政府功能重构与管理方式变革是其适应城乡一体化发展要求的必然结果。政府功能重构就是功能解构过程,包含了扬弃、重组、优化以及载体创新等诸多要素。政府功能重构与管理方式变革的原则与方向是,在公平正义的基础上按照城乡统筹的内在规律要求,搞好宏观调控与政策输出,强化区域发展的协调性,打破行政壁垒,建立与城乡一体化相对应的服务体制与运行机制。政府功能重构应采取主动重构方式,并配置以构建城乡一体化评价标准、推进大部制改革等措施。

1. 完善相关制度,解决政府功能缺位问题

政府要通过不断完善城乡一体化的经济和社会管理体制,建立健全有效的社会动员机制、矛盾协调机制、社会良性发展机制,建立农村劳动力平等就业制度、农村最低生活保障制度等,充分保障农民的就业权和社会保障权等,使农民享有平等的公民权利和待遇,从根本上实现农村社会的公正、公平和稳定。政府要着力解决农村社会管理机构人、财、物等资源配置上的问题,加强有效监督,进一步完善政府综合服务功能。

2. 转变政府职能,推动服务型政府建设

政府要切实转变职能,坚持"有所为、有所不为"的方针,不搞包办代替,实行引导扶持、分类指导。各级政府应从农村的实际出发,推动服务型政府建设,增加社会管理方面的投入,加强社会管理基础设施建设;加强农村社会治安综合治理工作,强化社会安全管理,维护社会秩序和稳定;完善农村剩余劳动力流动管理服务职能,营造城乡平等的劳动就业政策氛围；进一步完善农村社会保障制度，铺设农村社会稳定的"安全阀"；强化农村公共卫生服务职能，尤其是食品药品监管职能；调节收入分配，缩小城乡收入差距，维护社会公正，完善收入分配职能；改进农村人口与环境管理职能，保障经济和社会的可持续发展；建立健全农村社会救助、社会救济等公共帮助机制，维护与保障农村弱势群体的合法权益。

3. 发挥民间组织管理作用，作为政府职能的有益补充

在乡村社会，由家族血缘、同乡、同学、同行等社会关系组成的各类社会交往圈子或组织团体，对社会成员的行为具有教育、规范、监督等功能，这些功能比基层政府更具有效率。政府应该积极引导这些组织的发展，发挥民间组织管理作用，将其作为政府职能的有益补充，借助这些组织维持一定范围内良好的社会秩序。

（二）土地储备法律制度重构与管理方式变革

土地储备法律制度涉及的利益主体复杂多元，对社会经济的影响深远。毋庸置疑，我国土地储备法律制度是一种制度创新。从实施的效果来看，制度的建立有效杜绝了土地隐形市场和灰色交易，已经成为政府调控宏观经济、实施土地利用总体规划和城乡规划、促进城市土地优化配置、保证国有土地资产保值增值的重要举措。但是我们也应看到现行土地储备法律制度严重偏离了满足"公共利益"需要的目的，与《宪法》、《土地管理法》、《物权法》、《城市房屋拆迁管理条例》等存在矛盾与冲突。在土地储备过程中，政府角色定位有待清晰，法律支撑体系有待完善，土地储备机构地位、职责有待明确，土地收购补偿标准有待改进等问题的存在，一方面导致了社会对制度的合理性与合法性的质疑，另一方面在一定程度上影响了该制度调控经济目标的实现。因此，政府需要在制度的运行过程中不断地对其进行修正。

（三）城乡教育体系重构与管理方式变革

城乡教育一体化有利于克服城乡教育二元结构的弊端，使均衡化的公共教育服务覆盖城乡全体居民,缩小城乡教育差距。教育公平不是构建城乡一体化教育体系的全部目标,与教育公平至少同等重要的另一个目标是教育效能,即城乡教育对城乡社会发展和人的发展的贡献率。破解城乡教育二元结构、推进和实现城乡教育一体化必须从制度问题入手,改革城乡二元的教育管理制度、教育投入制度、人事制度以及教育质量保障制度,建立严格的教育行政问责制度。

(四) 农村金融体系重构与管理方式变革

金融是现代经济的核心,金融问题是统筹城乡发展和推进社会主义新农村建设的重要内容。如何顺应城乡一体化的趋势,建设适应城乡一体化要求的农村金融体系,是我国金融业当前和今后一段时期必须面对的现实课题。

第一,重构我国农村金融服务体系。对我国现有银行体系进行改革时,政府要明确各金融机构的职能定位;要放开农村金融市场准入限制,鼓励、引导、规范民间金融机构的发展;要合理引导各种民间借贷行为,充分发挥民间融资信息对称、定价灵活和市场约束严格等优势。

第二,构建协调完善的金融监管体制。目前,我国银行、证券、保险分业经营、分业监管取得了明显成效,但对典当行、担保公司、小额贷款公司和农村资金互助社等机构的监管,分散在商务部、发改委、地方金融办和地方农委等多个部门。由于对这些机构的监管不力,直接导致了金融秩序的混乱。为适应城乡一体化和金融混业经营趋势的要求,我们建议国务院应尽快理顺各个部门的监管职能,同时建立完善的监管协调机制,协调银监会、证监会、保监会、财政部等相关农村金融监管部门之间的关系,通过构建金融监管信息系统网络共享平台,加强各监管机构间的沟通交流和监管信息共享。

第三,完善相关的政策制度配套。首先要完善相关法规配套,加快制定《农村政策性金融法》、《社区金融服务法》、《互助合作金融管理条例》、《民间借贷法》、《农业保险法》,修订完善《担保法》,将农村集体土地所有权、土地承包经营权、宅基地使用权、集体建设用地使权等列入抵押范围。其次要建立全社会征信体系，实行差别化的监管政策，出台相关财政扶持政策。

（五）户籍制度重构与管理方式变革

当前，我国正处在黄金发展期，同时也是一个社会矛盾凸显期、刑事犯罪高发期，而且人流、物流、信息流、思想流很大，稍有不慎，就会引起各类事件，影响社会稳定。因此，现在社会仍然迫切需要加强对人这一根本要素的管理和服务。但是，我们必须改变过去那种把人控制在当地的户籍管理制度，推行具有流动性、灵活性的户籍管理制度，使公民获得统一的身份，充分体现公民拥有居住和迁移的自由权利，以适应社会发展和人们生产生活的需要，保障人民群众的公平竞争。这其中的一个重要环节，就是要打破城乡封锁，实行户口一元制，推行城乡户籍管理一体化进程。

推行城乡户籍管理一体化就要制定统一、具体、操作性强的规范性文件，对各类户口迁移、登记，项目变更的办理进行规范，明确办理的具体条件和手续，以保证户口管理的统一性、严密性，使户籍管理工作有法可依，也便于基层公安机关的操作。政府要宣布实行统一的户籍制度，实行城乡户口登记管理一体化，逐步取消有差别的各种户籍模式，取消"农业人口"与"非农业人口"的城乡二元户籍制度，以具有合法固定的住所、稳定的职业和生活来源为基本落户条件，同时在过渡时期可实行暂住户口与常驻户口，并制定相应的标准，实现县城和市区有合法固定住所、稳定的职业和生活来源的外来人口，均可登记户口。同时，政府应继续调整城市户口迁移政策，放宽对户口的迁移限制。

（郭普松）

第三章　农村改革矛盾凸显期农村利益关系的新变化

在工业化和城市化进程加速、经济社会转型加快、改革进入深水区、社会矛盾明显增多的大背景下，我国农村改革与发展出现了一系列利益关系的新变化，主要表现在阶层利益关系不协调、城乡利益关系不协调、地区利益关系不协调、劳资利益关系不协调、干群利益关系不协调等方面，这也是"三农问题"的新变化。这些不协调反映出"三农问题"仍然是我国经济社会的基本问题。虽然目前我国城市化率达到51%，但大量进城居住的农民工及其家属要完全融入城市社会尚需一个较长的、艰难的历史过程，今后由"三农"问题延伸出来的一系列其他问题也会逐步显现，需要开展艰巨的工作才能解决。

一　深化农村改革遇到的深层次矛盾和问题

随着我国农村全面改革的推进和各项改革的进一步深化，许多深层次的矛盾和问题逐步暴露，突出表现在以下方面：农业依然脆弱，支持和保护水平低，后劲明显不足；农村经济体制尚不完善，社会不平等程度加深，农村老龄化问题开始显现；农民权益缺乏保障，农民工非工非农，利益诉求表达渠道不畅。

（一）农业依然脆弱，支持和保护水平低，后劲明显不足

1. 农业基础设施脆弱

我国中低产田占近70%，农村原有的许多水利设施年久失修，遭到损毁，基本上靠天吃饭局面尚未扭转。

2. 农业科技贡献度低

据国家权威部门统计资料显示，我国农业科技进步贡献率为49%（发达国家为70%~90%），农业科技成果转化率为30%~40%（发达国家80%），远远低于发达国家水平。

3. 农业比较效益整体呈下降趋势

农业生产资料价格不断上涨，农业劳动力成本大幅上升，再加上农产品流通体制问题，农民比较效益整体呈下降趋势。现在农产品的生产和流通相互隔绝，农民始终处于弱势地位，价格大涨都是流通环节的中间商赚钱，农民并没有赚钱，价格大跌受害的都是农民。

4. 农产品质量安全问题突出

为了提高产量和增收，一些地区过量使用化肥和农药，在蔬菜和水果生产、贮藏和运输过程中使用催熟剂、膨大剂、保险药品等，甚至生产转基因粮食、蔬菜和水果，造成许多有害化学物品残留，直接威胁消费者的健康安全。

5. 农业支持和保护水平低

2003~2008年，中央财政支农资金占财政支出的比重分别为：8.7%、9.3%、8.8%、8.4%、8.2%和9.8%。近三年，这一比重有所增加，但与国家财力增长不相匹配。2011年中央财政用于"三农"的投入超过1万亿元，目前，按较宽口径计算，中央财政用于"三农"支出约占财政支出的10%。但是如果再考虑土地出让收益的分配，"三农"投入在整个财政支出所占比重是偏低的。

（二）农村经济体制尚不完善，社会不平等程度加深，农村老龄化问题开始显现

1. 农村社会组织发育迟缓

由于政策的审批和限制，农村各种协会、专业合作社等社会组织发育迟缓，真正代表农民利益的新型合作经济组织发挥的作用还不够，并普遍存在规模不大的问题。从政府和社会的互动过程看，主要问题是政府的力量过于强大，农村社会组织力量过于弱小，社会参与力量薄弱，发挥作用的制度空间狭小。

2. 公共财政向农村延伸不够

农村行路难、饮水不安全、供水难、环境污染难治理等问题仍然突出；教育、基本医疗资源相当稀缺；养老保险、医疗保险、最低生活保障以及失地农民社保、农民工社保等社会保障制度还很不完善。

3. 农村金融改革不到位

长期以来，农村金融改革不到位导致农村金融服务供求结构不匹配，现有金融机构商业性太强，政策性严重不足，不能很好满足农户的贷款需求。农村需要的大多是微型金融服务，一般金融机构都不愿涉足，这成为我国金融服务业中的最薄弱环节。

4. 农村阶层分化使社会不平等程度加深

改革开放以来，随着亿万农民工的进城及城市化的迅猛发展，农村社会阶层开始分化，出现了"民营科技企业的创业人员和技术人员、受聘于外资企业的管理技术人员、个体户、私营企业主、中介组织的从业人员、自由职业人员等"新的社会阶层。各阶层利益群体的收入差距在进一步扩大，社会不平等程度在加深，使得利益关系呈现复杂化的局面。

5. 农村老龄化问题开始显现

有很多地区，随着青壮年进城打工，携带妻小在城市居住，村里绝大部分为留守老人，农村中劳动力老龄化问题开始显现，农业劳动力的老龄化威胁到整个国民经济的安全。

（三）农民权益缺乏保障，农民工非工非农，利益诉求表达渠道不畅

1. 农民资产权益缺乏有效保障

目前，由于农村土地、房屋、宅基地等产权制度改革未完成，农民的土地、房产等权利仍缺乏有效保障，侵犯农民资产权益的现象还大量存在。

2. 农民工非工非农的尴尬境地

农民工离开家乡进城打工，不从事农业，但却是农民身份；在城市居住，却享受不到市民的同等待遇。城乡劳动者同工不同酬，农民工工资长期偏低，在城市买不起房，绝大多数选择在农村盖新房，要么是候鸟式地在城乡之间来回流动，要么是等年老体弱时再回到农村，造成农民工非工非农的尴尬境地。

3. 农民利益诉求表达渠道不畅

农民与其他社会阶层相比，在利益代表和表达机会方面处于不平等的地位。农民缺乏自己的利益代言人，没有话语权，利益诉求表达渠道不畅。

二　土地承包经营权、宅基地和房产权益明晰化

据有关资料统计，中国农村有建设用地2.48亿亩，其中80%是农民的宅基地，也就是2亿亩左右。2009年，针对农村集体土地等资源"底数不清、边界不清、权属不清"，村级集体经济组织和农民的合法权益得不到有效保护，农村土地流转和资源资产资本化进程缓慢等制约农业农村发展的深层次矛盾和问题，我国许多地区开展了以农村土地确权、登记、颁（换）证为主要内容的农村产权制度改革试点工作，取得了良好的成效，但同时也存在一些问题。

（一）农村产权制度改革的目的

我国农村产权制度改革是以《中华人民共和国农村土地承包法》

等法律、法规及相关政策为依据,以构建归属清晰、权责明确、保护严格、流转顺畅的现代产权体系为主要内容,促进农村资产资源权属明晰化、配置机制市场化、产权要素资本化、管理监督规范化,促进农村生产要素加速流动和优化配置,促进现代农业加快发展和农民增收,加快构建城乡一体化新格局。农村产权制度改革的作用在于通过确权,明确农民对承包地、宅基地、集体建设用地、农村房屋等的物权关系,实现农村资源的合理流动,使物权人的效用最大化,为发展规模化、现代化农业奠定基础。

(二) 农村产权制度改革的任务

现阶段,我国农村产权制度改革的主要任务有三项,一是开展确权、登记、颁(换)证工作;二是建立和完善农村资产资源规范化、制度化、长效化管理监督机制;三是培育和建立农村产权流转市场。

1. 开展确权、登记、颁(换)证工作

政府应开展农村土地承包经营权、宅基地使用权、房屋所有权、林权、村集体各类资产资源产权(包括国有土地村级使用)和其他应该明确的产权的确权、登记、颁(换)证工作。

2. 建立和完善农村资产资源规范化、制度化、长效化管理监督机制

政府应严格耕地使用,完善保护机制;推行农村集体经济"三资"(资金、资产、资源)委托代理,完善管理机制和监督机制。

3. 培育和建立农村产权流转市场

政府应培育和建立农村产权流转市场,推动农村土地承包经营权、集体建设用地使用权、房屋产权、林权的流转,加快农村产权要素市场化、资本化进程,激活、盘活农村生产要素,促进农村资产资源优化配置和农村市场经济体系的进一步完善。

(三) 农村土地承包经营权、宅基地和房产确权面临的主要问题

农村土地承包经营权、宅基地和房产确权主要面临三大问题,一是

操作标准化问题；二是历史遗留问题；三是政策不完善问题。

1. 操作标准化问题

目前国家尚未出台农村土地、房屋面积测绘标准，因此土地、房屋面积认定尺度不好把握。现实中农民承包地丈量和房屋面积大多是手工丈量，而今后所有征地勘界均委托专业测绘队伍采用 GPS 测量，这二者之间必然存在较大差异。

2. 历史遗留问题

（1）部分社区居民组（社）部分土地已被征用，由于已征用部分的土地补偿款已由所有集体经济组织成员全体分配，而未被征用的部分土地的实际承包人要求确权到户，并长久不变且依法取得耕保金，因而这将给已失地部分农民带来极大不公。

（2）因过去引进开发项目或政府出让集体土地，土地已下清但未依法征用的土地，集体土地是否确权，所有权确给谁？

（3）过去是农业用地，现已大部分由集体经济组织出租兴建成厂房的土地，因为土地利用性质改变，既不能确为农用地给原承包人，又不可能确为集体建设用地，且因为原有土地界限已破坏，无法勘界分割给各社，因而该类集体土地无法确权。

（4）部分土地因镇与镇、村与村、社与社之间的界限有争议而无法确权。

3. 政策不完善问题

（1）在过去的农房建设过程中，国家没有明确的标准和法规对农房建设的层高、建筑设计、报规、报建等进行规范，而本次确权对三层以上房屋要求出具规划、设计、质检方面手续，但这种操作很难。农民要求不论是哪一年修建，不论层高是否超过三层，修建过程中是否正规设计、正规报建，质检都要求确认，否则拒绝确权。

（2）《国土法》规定一户一处宅基地，人均用地指标为 35 平方米。但由于历史原因，辖区存在两处宅基地和人均宅基地超过 35 平方米，那么，超规定指标用地修建的建筑物怎样确权？

（3）家庭成员中有非集体经济组织成员，怎样确定其房屋的所有权或共有权？

（4）担心因宅基地人均超过35平方米以上修建的房屋被强拆而拒绝房屋确权。

三 城市化进程中征地和房屋拆迁中产生的矛盾和突发事件

近年来，由于城市开发、重点项目建设进行征地拆迁引发的群体性事件、集体上访和恶性自焚事件频发。征地拆迁工作因为涉及利益主体多元、利益关系复杂等原因一直是矛盾纠纷多发领域。

（一）征地和房屋拆迁的法律规定

征地和房屋拆迁中涉及的法律规定主要有《中华人民共和国土地管理法》（以下简称《土地管理法》）、《中华人民共和国物权法》（以下简称《物权法》）、《国务院办公厅关于进一步严格征地拆迁管理工作切实维护群众合法权益的紧急通知》（以下简称国办发《紧急通知》）、《国有土地上房屋征收与补偿条例》（以下简称国发《条例》）、《最高人民法院关于坚决防止土地征收、房屋拆迁强制执行引发恶性事件的紧急通知》（以下简称最高法发《紧急通知》）等。

1.《土地管理法》有关规定

《土地管理法》第二条规定："任何单位和个人不得侵占、买卖或者以其他形式非法转让土地。土地使用权可以依法转让。国家为了公共利益的需要，可以依法对土地实行征收或者征用并给予补偿。"《土地管理法》第四条规定："国家实行土地用途管制制度。国家编制土地利用总体规划，规定土地用途，将土地分为农用地、建设用地和未利用地。严格限制农用地转为建设用地，控制建设用地总量，对耕地实行特殊保护。前款所称农用地是指直接用于农业生产的土地，包括耕地、林地、草地、农田水利用地、养殖水面等；建设用地是指建造建筑物、构筑物的土地，包括城乡住宅和公共设施用地、工矿用地、交通水利设施用地、旅游用地、军事设施用地等；未利用地是指农用地和建设用地以外的土地。"《土地管理法》第四十五条规定："征收下列土地的，由国务院批准：（1）基本农田；（2）基本农田以外的耕地超过三十五公顷的；（3）其他土地超过七十公顷的。征收前款规定以外的土地的，由省、自治区、直辖市人民政府批准，并报国务院备案。"《土地管理法》第四十七条规定："征收土地的，按照被征收土地的原用途给予补偿。征收耕地的补偿费用包括土地补偿费、安置补助费以及地上附着物和青苗的补偿费。征收耕地的土地补偿费，为该耕地被征收前三年平均年产值的六至十倍。征收耕地的安置补助费，按照需要安置的农业人口数计算。需要安置的农业人口数，按照被征收的耕地数量除以征地前被征收单位平均每人占有耕地的数量计算。每一个需要安置的农业人口的安置补助费标准，为该耕地被征收前三年平均年产值的四至六倍。但是，每公顷被征收耕地的安置补助费，最高不得超过被征收前三年平均年产值的十五倍。"

2. 我国《物权法》的有关规定

我国《物权法》第四十二条规定："为了公共利益的需要，依照法律规定的权限和程序可以征收集体所有的土地和单位、个人的房屋及其他不动产。""征收单位、个人的房屋及其他不动产，应当依法给予拆迁补偿，维护被征收人的合法权益；征收个人住宅的，还应当保障被征收人的居住条件。"

3. 国办发《紧急通知》

2010年5月15日，国办发《紧急通知》（国办发明电〔2010〕15号）要求，要认真做好农村集体土地征收和房屋拆迁工作。征地涉及拆迁农民住房的，必须先安置后拆迁，妥善解决好被征地农户的居住问题，切实做到被征地拆迁农民原有生活水平不降低，长远生计有保障。重大工程项目建设涉及征地拆迁的，要带头严格执行规定程序和补偿标准。

4. 国发《条例》

2011年1月21日，国务院颁布的《条例》规定，取消行政强制拆迁，申请司法强制执行；先补偿后搬迁，明确征收补偿标准和公共利益范围；被征收人有权请求行政救济等。补偿包括以下内容：一是被征收房屋价值的补偿；二是因征收房屋造成的搬迁、临时安置的补偿；三是因征收房屋造成的停产停业损失的补偿。对被征收房屋价值的补偿，不得低于房屋征收决定公告之日被征收房屋类似房地产的市场价格。被征收房屋的价值，由具有相应资质的房地产价格评估机构按照房屋征收评估办法评估确定。因征收房屋造成搬迁的，房屋征收部门应当向被征收人支付搬迁费；选择房屋产权调换的，产权调换房屋交付前，房屋征收部门应当向被征收人支付临时安置费或者提供周转用房。对因征收房屋造成停产停业损失的补偿，根据房屋被征收前的效益、停产停业期限等因素确定。房屋征收部门与被征收人依照本条例的规定，就补偿方式、补偿金额和支付期限、用于产权调换房屋的地点和面积、搬迁费、临时安置费或者周转用房、停产停业损失、搬迁期限、过渡方式和过渡期限等事项，订立补偿协议。

5. 最高法发的《紧急通知》

近年来，一些地方在土地征收、房屋拆迁强制执行中引发的恶性事件屡屡发生。有的被执行人以自焚、跳楼等自杀、自残方式相对抗，有的以点燃煤气罐、泼洒汽油、投掷石块等方式阻挠执行，有的聚众围攻、冲击执行人员酿成群体性事件，有的法院干警不当使用武器致人死伤，等等。湖南省株洲市就曾发生一起被执行人在房屋拆迁强制执行中自焚（经抢救无效死亡）的严重事件。由这些事件引起的社会关注度极高，造成的社会影响极为恶劣，其中的教训也极为深刻。为防止和杜绝类似事件再次发生，2011年9月9日，最高人民法院在其官方网站发布《紧急通知》。该通知的主要内容是：必须慎用强制手段，凡在执行过程中遇到当事人以自杀相威胁等极端行为、可能造成人身伤害等恶性事件的，一般应当停止执行或首先要确保当事人及相关人员的人身安全。

（二）征地和房屋拆迁引发的典型事件

据有关方面统计，政府每年从农民手里征用的土地将近20万公顷，因征地引起的农村群体性事件已占到全部农村群体性事件的65%以上。可以说,因违法征地等引发的农村群体性事件已成为影响农村乃至社会稳定的一个突出问题。

- 2004年10月四川汉源事件;
- 2005年4月浙江东阳事件;
- 2006年7月辽宁凌源警民冲突;
- 2006年9月海南乐东警民冲突;
- 2007年1月广东佛山警民冲突;
- 2007年7月郑州村民与开发商暴力冲突;
- 2008年11月甘肃陇南市武都区东江镇警民冲突。

这些群体性事件折射出某些地方政府行政行为不规范等问题。例如,违法批地、圈地,农村集体经济组织截留、挤占、挪用、拖欠征地补偿款,少数官员与村组长相互勾结欺骗农民,侵害农民利益。

(三) 征地和房屋拆迁引发利益冲突的原因

征地和房屋拆迁中,爆发利益冲突主要由四大争议引起:一是对土地权属争议;二是对村民组长和代表的争议;三是对征地拆迁补偿安置的争议;四是对征地拆迁程序的争议。

1. 土地权属争议

我国土地管理制度频繁变动,导致土地权属纠纷矛盾较为复杂。随着城市开发和重点项目建设征地拆迁的不断推进,农民更加认识到土地资源的珍贵。征地拆迁中,因为利益的驱动,土地权属争议问题所产生的矛盾更为严重,轻则上访,重则引起群体性冲突。

2. 村民组长和代表的争议

在征地拆迁中,村民组长和代表既代表村民行使集体经济组织与国土部门等征地主体谈判的权利,还可以在经济组织内行使补偿分配等权利。因为农民参与意识的提高,征地拆迁中村民组长和代表的产生程序显得极为重要,一旦因为组长和代表的产生不合理引起争议,就会引发矛盾冲突。

3. 征地拆迁补偿安置的争议

政府土地收益分配不合理、不透明，没有充分考虑失地农民的利益。大多数群众认为，拆迁补偿政策不合理，拆迁评估价低，不能就地购买自己想买的房子。而且区位差异导致补偿价格悬殊，使得拆迁群众心理难以平衡。

4. 征地拆迁程序的争议

由于《条例》不完善导致征地拆迁程序的争议。具体说明如下。

（1）征用是对私人财产的强制剥夺。有征用就必须有补偿，而且按照《宪法》和《物权法》的规定，补偿是征用合法有效的构成要件，应在房屋拆迁之前完成。而《条例》却将补偿与征用人为割开，本应在征用阶段完成的补偿问题却变成拆迁阶段的一部分，这明显有违"先补偿、征用，后拆迁"的公正程序。

（2）《条例》未规定被拆迁人有权利参与拆迁的监督过程，公众话语权和参与监督机制的缺乏，导致政府的随意行政、野蛮行政及违法行政。而且倘若政府将征用土地交给了土地使用人，其在用地过程中改变土地使用用途，进行商业开发，此种无人监督的情况同样会损害被拆迁人的合法权益。

（3）《条例》以及地方性法规并没有区分拆迁是否属于公共利益，致使公共利益和商业利益混同，商业性拆迁搭了公共利益征收的便车，政府将低价收回的土地高价出让给开发商，公权力成为寻租腐败的手段。尤其是开发商与被拆迁人在无法达成拆迁补偿安置协议时，交由拆迁主管部门裁决，使得缺乏制度约束的权力在利益的驱使下恣意行使，促使其作出强制拆迁的决定，损害被拆迁人的人身财产权益。

四 财政均等化进程中农民全民意识的觉醒

全民意识作为现代社会意识的形式之一，是关于公民现象、本质内涵、价值意义及其行为方式的主观映像与观念反思，从而形成以身份认同、国家观念、公共事务参与和日常行为规范等为主要内涵的感知、情绪、信念、观点和思想以及由此产生的对社会群体的情感、依恋和对自然与社会的审美心理的公民性倾向。

（一）财政均等化进程中农民全民意识觉醒的表现

1. 农民"公民身份"意识的觉醒

当前，在我国农村的民主选举中，越来越多的农民积极行使公民投票权，参与并信任基层自治组织。认为现代中国社会已是公民社会，这无疑意味着农民公民意识的觉醒。

2. 农民国家观念的觉醒

农民在社区就医、参加户外文体活动和文化休闲三大公共生活中度过的时间越来越长，反映出他们对农村公共产品、公共服务和公共设施布局的满意度在不断提高。对基层政府形象和工作的认同，表明农民国家观念的觉醒。

3. 农民参与公共事务意识的觉醒

调查数据表明，置身于公共财政均等化中的农民面对社区公共事务，不仅不再沉默，而且积极参与决策。农民参与社区公共事务作为公共财政均等化中的一种途径，在价值观层面是农民的一种利益诉求，在实践层面是农民的一种利益表达机制。公共事务参与不仅锤炼着农民的行动意志，也选择着农民的生活方式。

4. 农民自觉遵守道德规范意识的觉醒

平时进城打工，过年过节返乡，越来越多的农民成为城市文明的实践者和传播者，自觉遵守法律和道德日益成为农民的日常行为。许多农民在公共场所自觉排队、低声交谈，在公交车上选择主动让座，在超市购物时使用环保袋等日常行为规范日渐养成。

（二）农民公民意识觉醒的障碍

1. 农民享受经济发展成果的比例相对较低

我国三十多年经济持续高速增长，但农民的实际收入水平和生活水平并未同步增长，导致农民及其子女没有能力发展、发展机会少或没有发展机会。因此，农民享受经济发展成果的比例较低，全民意识"缺乏底气"。

2. 司法效率低导致其在农民中的公信力低

现实中，司法部门烦琐的手续、高昂的诉讼费、艰深的法律知识成为人们司法诉讼、信任法制的障碍。司法效率低下导致执法的公信度低。

3. 政府主导的公共财政均等化使农民陷入被动

政府主导型的财政均等化模式，过分强调政府在推进城乡一体化资源配置中的作用，使农民不自觉地成为"被城乡一体化"的对象，不利于农民公民意识的形成。

（郭普松）

第四章　农村人口城市化进程加快背景下出现的社会管理新问题

城市化是伴随工业化发展所产生的人口转移过程，是人类社会发展过程中必然经历的阶段。城市化也是人类转变生活方式、生产方式的过程，是城市扩张与新城市产生的过程，是产业聚集和产业重新生成的过程，改革开放 30 年的历程显著证明了这一点。但是，随着我国城市化进程的加快，农村人口向城市转移数量的增多，由此产生的社会问题也越来越多，越来越复杂。

一　我国人口城市化加速推进现状

城市化具有丰富的内涵，《中华人民共和国国家标准城市规划基本术语标准》中将城市化明确定义为："城市化是人类生产和生活方式由乡村型向城市型转化的历史过程，表现为乡村人口向城市人口转化以及城市不断发展和完善的过程。又称城镇化、都市化。"城市化在其发展变化过程中，人口、经济、社会、文化、景观等各方面都发生改变，所以，也会出现各种各样的城市化类型，如人口城市化、经济城市化、产业城市化、空间城市化、生活方式城市化等。

总的来看，城市化过程中人口从乡村向城市转移是其最本质特征，产业、空间、生活方式等变化都是伴随人口转移时出现的现象，因此，对人口城市化进行研究最符合城市化的发展规律。人口城市化是指一个国家或地区具有城市居民特征的人口在总人口中的比重不断提高的过程,这一过程不仅包括农业人口进入城市转变为非农业人口,也包括农村地区转变为城市地区导致农业人口转变为非农业人口的过程。

改革开放前,我国人口城市化速度非常缓慢,1949~1978年,城市化率仅仅从10.64%增长到17.92%,年增长率仅为0.24%。改革30年是我国历史上人口城市化发展最快的时期。据统计,2011年,我国内地总人口134735万人,其中,城镇人口69079万人,乡村人口69068万人,城镇人口比重达到51.3%,城镇人口首次超过乡村人口。与1978相比,改革开放33年,城市化率增加了33.38个百分点,年均增加约1%。我国国土面积较大,除了城市化率增长快速外,人口城市化过程中还出现了以下特征。

一是人口主要从经济欠发达地区向沿海发达省份流动。改革开放首先从东南沿海地区开始,随后逐渐在沿海地区推进。东部沿海地区与内陆本来就有差距,改革开放后差距越来越大,大量内地农民被吸引去沿海地区打工。第六次人口普查数据显示,与2000年数据相比,东部地区人口比重上升2.4个百分点,同期,中西部地区以及东北地区人口比重都在下降,其中西部人口比重下降最大。显然,人口向沿海地区流动是我国人口城市化的重要特征。

二是城市规模越大,人口转移进来的越多。从第五次人口普查到第六次人口普查,北京市人口增长约604.3万人,平均每年增加60.4万人,年均增速3.8%;上海增长628.1万人,平均每年增加62.8万人,年均增速3.2%。大城市由于规模大、机会多,更受到民众的青睐,人口增长最快。

三是户籍制度对人口流动的影响越来越有限。随着各地对人口迁徙的逐渐放宽,以往户籍制度对人口流动的约束力愈加降低,自由迁徙成为主流。第六次人口普查数据显示,中国内地31个省、直辖市、自治区中,居住地与户籍登记地不一致而且离开户籍所在地半年以上者达到26138.6万人,比第五次统计增加11699万人,增长约81%。

二 人口城市化过程中出现的社会管理新问题

人口城市化是伴随工业化发展产生的必然现象，也是推动经济社会发展的新引擎，导致各级政府推崇并极力加快人口城市化进程。但我们要看到，在人口城市化的快速推进过程中，产生了一些新的社会管理问题，例如，人口城市过程中的户籍管理问题，城乡收益趋同带来劳动力配置二元结构向一元结构转化问题，农民工融入城市难问题，为追逐优质教育资源带来的乡村人口城市化问题，城乡人口流动加快给执行计划生育国策带来了新难题，等等。这些问题不仅不利于人口城市化本身的推进，同时给整个社会的健康、持续发展带来消极影响。

（一）人口城市化中的户籍管理问题

我国户籍制度实施五十多年来，对新中国成立初期经济恢复、改革开放后经济迅速增长以及长期以来社会的稳定运行起到了重要作用。同时我们也要看到，城乡区别对待的户籍制度所引发的社会矛盾和社会问题也层出不穷，尤其在人口城市化快速发展的今天，现有的户籍制度越来越体现出它的不适应性，迫切需要我国进行变革。

1. 二元户籍制度人为地造成城乡分割，造成了城乡居民不平等

我国实行的城乡二元户籍制度，将人口划分为城镇人口和农村人口，城乡居民在教育、就业、社会保障等基本公共服务和社会福利方面存在着明显的差异和不均等，户籍制度就像一堵不透风的墙，将城镇与农村居民隔离开来。户籍制度不仅限制了人口的自由流动，减慢了人口城市化的正常发展，而且造成对农村居民的长期排挤和歧视，使得农民处于社会的最底层，整个社会发展长期处于不健康状态。

2. 现行户籍制度制约了人口城市化的快速推进

农村富余劳动力向城市转移是人口城市化的必然趋势，但现行户籍制度对户口迁移有较为严格的规定，农民尽管在城市务工，但身份很难改变。虽然不少城市慢慢出台优惠的进城落户政策，但是符合条件的农民还是少数。在物价尤其是房价飞涨的今天,农民进城面临着极大的生存危机,农民即使将身份转变,也很难在城市立足。

3. 现行户籍制度不利于社会管理

现行户籍管理制度具有极大的"功利性",为了实行差别化户籍管理,户籍制度上附着着各种行政、经济、福利功能。在趋利避害心理的引导下,群众会尽可能地在户口上寻找利益,于是户口管理中违规落户、人户分离、漏户、登记内容与实际事实不符等问题层出不穷。户口信息不准确,不仅不利于户籍管理工作的进行,而且对经济社会发展中各种规划的制定带来重大影响。

(二)城乡收益趋同带来劳动力配置二元结构向一元结构转化

改革开放以来,阻碍城乡的藩篱逐步打破,城乡间人员流动越来越频繁,农民工适时而生,而且数量越来越多。《2010年度人力资源和社会保障事业发展统计公报》显示,全国农民工总量为24223万人,其中外出农民工15335万人,约占农民总数的23%。农民工的出现主要有四个原因,一是农村有大量的富余劳动力;二是城乡间巨大的收入、公共服务差距;三是城乡间流动障碍越来越少;四是城市发展对农民工产生巨大的需求。

农民工是典型的两栖农民,户籍在农村,却长时间在城市工作、生活。这种现象是人口城市化过程中产生的阶段性、过渡性产物。人口城市化之初,城市与农村的差距较大,农民在城市的收益远远大于农村,在城乡流动障碍减少后,农民选择进城打工,赚取更多的收益。随着人口城市化的深入,经济结构、产业结构发生重大变化,城市产业逐步转移至农村或者距离农村不远的中小城市,农业也逐步向现代化、产业化转变。农民既可选择进城打工,也可在农村从事非传统意义上的农业,甚至在农村从事服务业,使得城乡收益逐渐趋同,农民的两栖身份转变为产业工人或者产业农民皆有可能,劳动力配置从二元结构向一元结构逐步转变。

尽管两栖农民的未来发展方向是转变为一栖农民,但是,这种两栖性的劳动力结构状态将在较长时间内存在,而且带来了诸多社会管理问题。其一,农民工的两栖性使得农民工成为城镇低收入、无保障与高风险、高付出并存的庞大弱势群体。由于农民工普遍学历低、能力差,加上地方政府在保障劳动就业上一般首先考虑本地城镇居民,农民工在城镇就业很难与城镇居民竞争,只能选择城镇居民不愿意从事的、危险性高、安全性低、待遇差的工作,尽管农民工为城市发展建设作出巨大贡献,但却不能与城镇居民公平享受发展成果。其二,农民工的两栖性极大地影响了其子女的教育发展。对于外出打工的农民工来说,最大的影响莫过于其子女教育。由于城市教育容纳能力有限,并不能完全为随父母进城的农民工子女提供优质教育;而留在农村的子女由于没有父母精心教育培养,学习、生活无法得到保障,由此产生诸多问题,据报道,每年大量犯罪青少年来自外出农民工的子女。其三,两栖农民导致农村土地荒芜、空巢现象频发。城市的吸引力使得农民工将生活、工作重心逐渐转向城市,而对农活儿、农村住宅的关注越来越少,农村"空心化"现象越来越多,造成大量的资源浪费。

(三) 农民工难以融入城市生活

农民工从开始出现到现在发展成为庞大的群体,分别经历了从"离土不离乡"到"离土又离乡",从"第一代"到"第二代"、"新生代"以及从"暂住"到"常住"、"居住"的变化。但是,农民工仍无法成为真正的"城市人",农民工仍在经历融入城市的艰难历程。

首先,农民工难以取得与城镇居民公平、公正的就业待遇。由于户籍管理等因素限制,以及农民工本身较低的文化水平、较弱的就业竞争能力,大多数农民工在城市难以取得正式的就业身份,所获得的多为"非正规职业",劳动合同不规范甚至不签订任何合同,工资待遇低,劳动环境恶劣,如果出现雇主违规,农民工很难维护自身正当权益。劳动力市场上的弱势地位以及劳动力市场竞争关系使得城市居民对农民工的偏见和歧视很难消除,这进一步加深了农民工与城市及城市居民之间的隔阂。

其次，农民工难以融入城市文化氛围。一方面，农民工融入城市本身就是一个脱离乡村传统生活方式、重构城市生活方式的过程，农民需要放弃长期形成的生活习惯、价值观念，形成与城市社会相适应的生活方式和价值观念，对于农民来讲，这是一个痛苦、难熬的过程。另一方面，城乡隔离与彼此之间的巨大差异，造成城市居民从内心深处就存在对农民工排斥的心理，在农民工大量进城后，这种心理表露无遗，这使得本来就存在自卑心理的农民工融入城市更加困难。

再次，农民工难以享受较为完善的城市社会保障福利。数以亿计的农民工长期生活、工作在城市，为城市的发展建设作出巨大的贡献。但是，我国的社会保障制度长期以来只针对城市居民，户口在农村的农民工被排除在城市社会保障体系之外。而且，农民工在农村习惯于家庭保障和亲属互助，进城后并没有形成依赖城市保障的习惯。近年来，一些城市逐步开始为农民工制定相应的社会保障制度，但由于种种原因，执行的效果并不好。

最后，城乡分割户籍制度成为农民工融入城市的最大障碍。"以户籍管理制度为标志的城乡分割制度是农民流动的最大制度成本和城市化及城市融入的最大障碍。"由于城乡区别对待的二元户籍制度，拥有城市户口的居民就比农村户口享有更多的福利和权利，如以上所谈的就业、社保等。可以说，户籍制度是农民工难以融入城市的根本性制度，户籍制度造成了农民工身份与职业、角色的背离，是农民工融入城市的最大障碍。

（四）追求优质教育资源带来的人口乡城流动

改革开放以来，我国教育事业取得巨大成绩，城乡教育水平有了大幅度的提高，但是，城乡教育差距却在逐渐扩大。首先，城乡学校布局不合理。随着城市化的快速发展，离乡进城的农民越来越多，农村学生数量大幅度减少，学校随之被撤销或合并，学校布局的重心严重向城市倾斜，质量高、影响大的学校逐渐向城市、大城市集中。其次，城乡师资配备不均衡。城乡师资配备不均衡是长期以来就存在的现象，现在更加严重,师范类毕业的学生首先会选择在城市的学校就业,农村水平较高的老师也逐渐流向城市,造成农村学校师资力量削弱且得不到有效补充。再次,城乡教育硬件设施配备不均衡。城市学校不仅有篮球场、足球场以及较为健全的各类健身器材,有阅读设备齐全、环境优美、图书数量充足的图书馆,还有各种先进的实验器材和网络化教育,有的学校还配备天文台、科技厅、校办电视台等;而在农村,学校仅有简陋的乒乓球台、篮球场或者老式的电脑。最后,城乡教育投资不均衡。2004年,我国实行"两免一补"的农村义务教育政策,2007年,全国农村又全面实行了免费义务教育,大大减轻了农民教育负担,但从生均义务教育经费来衡量,农村的生均支出仅为城市生均支出的36%,城乡教育"一条腿长,一条腿短"的不均衡问题依然严重。

城乡教育差距的不断扩大使城乡学生受到的教育愈来愈不公平,也使得城乡学生文化素质差距逐渐拉大。为了能给子女提供良好的教育环境,为子女的未来前途打好坚实的发展基础,农民被迫进城为子女寻找优质教育,由此产生了不少新的问题和现象。一是城市学校受到追捧,学校学生人满为患,不少城市学校为了缓解学生的过度拥挤,只得在本校基础上设立分校或者专门建设新的学校;二是城市学校周围形成了巨大的二手房租赁市场,尤其在中小城市,每年新学期开始,学校周围商品房被大量农民租住,其目的只有一个,就是陪伴子女就读。

追逐优质教育资源是农民被动的选择,一方面,造成农民需要兼顾城市与农村两部分,无法专心发展农业生产,但放弃农业进城打工未必能有稳定收入;另一方面,为保证子女能在城市安心读书,许多农民被迫分居,造成新的家庭矛盾。此外,对农民影响最大的是进城读书所需要的支出远远大于在农村,对于收入相对较低的农民来说,这无疑是一个沉重的负担。

(五)城乡人口流动加快给执行计划生育国策带来的新难题

人多地少是我国经济社会发展中突出的矛盾,计划生育是我国长期以来坚持执行的国策。在人口城市化快速推进过程中,城乡之间人口流动不断增加，给计划生育工作的管理、实施带来新的难题。

1. 流动人口数量增多、居住分散，计划生育不易管理

据国家人口计生委发布的《中国流动人口发展报告（2011）》显示，目前，我国流动人口总量已达到2.21亿人。流动人口中从乡村到城市的农民工占多数，这部分人在城市居住处于无序状态，为了能减少支出以及逃避住地计划生育管理，农民工会尽可能寻找低价租赁房，而且频繁更换居处，有的甚至在车站、桥梁旁搭棚栖息，使得城市社区、单位和计生部门对流动人口的计划生育很难有效管理，违法生育难以杜绝。

2. 计划生育服务难以到位，造成流动人口在流入地难以获得国家规定的免费计划生育技术服务和避孕药具

流动人口的主体是处于生育旺盛期的育龄人口，也是计划生育管理和服务的重点人群。但是，对于流动人口，流入地计划生育工作往往重管理、轻服务，工作的重点放在控制流动人口的计划外生育上，出台的大多数是硬性管理措施，而对国家规定的诸如"免费发放《婚育证明》"、免费发放避孕药具以及上门检查等服务，实际操作中并没有完全做到。

3. 流入地搭车收费，强令已婚育龄妇女返乡孕检，流动人口中尤其农民工的计划生育权益难以保障

受制于经济条件限制，许多城市没有按照国家相关规定对流动人口中已婚育龄妇女进行免费检查，对孕妇婚检仍要收费，并要求已婚育龄妇女每年回乡婚检，对违反规定的还进行一定的经济惩罚。对于离乡进城处于弱势地位的农民工来说，这种现象与做法不仅增加了流动人口的经济负担，而且由于远离故土，很难拿起法律武器维权。

4. 流动人口计划生育管理和服务缺乏准确信息

《流动人口婚育证明》是记载流动人口婚育信息的唯一载体，本来可作为跨地区接受计划生育管理和服务的有效凭证，但由于经济条件或服务意识落后等因素，流动人口中农民工很多人并没有办理《流动人口婚育证明》，造成流入地对这部分人口的婚育情况不了解，这不仅难以及时为农民工提供针对性的计划生育相关服务，也给流入地的计划生育工作管理带来很大困难。

三 加强人口城市化过程中社会管理的对策思路

对于人口城市化过程中出现的种种社会管理新问题，我们要承认其存在的必然性。但是，随着经济社会的快速发展，工业化、城镇化的进一步推进，城乡差距越来越小，在政府社会管理能力逐步提高、社会管理办法逐步完善的同时，这些社会管理新问题将逐步得到解决，城乡居民将共同享受到经济社会发展取得的成果。

（一）加快推进户籍制度改革，消除城乡二元结构藩篱

1. 户籍仅是证明公民身份和国家统计人口的工具，不再是区别对待城乡居民的工具

计划经济时期形成的户籍制度，是政府进行人口流动控制、公民权利义务划分的有力工具。从改革开放的户籍管理实践以及国外先进的户籍管理经验来看，户籍管理的功能是证明公民身份的最佳手段，同时能够有效帮助国家进行人口统计管理，为国家经济社会发展提供准确信息。

2. 将户籍制度上附加的福利从户籍本身剥离

户籍制度是独立的，不应该与其他部门相联系并具有复杂的功能。人们获得福利或帮助不再依靠户籍，而是城乡居民同享国家赋予的相同的福利与待遇。当然，在进行户籍与福利剥离的改革中，我们应该考虑城市的承受能力，这就需要在农村投入更多财力、物力进行生产生活条件的改善，使得在农村居住也能享受到与城市相同的福利与待遇。同时，在户籍制度改革的同时，我们也需要相关部门进行相应的改革，以减少附加福利与户籍制度的联系。

3. 实行城乡同一户籍管理制度，户籍制度不再成为人们迁徙、流动的阻碍

迁徙自由是人的基本自由和基本权利，不应有歧视，城乡统一的户

籍制度应以合法固定住所和稳定职业或生活来源作为户籍落定条件，而不管他是农民还是城市居民。当然，各地政府应根据当地经济和社会发展的实际需要及综合承受能力来制定城市人口发展规划，以落户条件取代计划指标。

（二）建立解决农民工城市就业难题的长效机制

两栖农民主要是指进城就业的农民工，在他们完全转变为产业工人或者产业农民的过程中出现社会管理问题是难以避免的，解决这些问题应主要从以下三个方面入手。

一是加强培训学习，提高农民工的劳动就业竞争力。目前，各级政府应将实施的劳动力就业培训落到实处，加大培训投资，加强培训师资，针对市场需要有目的地开展培训，提高培训的实用性，做到培训后就能上岗。政府还应加强对用工企业的检查，要求用工企业增加对农民工技术、安全、管理的培训。

二是建立健全农民工城市就业社会服务体系。各级政府应建立覆盖城乡的用工市场信息网络，让农民在农村就能了解到准确完备的用工信息；加强城乡之间、区域之间合作，保障劳动力输出、输入安全并顺利进行；加强劳动力市场秩序，健全劳动力市场制度，减少劳动力职业介绍欺诈发生；简化手续，方便农民工进城务工。

三是加强农民工城市就业权益保护。各级政府应健全相关法律、法规和政策，加强对农民工的就业保护；加大劳动力监察执法力度，严厉查处对农民工工资的克扣、肆意延长工作时间、不按合同执行等问题；将农民工子女纳入城市义务教育范围；对农民工进行法制教育，增强其自我保护意识和能力。

（三）促进农民工早日融入城市生活

农民工是最早进入城市的农民，让这部分人尽快转变为真正的城里人是加快人口城市化的重要步骤。除了在户籍制度、就业等方面帮助农民工外，政府还应在文化、社保等方面给予农民最大的帮助，逐步消除农民工融入城市的种种障碍，使农民工能早日真正融入城市生活。

首先，政府应关注农民工文化生活，加强农民工精神家园建设，加强农民工对城市的"心理融入"。一是充分发挥公共文化服务体系覆盖面广、公益性强等特点，将农民工作为公共文化服务体系的重要服务对象，使农民工与城市居民共同享受无差别的公共文化服务；二是根据农民工淳朴、简单的文化需求，为农民工量身定制文化服务，增强农民工文化消费的针对性和实用性；三是对农民工加强城市文化宣传，消除农民工与城市文化之间的隔阂，提高农民工城市文化参与率；四是以城市社区为单位，积极邀请农民工参加城市社区文化活动，同时发挥农民工乡村文化特点，促进农民工与城市居民的交流，让农民工逐渐融入城市社区文化生活中。

其次，政府应积极推进适用于农民工的分层社会保障。一是建立农民工工伤保障制度，将农民工真正纳入工伤保险范围之内，对在工作中受到伤害的农民工给予及时医治、补助和帮助，减少其因伤残导致贫穷的几率；二是对农民工实行大病统筹医疗保障机制，依照农民工职业、就业时间、就业区域进行分类，为有参保意愿的农民工创造条件早日参保，实行参保额越大、在当地就业时间越长，所享受到的医疗保障待遇就越高的政策，以避免农民工因病贫穷；三是建立农民工最低生活保障、社会救济制度，包括农民工无法适应城市生活陷于困境、遭遇灾祸时的紧急救助，特殊情况下的贫困救助以及当合法权益受到损害时的法律援助。

（四）加大农村教育投入，缩小城乡教育差距

城乡教育不均衡发展现象已经引起人们的广泛关注，由此引起的农民被动进城也是造成诸多社会管理问题发生的重要原因。缩小城乡教育差距，是实现教育公平的一个目标，也是降低社会问题频现的重要途径。

首先，政府要加大教育投入，尤其要提高教育投资在农村的比重。教育是纯公益事业，投入应该全部来自政府财政。农村由于地理区位等

原因，被重视程度一直低于城市，人口城市化的快速推进中，农村教育应该被重视起来，对农村教育的财政投入应该进一步加强。

其次，政府要改变重城市、轻农村的教育政策。今后各级政府在制定教育政策时，应树立城乡教育整体发展思路，要针对性地突出农村教育地位，为缩小城乡教育差距提供实质性支持。例如，对返乡支持教育的教师在住房、交通、职称等方面提供额外补助，增强其在农村执教的意愿。

最后，政府应实行农村义务教育全免费制度，并为少数特困家庭提供补助。教育公平的基本原则之一是扶困补差，在城乡教育资源分配上，政府应对处于弱势层级的农村教育实行更加优惠的制度。而且，我国经济社会实力近年来持续增强，实行农村义务教育全免费制度是完全有能力做到的。

（五）加强流动人口管理，提高计划生育服务水平

加强流动人口管理、提高计划生育服务水平是促进城乡公共服务均等化的重要内容，也是降低社会管理问题发生率的重要手段。

一要统筹管理流动人口计划生育。各级政府应以常住人口为基数设立各级计划生育部门，在流动人口达到一定比例的地区，计划生育行政管理部门应设置专门机构，并将所需经费纳入同级财政预算，同时加大财政转移支付力度。

二要提高计划生育优质服务水平。政府部门应突出以人为本的观念，不仅要让流动人口享受到国家政策规定的各项合法权益，而且要为流动婚育人口建立档案，为其提供便捷、及时的服务，使流动人口也能享受到与城市相同的计划生育服务水平。

三要转变流动人口的生育观念。我们应通过政府正面宣传、各类媒体广泛宣传以及社区积极沟通，使得流动人口掌握科学的婚育观念和现行的计划生育政策，认同城市文明的生活方式、价值理念，在潜移默化中更新婚育观念，从心理上接受计划生育政策，真正融入城市生活。

参考文献

［1］国家人口和计划生育委员会流动人口服务管理司：《中国流动人口发展报告（2011）》，人口出版社，2011。

［2］李强：《我国城市农民工劳动力市场研究》，《大连民族学院学报》2000年第7期。

［3］窦宝国、李瑞祥：《制度排斥视角下农民工城市融入问题研究》，《唐山师范学院学报》2009年第3期。

［4］李维新、宋婷婷：《现行户籍制度对城市化进程的影响》，《经济研究导刊》2011年第32期。

［5］王梅清：《城乡教育差距的原因分析》，《陕西行政学院学报》2011年第3期。

［6］朱杰堂：《农民工融入城市的障碍与思路建议》，《管理工程师》2011年第6期。

［7］江立华：《城市流动人口计划生育的管理模式：问题与对策》，《华中师范大学学报（人文社会科学版）》2004年第3期。

（李　冰）

第五章　农村劳动力转移与人口迁移带来家庭结构新变化

随着城市化的快速发展，农村富余劳动力向城市转移的速度越来越快、数量越来越多，农村与城市的差距逐渐缩小，城乡二元结构也随之慢慢消失，城乡一体化在不远的将来自然实现。但在这个较为漫长的过程中，传统家庭结构受到冲击，以三口之家为主的家庭成为家庭结构的主流模式。同时，在农村劳动力转移与人口迁移过程中，也出现许多新的社会现象、社会管理问题，包括空巢老人生活难题、留守儿童教育问题、传统孝道受到冲击、养老观念改变、薄养厚葬等。

一　家庭小型化

计划生育政策对降低人口出生率、减缓人口膨胀起到了重要作用。改革开放三十多年来，计划生育政策的影响越来越大，大多数国人不仅接受了计划生育这一国策，而且主动减少生育。进入新世纪，以独生子女加父母组成的小型家庭逐渐成为我国城市甚至部分乡村最基本的家庭模式，家庭结构呈现小型化。

（一）家庭小型化带来的积极变化

如果说早期的家庭小型化带有政策的强制性，那么现在的小型化很大程度上是家庭中夫妻双方共同选择的结果。这种自愿接受的小型化对家庭观念、男女地位、对子女的培养都带来积极影响。

1. 家庭结构小型化带来家庭结构简单、家庭代数减少

夫妻关系的重要性得到提升,夫妻关系成为家庭各种关系的主轴。同时,家庭平等观念、法制观念不断得到增强,家庭越来越走向文明、进步。

2. 妇女在家庭结构中的地位逐步提高

传统社会中妇女在家庭中的从属地位得到改变,妻子不仅能够平等管理、支配家庭经济收入,共同决定家庭消费支出,而且妻子对生育有很大程度的决定权,对自我发展和子女发展有很大程度的发言权。

3. 对子女的重视程度越来越高

在家庭结构变小的情况下,家庭对子女的教育越来越重视,父母从孩子出生就开始设计培养模式,设计未来发展方向,不仅想办法将孩子送进名牌大学深造,而且创造条件送到国外接受最先进的教育。

(二)家庭小型化带来的社会问题

1. 养老难题

在社会养老制度还没有建立起来的时候,家庭养老仍然是我国主要的养老模式。但是,随着家庭规模变小,未来一个家庭将面临四个甚至更多老人的养老问题,年轻一代更喜欢用金钱代替劳动力的方式孝顺父母,喜欢用探访的方式来回馈父母,养老将逐渐成为严重的社会问题。

2. 家庭小型化造成家庭之间的攀比性增强,家庭消费趋于高档化、品牌化、多样化

小家庭更愿意投资子女,儿童娱乐用品、服装、营养品的消费支出大大增加,也给部分家庭带来困难。小型家庭对外交往增多,尤其在外应酬、用餐增加,在家方便食品消费增多,节俭、节约等传统观念变得淡漠。小型家庭注重生活质量，用于医疗、文化娱乐、保险等方面的支出比重增大。

3. 家庭小型化易导致子女教育重成绩、轻思想

家庭是左右子女成长的主要坐标，在小型家庭中，忙于生计的父母很难有大量的时间与子女坐在一起探讨人生追求、理想目标、孝道观念、朋友感情等。同时，一个孩子的家庭习惯于围绕孩子生活，往往养成孩子唯我独尊、个人利己主义观念，并不利于其未来发展。

（三）重视并把握好家庭小型化趋势

尽管家庭在规模变小的同时产生种种社会问题，但规模小型化是无法改变的趋势，我们应该做的是重视并把握好这种趋势，让小型化家庭既有较高的生活品质，又能处理好家庭责任、社会责任。一方面，政府应增加社会制度供给，完善社会养老制度，真正建立起覆盖全社会的社会养老体系，减少小规模家庭在养老问题上的压力；另一方面，社会要弘扬传统文化，加大节约、节俭宣传，引导小型家庭在消费、子女教育等问题上回到正常轨道上来。最终，小型家庭在改革开放政策，计划生育政策的引导、管理下，不仅能提高生活品质、增加发展机会，而且能成为社会健康发展的最基本单元。

二 "空巢老人"现象凸显

"空巢老人"是城镇化步伐加快、农村经济社会转型过程中出现的必然现象，既包括农村的"空巢老人"，也包括城市的"空巢老人"。形成"空巢老人"有诸多原因，一是劳动力离乡外出。改革开放以来，城乡之间自由流动的障碍越来越少，特别在进入新世纪后，农村耕地减少、农业比较收益降低，越来越多的青壮年农民选择进城务工。这部分人常年离乡，有的甚至在城市购房生活，造成农村大量"空巢老人"出现。二是社会原因。随着人们生活水平提高、住房条件改善，小型化家庭基本上都拥有自己独立的住房，与老人分住。另外，职业选择越来越广，有的子女工作地点与父母并不在一起，或者由于婚嫁离开家乡，都会造成"空巢老人"的出现。三是家庭原因。许多老人坚持自己的生活方式、价值观念，选择独立生活以避免与子女一起生活产生冲突和矛盾；老人年龄越大，对老居住地的感情就越深厚，即使子女进城或者去别的地区，他们也不愿意离开久居的地方。

（一）"空巢老人"面临严重的生活难题

1. 农村"空巢老人"收入低，生活拮据

"空巢老人"普遍年龄较大，失去工作能力，收入基本来自子女及亲属供给或老人的退休金。尽管农村子女外出打工的收入高于土地收入，但对老人的经济支持却十分有限。收入较好的农民工还可以给父母部分生活费用，收入差的只能维持自身生活，有的甚至无法保障自身生活，结婚、买房、子女上学还需得到父母的支持，对于本不富裕的农村父母来讲，无疑是较沉重的负担。

2. "空巢老人"行动不便，日常生活难以自理

许多农村的"空巢老人"年龄偏大，行动不便，生活难以自理，只能依靠老伴、孙子、孙女、亲戚朋友或者村组织照顾。但是，有的老人居住在交通不便的山区，或者照顾者忙于自己的工作，因此，往往在老人最需要照顾时，照顾者却无法及时赶到。

3. "空巢老人"身体健康不佳，就医不便

统计显示，困扰老人前三名的疾病分别是高血压、冠心病和关节炎，大多数老人并不完全懂得这些病症的治疗和预防，加上得病时没人精心照顾，这些"富贵病"严重困扰老人健康。

4. "空巢老人"孤独寂寞，精神状况较差

"空巢老人"的精神文化生活主要是看电视、报纸、听广播、打牌等，有了空巢感的老人，会出现心情抑郁、惆怅孤寂、行为退缩等现象，许多人深居简出，产生较为严重的空虚感和失落感。如果配偶离世，则会给"空巢老人"带来巨大的精神创伤。

(二) 积极改善"空巢老人"生活的思路

1. 大力发展农村经济

城市化是经济社会发展的阶段性趋势，但不是所有人都会成为城市居民，农村永远会有大量人口存在，我国尤其如此。发展农村经济，一方面要大力发展现代农业，提高农业的比较收益，吸引部分进城务工者回乡创业；另一方面要大力发展农村第二、三产业，着重发展商贸、建筑、运输、小型加工等产业。发展农村经济，不仅能解决农民变富问题，而且还能解决"空巢老人"与子女团聚的难题。

2. 完善农村社保制度

农村社保体系不健全，是产生"空巢老人"各类社会问题的重要原因。首先，政府要扩大、完善农村养老保险覆盖面，提高农村养老保险水平，让"空巢老人"凭借养老所得即可过上较为富裕的生活。其次，政府要提高合作医疗医治、报销水平。当前尽管农民能够享受到合作医疗带来的便利，但实际效果并不好。我们应该提高农村医生整体医治水平，降低用药支出，对于农民的医疗报销应该准确快速，让农民特别是"空巢老人"真正享受到合作医疗带来的便利。最后，政府应提高农村最低生活保障额度，按照当地经济发展水平、物价等因素确定最恰当的最低生活保障标准，让农村真正贫困人口、"空巢老人"得到生活保障。

3. 丰富"空巢老人"文化生活

首先，政府应加大对"空巢老人"精神文化建设上的投入，让"空巢老人"优先享用各类公共文化设施和服务，优惠甚至免费。其次，社区多举行活动，让子女与老人共同参与，增加子女与父母之间的感情联系。最后，社会应呼吁并创造条件让进城务工农民经常回乡探亲，满足"空巢老人"的精神慰藉，鼓励在外农民工经常与父母电话联系，让老人知道子女的心中经常挂念着他们。

三 农村留守儿童

留守儿童是改革开放以来出现的新现象。随着沿海省份、城市经济的快速发展,大量农村富余劳动力离乡进城,由于无法负担子女在城市的生活、教育费用,他们的子女便留在农村成了"留守儿童"。《全国农村留守儿童状况研究报告》显示,目前我国农村留守儿童数量约为5800万人,集中在四川、安徽、河南、广东、湖南等省。对留守儿童的抚养看护,以隔代抚养看护数量最多,其次是由叔叔、姑姑等上一代看护,极少数留守儿童由于条件不具备只能独自生活。

(一) 留守儿童的社会问题

首先是心理问题。与其他同龄人相比,留守儿童普遍表现出内向、任性、叛逆、自制力差、不善交流等倾向。导致留守儿童种种心理问题的原因主要是亲情缺失和亲子教育缺乏。留守儿童由于父母常年不在身边,亲情与亲子教育十分缺乏。当孩子遇到难以解决的问题或困惑时,许多孩子选择将事情闷在心里不说。在长时间得不到有效心理疏导的情况下,孩子幼小的心灵承受了巨大的压力,随着压力积压的增多,孩子心理产生的问题逐渐增加。

其次是教育问题。教育是留守儿童面临的最大问题。留守儿童在学习上往往成绩差且不喜欢学习,学习的主动性、自觉性较差,有的留守儿童因厌学会经常逃课甚至辍学。留守儿童教育问题很大程度上在于监护人,不管是隔代还是上一代,监护人对留守儿童的教育并没有特别重视,他们认为最大的责任是将交给他们抚养看护的孩子照顾好,保证其安全,孩子的学习是其次才考虑的。调查显示,监护人的文化程度普遍不高,甚至没有读过书,他们没有能力辅导孩子学业,而且,农村家务、农活儿较为繁重,监护人缺少辅导的时间。

最后是生活问题。留守儿童在生活上容易表现出懒散、不讲卫生、不重视节约等不良习惯,其居住环境较差、身体健康状况差,有的孩子在父母打工期间受到欺负甚至人身受到伤害。造成这些问题的主要原因,一方面是长时间得不到父母照顾,孩子的饮食、卫生条件比其他孩子差,父母不在身边监督,孩子自我保护意识、是非观念较差,容易与不法分子混在一起；另一方面是留守儿童父母大多用金钱作为对孩子失去亲情的补偿，导致孩子出手大方、不懂节俭。

（二）多角度解决留守儿童问题

农村留守儿童问题是农村劳动力转移过程中产生的重要问题之一，也将是一个在较长时期内存在的问题，需要我们从多个层面、多个角度去重视和解决。

一是从社会的角度去解决。我国应改革城乡二元分割的教育制度，让农民工孩子与城市孩子享受相同的教育资源，为留守儿童随父母到城市、到其工作所在地上学，与父母团聚创造条件；还应改革现有户籍制度，将考试地与户籍挂钩的政策修改为外地学生也可以在就读地参加各种考试。此外，政府还应加大农村教育投入，完善农村学校相关制度，改善农村学校软、硬件设施，为留守儿童创造良好的教育环境。

二是从家庭的角度去解决。作为留守儿童父母，不该只追求经济收益而忽视对孩子的培养、关爱，应该增加回家探望孩子的频率，时常与孩子通话、交流，加强与监护人的联系，了解孩子的生活、学习、思想状况，不断鼓励其向好的方向努力；作为孩子的监护人，不仅要关心孩子的生活、安全，而且要关心其学习、思想，主动与孩子交流、谈心，对孩子思想上的任何不良趋势应及时纠正。

三是从学校的角度去解决。作为留守儿童较为信赖的另一个大家庭，学校应该成立专门针对留守儿童的心理疏导机构，开设相应的课程，为留守儿童建立专门的档案，及时掌握孩子的思想状态。学校同时应该与监护人甚至孩子的父母联系，通过走访家庭、开家长会，做到学校与家庭共同教育和引导留守儿童。

四 市场经济对孝道的冲击

"孝"是我国最基本的传统道德之一，也是我国伦理思想最主要的内容，孝道是我国古代社会的基本道德规范。传统孝道内容广泛，首先，包括对长辈的尊敬。孟子说"善事父母曰孝"、"孝子之至，莫大乎尊亲"，因此，孝道的一个基本内容就是要赡养、侍奉老人，尊敬、爱护老人，不仅要在物质上满足老人，在精神上也要满足老人。其次，要对已故的父母、祖先追孝，也就是要对故去的父母、祖先进行隆重的祭祀。再次，要继承、完成父母遗志，并将其发扬光大，要为父母争光、光宗耀祖，不做使父母担忧的事情。最后，要延续父母与祖先的生命，不可不娶、不生，断香火。

（一）市场经济下传统孝道受到冲击

随着我国市场经济体制的建立，传统孝道文化、家庭伦理道德观念发生了很大的变化，尽管我们应该抛弃传统文化中的糟粕，但在现实生活中，一些优秀的传统也被忽视，孝道就是其中之一。

一是忽视了对老人的赡养。现代市场经济条件下，讲效率、讲实利，孝顺在一些人的意识中开始变得淡漠，年轻人中不少人不愿意赡养老人。在老人身体还好、还可以为其提供帮助的时候，老人能够得到尊重和关心，一旦老人失去工作能力甚至体弱多病需要照顾时，有些子女便出现退缩、嫌弃倾向，即使与父母生活在一起，也很难做到和颜以对，甚至加以虐待。

二是忽视了与老人的沟通和交流。许多年轻人基于异地工作、生活的原因，很少有时间与父母见面，彼此间的沟通、交流逐渐减少。有些子女尽管与父母同处一个城市，但是生活节奏太快、工作繁忙，也疏于对父母关心。而有些子女则出于经济考虑，主动减少对父母的探望和支持。老人在这些子女心中的地位和重要性都在下降。

三是忽视了对老人的尊重。当今是一个极其开放的社会，各种新思想、新观点、新知识充斥着每一个角落，年轻人反应快、接受能力强，从外界接收到的东西远远多于从父母那里得到的，于是，子女不再把父母的指导和建议看做是应该遵循的准则，甚至对父母的意愿反其道而行之。这种情况下，不少年轻人不愿意承受任何委屈，不愿意理解父母并与之融洽相处，孝心在这里大打折扣。

（二）重建新孝道文化

孝道是中国传统文化的核心内容，在经济社会的和谐发展中有积极作用，因此，今天我们依然要弘扬。重建孝道文化，不是要将传统孝道照章遵守，而是取其精华，去其糟粕，将其与现代文明有机地结合起来。

1. 既要提倡子女对父母的赡养、关心，也要提倡父母对子女的责任

现代社会，子女赡养父母不仅是其责任，而且是遵守法律的表现。子女如果不能对父母施以孝心，既受到社会的谴责，也会受到法律的惩罚。父母应该得到子女的尊敬、赡养，但也有责任承担对子女良好的教育。当父母与子女均履行了其责任和义务，就为相互间的融洽关系、子女的孝心打下了基础。

2. 父母与子女之间在人格上要相互尊重

子女对父母的赡养，尽管可以通过经济方式来实现，但仅仅有了经济还不能算是尽了子女的义务，还必须从行动上、语言上敬重父母，爱自己的父母，无论父母位居高官还是田间农民，都应该受到子女的敬重。父母对待子女不该一言堂，也需尊重子女的独立人格，父母应该与子女建立起相互尊重的融洽关系。

3. 父母与子女要重视情感间的双向交流

父母与子女所处的时代、所受到的教育尽管有很大不同，但是经过双方之间的充分交流是能够达到相互理解的。父母应该理解、关爱子女，不仅包括为其创造优越的生活环境，而且还要理解子女真正的生活目的和远大追求；子女爱护父母不仅要在物质上满足其需要，更要在精神上让其安心、舒心、放心。如此，双方在情感层面的双向交流必不可少。

4. 父母与子女之间应该相互宽容

现代社会生活节奏快、竞争激烈，加上代际之间的隔阂，父母与子女之间容易出现相互不理解、埋怨与厌烦。这就需要父母与子女相互宽容。父母要理解子女繁忙的工作和应对竞争的付出，子女要理解父母对自己的期望和需要，不管有多忙、多累，也要抽时间与父母团聚，尽可能照顾好自己的父母。

五　家庭养老向社会养老转变

过去几千年里，中国一直实行的是"反哺"式循环养老模式，即父母抚养子女，子女长大以后赡养父母。新中国建立后，在城市，企事业单位职工和公务员实行了社会福利性养老模式，而在农村，到目前为止仍然延续养儿防老的家庭养老模式。但是，家庭养老现在遇到了极大的挑战，其存在的问题越来越明显。一是人口老龄化速度加快，赡养需求增加；二是计划生育导致农村家庭小型化，子女养老负担加重；三是农村人均土地日益减少，土地的养老保障功能弱化；四是传统孝文化受到商业文化的冲击，农村青年的养老意识日益淡漠；五是农村劳动力大量转入城市，农村出现了大量的"空巢老人"；六是养老金数额过低，还不足以保障老年人生活。因此，农村家庭养老越来越不适应经济社会的快速发展，我国急需建立新的、更加适合的社会养老模式来代替家庭养老。

社会养老是国家和社会通过建立社会养老保险制度，在劳动者达到国家规定的解除劳动义务的劳动年龄界限或因年老丧失劳动能力，退出劳动岗位后为保障其基本生活需要而建立的一种社会保险模式。2009年9月，国务院发布《关于开展新型农村社会养老保险试点的指导意见》，提出首先在全国选择10%的县（市、区、旗）试点，并逐步扩大范围，计划到2020年之前基本实现对农村适龄居民的全覆盖。"新农保"是针对农村养老问题专门提出的新型养老模式，是农村家庭养老的转变方向。实行三年以来，推进速度逐步加快，到2011年，已覆盖全国40%的地区。但是，"新农保"在实行过程中暴露出诸多问题，迫切需要政府健全、完善。

1. 尽快对新型农村社会养老保险制度进行立法保障

为了使新型农村社会养老保险制度持续、稳定运行下去，国家应该尽快出台相关法律，对农村养老保险发展的目标、原则、保障项目、基金筹措等问题作出原则性的规定，同时制定养老保险基金监督与管理等相关配套法规，使得农村社会养老保险事业在法制轨道上全面、健康地发展。

2. 建立农村社会养老保险基金市场化管理模式

尽管政府机构管理能够比市场管理有更高的效率，但是，市场化管理不仅能够减轻政府的财政负担，而且能够帮助精简政府机构和职能，使得个人对自己的养老待遇有更大的责任，从而有助于创造一个竞争性更强的市场经济。

3. 拓宽投资渠道，提高养老基金的运营收益

投资收益是农村社会养老保险基金最重要的基金来源渠道，首先，政府应该聘请具有丰富投资技能的高级专业人才进行统一管理，让基金形成规模优势；其次，政府应采取多样化、分散化投资策略，创造更多的赢利渠道；最后，政府应建立规范、完善、科学的基金投资风险机制，确保养老保险基金安全运营。

4. 加大对中西部等落后地区的支持

"新农保"还没有成熟，健全的制度体系还在摸索之中。中西部等落后地区由于财力较弱，没有能力支付必要的保费配套补贴，从而会影响新制度的实施。中央应该按照各地经济社会发展水平，加大对落后地区的财政支持，以保证各地都能顺利实施新型农村保险制度。

六 薄养厚葬问题

随着人们收入水平的提高、生活条件的改善，举办丧事出现相互攀比、大操大办的现象，奢侈之风愈演愈烈。现在，许多地区的丧事规模越来越大，越来越奢侈，不仅要花几万、几十万元购买豪华墓地，而且举办葬礼时还念经超度、哀乐高奏、举家动员，出殡时大小车辆几十辆，孝子孝孙披麻戴孝、招摇过市。相比之下，老人在世时，子女却并没有尽到赡养义务，有的对老人动辄冷言恶语，有的视老人为廉价劳动力，有的甚至拳脚相加。薄养厚葬存在已久并在当今社会引起各方重视，但究竟是

"厚养薄葬"还是"薄养厚葬"？至今这个问题仍没有得到很好的解决。

我国素有"厚葬"传统，强调入土为安，喜欢豪华出葬。改革开放以来，由于人们生活平提高了，一批先富起来的人怀着报答和感恩的心情厚葬亲属。但是，这种习俗并没有走向文明，也没有改变轻养老人的风气，反而带来种种社会问题。例如占地造坟，一方面，侵占有限的耕地，侵占子孙后代的发展空间，也助长了攀比、浪费之风；另一方面，不仅劳心劳力，造成社会财富的极大浪费，而且加重了广大群众的生活负担，与建设节约型社会、友好型社会的主张相冲突。

孝敬父母、孝敬老人是中华民族几千年来的传统美德，也是中华儿女做人的道德底线。长辈去世，子女操办丧事，是寄托哀思的一种形式，但举办豪华丧事实不可取。悼念死者在于心诚意实，而不在于奢侈浪费，如果将办豪华葬礼的花费用在老人生前的物质生活改善和精神生活赡养上，既能让老人拥有一个幸福安宁、平安有尊严的晚年，又能使社会发展更加文明。在社会越来越进步、越来越文明的今天，我们应该坚决抛弃"厚葬薄养"的陈腐观念，摒弃大操大办丧事中的利益链条，大力提倡"厚养薄葬"，教育儿孙在父母在世时及时尽孝。

参考文献

［1］全国妇联儿童工作部：《农村留守流动儿童状况调查报告》，社会科学文献出版社，2011。
［2］熊金才：《家庭结构的变迁与家庭保障功能的弱化》，《太平洋学报》2006年第8期。
［3］康亚红：《完善农村社会保障制度的几点思考》，《经济研究导刊》2011年第30期。
［4］段成荣、杨舸：《我国农村留守儿童状况研究》，《人口研究》2008年第3期。
［5］汤燕红：《论社会转型期传统孝道观的现代价值》，《学理论》2011年第24期。

（李 冰）

第六章 城乡文化碰撞与融合过程中的思考

一 对农村诚信淳朴乡风的冲击

中国是农业大国,十几亿中国人中有 70% 是农村人口,由此可见农村人口在整个国家所占的分量。绵延发展了 5000 年的农耕文明有着独特的内涵,由此孕育而出的乡村文化以其淳朴厚重的特质对中国传统文化产生了极为深刻的影响。梁漱溟先生说过:"中国社会——村落社会也,求所谓中国者,不于是三十万村落,其焉求之?"因此,乡村文化无疑成为了最具中国传统文化特色的标志象征之一。

(一) 传统乡村文化的特征

回顾以往,城乡之间长期以来受到计划经济体制下重工轻农、重城轻乡政策以及户籍制度、劳动就业制度等一系列政策分割影响,形成了两种截然不同的生存空间和社会群体生活状态。在这不同的空间中运行着不同的生活方式和社会规则,也导致出现了不同的价值观、思维方式和城乡文化之间的巨大反差和强烈对比。

传统乡村社会所有的一切都是围绕土地展开的,但是土地无法迁移,自然就形成了"以农为生的人,世代定居是常态,迁移是变态"的经济社会形态。同时,农民以"孝"为先的诸如"生儿育女"、"传宗接代"和"养儿防老"的传统价值观根深蒂固。农民们往往聚村而居，代代相传，流动性很低。经年累月，乡村社会便逐渐变成没有陌生人的社会，也就是我们通常所说的熟人社会。

在熟人社会里，人际关系主要表现为血缘关系和地缘关系，传统伦理道德习俗影响较大。农民群体都在熟人社会中成长生存，通常在这类社会里信息的传播是迅速而均等的，任何一个社会成员的言行都在所有社会成员的视野之内，所有熟悉的社会成员都扮演着诚实守信的评判员和监督者角色。如果有人违背诚信，就意味着他将在熟人圈子里被冷落，甚至处于无法生存的境地。

同时，自古以来被国人奉为百善之先的"孝道"，既指奉养、尊敬、服从父母，还包含延续父母、祖先生命的含义。它要求人们时刻牢记祖宗的形象，不给祖宗抹黑。如沾染上不道德的名声不仅意味着毁了自己的名声，同时也是给其父母、祖先乃至整个家族抹黑，成为最大的不孝，这种人常被称为家门逆子。在熟人社会里，谁也承受不起这样的社会后果。所以说，受小农经济影响形成的"熟人社会"和传统价值观是维护传统乡村社会诚信规范的前提条件。

（二）城市化进程的快速推进对乡村文化的影响

改革开放三十余年来，随着我国城市化进程不断加快，农村经济结构、生产方式、生活方式和社会文化也随之发生巨变，与之伴随的是，进城务工人员数量激增，城市化建设使得大量城中村消失。与此同时，市场经济加速了社会流动，交通工具迅速发展、通信手段日新月异以及媒体规模的不断扩大，为农民群体创造了城乡融合的条件和基础。他们开始频繁地与市民及其城市生活进行直接、广泛的了解和接触，也对盖小楼、购家电等物质生活趋之若鹜。值得注意的是，"利益"、"物质"等观念也开始侵蚀农民的思想。传统乡村社会约定俗成的诚信规则，在当今的社会条件下有些行不通了。以感情维系为主要特征的传统村落逐渐趋于解体，传统乡村文化正经历着与城市文化的不断碰撞与融合。

城市化发展带来了丰富多样的物质生活和五彩缤纷的城市文化，这在一定程度上给长久以来封闭的农村生活带去了不少活力，祖祖辈辈面朝黄土背朝天的农民也感受到了大都市的气息。现在去农村转一圈，可以看到，有穿婚纱的新娘子、歌厅迪厅、宽宽的柏油马路、来来往往的汽车，青年男女们打扮时髦，夏天的短裙、冬天的皮靴等一应俱全。如果不是那些乡村式的建筑、一片一片的庄稼的存在，我们很难将这些与传统印象里的农村联系起来。但时尚的都市文化带给农村的不仅仅是这些，一些浮躁的东西也随之涌入农村。

任何东西都是具有两面性的，市场经济也有着它不可避免的功利性。在市场经济中，具有不同利益取向的个体/群体会相互竞争，以追求各自的利益最大化为目标。功利主义和利己主义已经无情地斩断了人们传统道德观的羁绊，使得人与人之间的关系变成了赤裸裸的利害关系和冷酷无情的金钱交易。这样，与市场经济相适应的诸如尊重个人利益、主张自由平等、倡导自由竞争等道德价值观开始形成。这些道德观念适应了市场经济发展的需要，有益于推动经济的快速发展。但与此同时，我们看到，过分追求经济利益，会导致在利益的驱使下出现唯利是图、造假欺骗、尔虞我诈等社会现象。随着这些利益至上的价值观对农民思想的冲击，传统乡村社会的"安贫乐道"、"重义轻利"等价值观开始逐渐被市场经济的商品意识、利益观念所代替。

近年来，农村的一些传统习俗正在逐渐消亡。打个比方，以前西北农村的嫁娶是在家里做饭，叫"坐席"，即男女双方的亲朋好友聚在一起，给添点被面儿、衣服以及相应的现金，由村里一些会做饭的人主厨，关系好的人帮忙打下手，德高望重的人宣读结婚证书即可；现在青年人结婚动辄就去县城宾馆摆酒席，礼金也很贵重，加上家里准备新房、给女方的礼金，娶媳妇至少也要十几万元，并且，这仅是在一些比较偏远的村庄，如果在城市附近的村庄就远远不是这个数了。随着互联网的普及，一些商家新奇的促销花样对都市人来说已经司空见惯，一看就知道哪些是骗局；可是对于大部分的农村人来说，却是闻所未闻，以致经常被一些不法商人欺骗。一些人更是将过期产品以次充好，拿到农村销售，不明真相的农民以为是名牌且便宜而上当受骗。曾经善良淳朴的乡村民风和诚信礼仪，在浩荡的市场经济大潮的洗礼下，与我们渐行渐远了。

二 农民面对市场和城市生活的茫然与无助

长久以来，相对封闭落后的农民在市场经济和都市文化的双重冲击下，经过了最开始的新鲜、新奇，到学习过程中的挫折、跌撞，表现出来最多的还是茫然和无助的状态，毕竟这些和他们祖祖辈辈传下来的东西是截然不同的。

（一）城市化建设过程中农村生活的现状

在社会主义建设新时期，城乡统筹问题越来越被重视。党的十六届三中全会重申全面建设小康社会必须把"统筹城乡经济社会发展""放在首位"，明确提出要建立有利于逐步改变城乡二元结构的体制，缩小城乡差距，统筹城乡发展，建立和谐的社会局面。人们相信，随之而来的一些改革举措，定将加速城市化的发展，缩小城乡差距，使农村群体逐渐融入城市社会。但受到底子薄、人口众多、长期落后的经济水平影响，目前农村生活的城市化发展步伐是相对缓慢的。

在消费生活方式方面，农村的消费结构层次还比较低，与城市相比，农村食品消费在整个生活消费中仍占较大比重。根据联合国粮农组织提出的恩格尔系数划分贫富的标准，中国农村居民到21世纪才进入温饱阶段。同时，农村居民在"衣"、"食"、"住"、"行"等基本消费品方面的支出仍占很大比例，如图6-1、图6-2所示。受经济条件和相对封闭的生活环境影响，农民的传统消费习惯还是趋于自给自足、节约简朴，对基本消费品以外的如教育文化娱乐服务、家庭设备用品及服务、医疗保健等的社会消费和商品消费支出的比例还是比较低的。

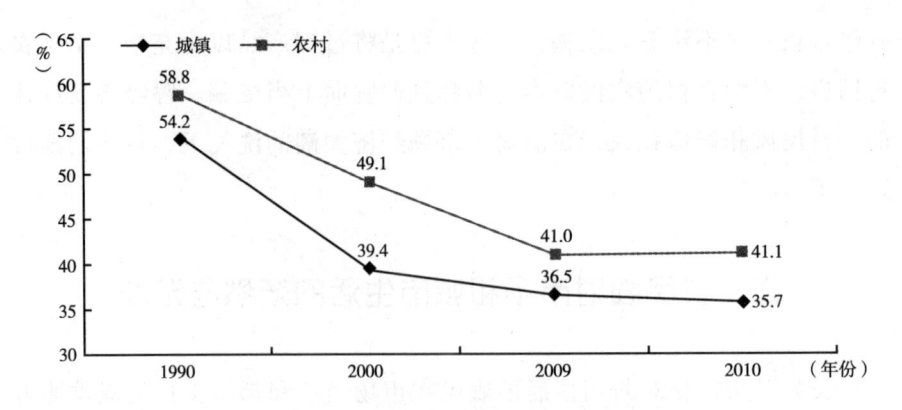

图 6-1 中国居民家庭恩格尔系数

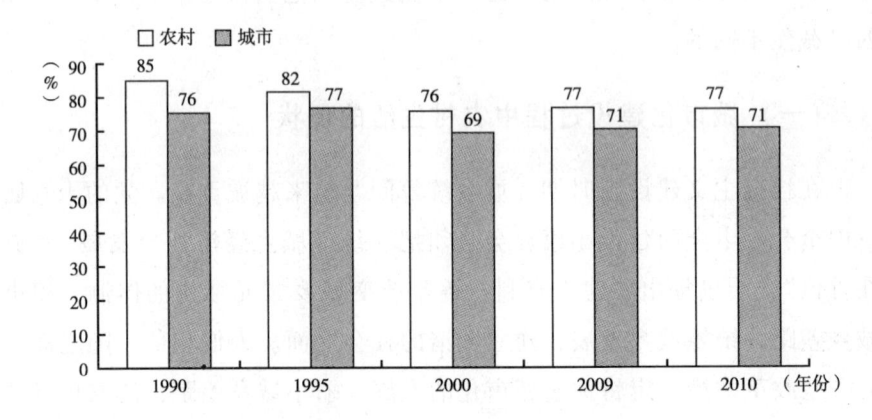

图 6-2 中国居民家庭平均每人基本消费支出比例

在农村休闲娱乐生活方式方面,长期以来持续的状态是生产劳动繁重,闲暇时间较少,娱乐生活内容单一。虽然随着城市化的发展进程加快,农民的休闲娱乐生活也相应有了一定程度的发展,但同时呈现的问题也日渐明显。由于城市化发展迅速,吸引了大量年轻人,他们以升学和进城务工等方式流入城市,某种程度上造成了农村文化人才的匮乏。当前,农民的休闲生活方式还主要体现为在家看电视、打麻将、闲聊等;农民购阅书籍报刊等费用支出极少,在书籍内容的选择上也集中在神怪奇谈、言情武侠等中短篇故事类读物上;许多农民由于经济能力方面的限制和意识跟不上,对精神文化的追求缺乏主动性,甚至许多农民心里还没有休闲娱乐这个概念。

在农村社会交往和公共生活方面,农民的社会交往还局限在血缘关系和地缘关系这一狭窄的范围内;社会交往的形式也相对单一,绝大部分还限于同年龄、同文化和同性之间的交往。不少农村地区所谓的公共生活也主要通过集会、麻将桌、宗祠、寺庙和教堂等形式表现,甚至导致赌博、迷信、邪教等不良文化盛行。公共性的、文明的文化生活对农村社会来说还有相当的一段距离。

(二) 失地农民对城市生活缺乏认同感和归属感

在城市化的推进过程中,必然会产生大量失地农民。商业用地等经济开发行为占用了农民赖以生存的土地,即便会得到一定金额的赔偿金,广大农民面对这突如其来的转变依然会遭遇很多的难题:没有了土地该怎么办?由于赔偿的金额有限,仅仅依靠一次性的赔偿金只能是"坐吃山空",使得他们对今后城市生活的迷茫和恐惧油然而生。由于农民整体文化素质长期以来与城市居民相比还有着很大的差距,因而导致低学历、无专业技能、无工作经验的失地农民在城市求职过程中毫无竞争优势。少数得到高额赔偿金而一夜暴富的农民在进入城市社会后,也大都处于一种极其尴尬的地位:虽然生活在城市的高楼大厦里面,在物质生活上与城市居民水平相当甚至有过之,但由于长期持续的城乡差距的存在,形成了二元社会中根深蒂固的城市居民的优越感和农民的自卑感。很多城市居民对进入城市社会的农民还存在一定的鄙视、排斥心理,同时,失地农民在口音、生活方式、社交圈和风俗习惯等方面一时难以彻底改变,从而显得与整个城市社会格格不入。这些客观和主观原因直接导致失地农民认为自己仍然是居住在城市的农民,面对城市生活还缺乏认同感和归属感。

(三) 进城务工人员面对城市生活的迷茫和无助

对于进城务工的农村流动人口来说,他们与那些失去土地有国家赔偿金的农民是不一样的。他们生活在城市的下层，仅算是一个城市过客，收入较少，社会地位低下。他们干最脏、最苦、最累的活儿，是城市的建筑工，为城市的发展作出了不可磨灭的贡献，可是他们住的是最便宜的房子，吃的是最简单的三餐，文化精神生活就更不用谈。因为户籍以及收入的限制，进城务工人员子女的受教育问题、农民工自身的福利保障问题等也是近年来才提上日程。

当然，这也有他们自身的问题，教育程度低使他们谈吐粗俗；基层的劳苦工作，使得他们着装简陋甚至污迹斑斑，不太讲究个人卫生。在城市这样的现象屡见不鲜：公交车、地铁上，脏兮兮的农民工周围人肯定少；在人潮拥挤的地方，农民工打扮的人撞一下别人，对方肯定是弹灰、捂鼻、避之不及的。农民工是这个灯红酒绿的现代都市建设者中的主力军，可是他们完全没有能力享受他们所创造的这些都市物质生活。农民工阶层生活在城市又不被这个城市的大多数人认同，留在城市，只能在底层社会打拼；回到农村，因为务农的收入无法养家或者已经失去了土地，他们无法得到安定的生活。从这个角度来说，他们再也回不去了。这些人成了城市和农村的夹缝人，尴尬地在夹缝中求生存。

三 市井文化与农耕文化的碰撞与融合

所谓"市井文化"并没有固定的、确切的含义，它是随着时间的推移和社会的发展而不断发生变化的。随着城市的发展，"市井文化"越来越多地用来特指以城市下层人民为主体的，相对于乡土文化而言的市民文化。它更多地被定义为"是一种生活化、自然化、无序化的自然文化，它是指产生于街区小巷、带有商业倾向、通俗浅近、充满变幻而杂乱无章的一种市民文化"。唐宋以来，中国城镇社会的经济、文化形成了个性化的形态特征，特别是明代中叶前后，出现了具有近代性质的中国市民和随之而生的市井文化。

同样，"农耕文化"即是指相对于市民文化而言的乡村文化，它是"由农民在长期农业生产中形成的一种风俗文化，以为农业服务和农民自身娱乐为中心","主体包括语言、戏剧、民歌、风俗及各类祭祀活动等"。从市井文化与农耕文化的概念和内涵中我们可以读出这两者之间本质的区别：市井文化更多反映的是商业倾向的东西，而农耕文化反映的则是农业生产的内容，具有厚重的历史沉淀。

现代都市人的生活水平已经大大提升，物质生活和精神文化生活非常丰富，城市基础建设日趋完善，信息技术高速发展。都市人几乎足不出户，就可以解决日常生活的大部分问题。可是丰富的物质生活、忙碌的工作、社交，使得现代都市人无暇去享受一些纯自然的东西。每天游走在钢筋水泥之间，生活压力大，城市空气污染厉害，流行元素的迅速更替与种类繁多，让人应接不暇，所有这些都使得都市的文化生活浮躁而无序，使人的心态中存在压力感。

过去数百年来，农民一直是吃穿自给自足，交通、信息的封闭使得他们很少与外界接触，物质、精神生活极度匮乏，少数求学离开农村的青年学生们大都扎根城市很少再回来，他们并没有为城乡文化的融合作出什么贡献。反倒是20世纪90年代开始席卷中国大地的打工潮而催生出来的农民工们，敲开了农村长久以来闭塞的农村文化之门，将都市一波又一波的潮流带回来，不断和原有的农村文化碰撞融合，逐渐形成了新的农村文化；而另一部分通过奋斗在城市定居下来的农民则通过日常的工作、生活、婚姻等形式融入到都市生活中，将自有的农村文化融合到市井文化中。农村和城市的文化互相传播交流，城市的新风尚、流行元素等传播到农村；而农村的古老习俗被追求新鲜刺激的都市人又带到城市。都市人也在闲暇之余，去农村寻求一种日出而作、日落而息的感觉，去农村寻求一些纯自然的东西，这些都充分地带动了农村经济的发展，丰富了农村的物质文化生活。

随着城乡的不断融合，农村的一些传统乡俗被充分挖掘，那些古老的习俗、传统的文化一次一次地搬上舞台并被全国人民所了解，这对促进中华民族的和谐发展大有裨益。像以前农村一些年节举办的赶集、祭祀等活动，影响越来越大，覆盖面日益广泛，开始从农村延伸至城市，社会各界的参与热情不断高涨，并产生了明显的社会和文化效益。此外，各地的民歌、戏曲等文化生活被发扬光大，有特色的旅游地方被开发，如下田摘种也成为一种时尚。反过来，农村人也紧跟都市的步伐，将一些都市的生活方式甚至习俗扩展到农村：如观看电影、电视，外出旅游，生活家电的使用，手机、网络的运用以及对子女教育的重视，自觉计划生育和土葬改火葬，等等。

现代的都市文化和传统的农村文化在经历一次一次的碰撞后，逐渐相互接受、相互适应、相互借鉴、相互融合、相互促进，共同为中国文化的发展作出贡献。

四 农民群体的知识化与文明化

（一）传统农民的知识化与文明化程度

在现在的农村中，20世纪50~60年代出生的这一代农民，不识字的占大多数，虽然政府为这些人开办了扫盲班，扫过盲的人勉强认识几个字，会进行日常生活中的简单计算，但文化知识水平极低、眼界很窄。在这一带人身上凸显出认识浅薄，目光短浅，人权意识差、对自身权益的维护、自救意识薄弱。由于多生，生活条件不好，他们对子女的教育问题非常淡漠，重男轻女的观念根深蒂固。这已经延续到下一代的身上，至今明白醒悟的人还只是少数。

随着经济社会的快速发展，教育投资的规模和增长速度都达到了一定程度，农村教育事业发展如火如荼，农村青年的受教育程度迅速提高，而且伴随着城市化率的大幅上升，人口呈现出从乡村向城市流动的发展趋势，进城务工的人员数量和规模与以往相比都出现了新景象。尤其不可忽视的是，在城市化的进程中，出现了一个新的社会群体——新生代农民工群体。他们接受了更高程度的文化教育和技能培训，形成与传统农民不同的知识结构和素质基础，他们已经逐渐适应城市的日常生活，导致传统农民群体内部也开始出现分化，不少农村青年的知识化与文明化程度发生了很大的变化，这也预示着我国需要重新调整教育资源的配置和布局。

（二）城市化进程推进后农民知识化与文明化的提升

近年来，随着城乡互动的加深，接触到都市文明的农村人也在发生着潜移默化的改变，他们积极执行国家的大政方针，努力提高农村的各类指标。

在国家政策的帮助下和农民自身的不断努力下，在迫切希望改变落后状态的共同作用下，现代农村的农民知识化和文明化程度已经大大提高，相信科学、依靠科学，学习知识、运用知识，是现代农民普遍的思维模式。

这种思维模式具体表现在农民吸收知识的多渠道化上。

第一，近年来，国家重视提高全民科学文化素质，在教育方面加大了投资，把旨在消灭文盲的6年制义务教育扩展到以提高全民素质为宗旨的9年制义务教育，仅2007~2009年的三年内，国家就新增经费约470亿元，用于调整、完善农村义务教育经费保障机制改革的有关政策。

第二，国家对基础设施建设力度加大，有线电视、电话线、光纤等的铺设和构架，一方面表明我国信息化建设速度之快，另一方面也有助于提高农民接收新事物和新知识的速度，开阔了农民的眼界，提升了农民的知识水平和文化素质。

第三，农民自身通过进城务工，接触五光十色的都市生活，对高品质生活的羡慕，也是他们改变自身的动力。通过他们自身的努力、与城市的不断融合，对新鲜事物的求知欲望促使他们对城市文化进行不断的学习和模仿。他们努力提高自身的素质，使得自己各方面都尽力向城市化靠拢。

（三）农民知识化与文明化提升的途径

要提升农民知识化与文明化的水平，必须提升他们的文化教育水平。首先，农村教育应被纳入地方工作的考核指标体系中，其发展的快慢程度可以作为一个极为重要的衡量地方工作政绩的具体指标，增强农村教育事业的领导工作；其次，政府应大幅增加农村教育经费投入，既从教学硬件设施方面继续提高，又通过经费的调整吸引和引导更多的教师投向农村的教育工作；再次，城市学校的优势教育资源应支援农村地区，通过设立相应的制度和执行相应的激励措施，鼓励和引导部分优秀教师到农村中小学校进行轮岗，以进一步提高农村人口的整体文化素质，为培养农村各行各业人才做好前期的教育培训基础工作。

另外，农民素质提升也离不开政策的帮助和引导，加之农民的自身努力和尝试，使得整个社会文明化程度不断提高。在硬件设施方面，现在的农村基本是村村通公路，家家户户通自来水；在农民家庭基本配备方面，20世纪末电话对农民来说还属于奢侈品，但通过短短的10年，许多农村家庭家电、小汽车都已具备，住房条件也大有改善，很多地方新盖的住房，卫生间、马桶等设施也是一应俱全；在自身权益福利保障方面，农村医疗保险、养老保险的普及，使得农民也能享受到年满60岁以后领取退休金的待遇，老有所依，看病可以报销，有了这些保障后，农民对生活品质的追求就会有所提升，这些都是农村文明化提高的标志。

（四）农民群体文化程度与社区管理方式

传统农村形成的是一个相对封闭、稳定的管理系统，村民与村民之间更多的是依靠情感互动来维系彼此的关系和信任，乡村事务的管理基础在于已经形成了一套适应当地文化特点的人际交往秩序和处事规则，一代又一代的村民通过继承和遵守，保持了农村地区的相对稳定安宁。随着经济社会的急剧变迁，农民群体的知识化和文明化程度不断提高，而且农村地区与城市区域之间的联系和交往日渐频繁，农民群体中不少人已经习惯或融入了城市的生活节奏，特别是新生代农民工群体的产生更加剧了这一发展趋势，并对原有的农村社区管理方式构成一定层面的挑战。传统农村不再是一个处于乡村社会状态下的、与城市相对立的社会空间，而是转变成为一个新型的、人员流动频繁的新乡村社区。在此背景下，农村社区管理方式亟待创新，政府需要采用一种更加文明、更加尊重个体需求、更加科学合理的管理方式来适应诸多新变化。

（杨　岚）

第七章 村民自治与村民委员会选举的现状与问题

自治的字面意思是指"自我统治",在政治思想领域这一术语常用来指个人自由的一个方面。自治意味着人类自觉思考、自我反省和自我决定的能力,包括"私人和公共生活中思考、判断、选择和依据不同可能的行动路线行动的能力"。村民自治是指广大农民通过自治组织依法办理与村民利益相关的村内公共事务和公益事业,从而实现自我管理、自我教育和自我服务。

20世纪80年代以来,随着人民公社的解体,中国农村普遍推行了村民自治制度。国家下放村务管理权,村内事务的决策、管理权归村民群众所有。这场经由国家安排的"诱致性"制度变迁,虽然遇到了一系列挑战和问题,但客观上推进了农村民主政治的发展并使农民得到了教育和熏陶。

一 村民自治和村民委员会选举的法律规定与原则

1982年12月,我国颁布的新《宪法》首次提及村民自治制度,村民自治有了宪法依据。1987年11月,六届全国人大常委会第二十三次会议颁布了《中华人民共和国村民委员会组织法(试行)》,对村民自治组织和自治权作了具体、明确的规定,村民自治正式成为一项国家法律保障的制度。1998年11月，九届全国人大常委会第五次会议正式通过了《中华人民共和国村民委员会组织法》，对《中华人民共和国村民委员会组织法（试行）》作出部分修订：加入了农村基层党组织发挥领导核心作用的内容；规定以威胁、贿赂、伪造选票等不正当手段当选村民委员会成员的，其当选无效；规定实行村务公开制度，涉及村财务事项的至少每六个月公布一次，接受村民监督。2010年10月，十一届全国人大常委会第十七次会议又对《中华人民共和国村民委员会组织法》作了进一步修订：规定土地承包经营方案、征地补偿费使用分配方案等九项涉及村民利益的方案，须经村民会议讨论决定后方可办理；规定在人数较多或者居住分散的村庄可以设立村民代表会议；规定应当建立村务监督委员会或者其他形式的村务监督机构，负责村民民主理财，监督村务公开等制度的落实，村务监督机构成员向村民会议和村民代表会议负责，可以列席村民委员会会议。至此，村民自治制度基本成熟。

村民自治制度作为农村治理的基本模式通过国家自上而下的推行，目前已进入一个全新阶段。其本体是村民个人而非自治组织，村民委员会作为自治机关之一是村民运用选举权所集合的公意的结果，二者之间是委托与被委托的关系。整个制度的核心体现为以下几点。

1. 民主选举

村民委员会是村民自我管理、自我教育、自我服务的基层群众性自治组织，由主任、副主任和委员共3～7人组成，由年满18周岁以上的村民直接选举产生并向村民会议负责并报告工作。只要是本村村民，不分民族、种族、性别、职业、家庭出身、宗教信仰、教育程度、财产状况、居住期限，都有选举权和被选举权（依照法律被剥夺政治权利的除外）。村民委员会每三年换届一次，换届选举时，先建立村选举工作机构，然后进行选民登记。

2. 民主决策

按照《中华人民共和国村民委员会组织法》的规定，在农村设立村民会议或者村民代表会议，让广大农民和村干部一起讨论决定村或者涉及村民利益的大事。村民会议由年满18周岁的村民参加，也可以由每户派代表参加。必要的时候,可以邀请本村的企业、事业单位和群众团体代表参加。

3. 民主管理

村民自治是发动和依靠村民,共同管理村内各项事务,维护社会秩序。主要体现在以下方面。通过村民会议或者村民代表会议,使村民就村内管理事项发表意见,直接参与村务管理,大家的事大家决定,大家共同遵守,共同执行;制定村规民约或者村民自治章程,由县或乡镇人民政府提出指导性意见,村民委员会拟订草案,村民会议讨论通过,印刷成册,发至每家每户,照章执行,违者进行批评或必要处罚。

4. 民主监督

首先是监督村内重大事项,特别是与村民切身利益相关的事项;其次是监督村民委员会的工作;再次是监督村干部行为,使他们廉洁奉公,遵纪守法,全心全意为村民服务。

二 村民自治和村民委员会选举的实施现状

《中华人民共和国村民委员会组织法》正式颁布以来,全国村民委员会选举发展势头良好,选举机制进一步程序化和制度化。村民委员会选举工作进入了一个法律规范和平稳运作的时期。

2010年,全国有13个省、自治区、直辖市村民委员会依法有序进行了换届选举工作,村民参选率维持在90%以上。截至2010年年底,全国共有村民委员会59.5万个,村民小组479.1万个,村民委员会成员233.4万人,村民委员会组成人员中的中共党员比例达68%以上。一批农村致富能手、退伍军人、外出务工返乡农民、回乡大中专毕业生等农村优秀人才当选为村"两委"成员。村务公开内容进一步拓展,"难点村"治理转化任务基本完成。

村民委员会选举开始成为农民政治生活中的一件平常事,不少地方的农民切实通过这一政治参与渠道,使农村基层民主与基层民众的联系日渐紧密和制度化,主要体现在以下几方面。

1. 各级党委和政府科学领导或指导村民委员会选举的能力进一步提高

经过几届村民委员会选举的实践，各级党委和政府建立了一系列的制度化方式推进选举，工作的规范性和驾驭选举的能力极大提高。首先，在组织领导上，各级政府建立起党委领导、人大监督、民政实施、各相关部门密切配合的工作机制。各省委、省政府一般在选举年都会把村民委员会选举工作纳入本年度省委、省政府的重要工作计划，建立起各层级主要领导负责牵头的村级组织换届选举领导机构。其次，各级政府重点抓好选举前的调研工作，把握农村基层社会的主要矛盾及其变化，有针对性地出台选举工作通知和选举方案。不少地方不仅领导组织基层调研，还借助学术单位联合开展调研，共同商讨应对方案和预案，取得了良好的效果。再次，各级政府将宣传发动工作和试点、培训工作制度化，这样既使换届选举的法律法规深入人心，调动了村民依法参与选举的热情，又确保了选举指导人员能够依法依规办事，在充分把握当前农村社会的重难点问题和基本形势的基础上，高度重视、认真负责地推动工作。最后，各级政府普遍建立选举督察和信访机制，运用多种形式强化督察力度，纠正违法选举问题，接受村民信访，确保对选举进程的有效监控。

2. 依法选举从意识走向行动，选举本身的意义得到回归

经过多年的选举锤炼，"乡村政治家"正逐渐成长并走向成熟。选举内在的意义不是选出一个好人来当领导，而是把选择领导的自由权给予选民，从而建立选举人和被选举人之间的合法代理关系与纽带联系，保障选民的利益。差额选举的内在意义就是存在竞选，而竞选行为则为选民提供了自由选择的权利和空间，这正是"乡村政治家"们发挥作用的制度空间。近年的选举中，不少省份开始面对竞选的现实，制订了竞选规则和候选人竞职演说制度等，为怀着不同利益目的的"乡村政治家"实现自身抱负提供了契机。同时，指导选举的各级政府部门也开始不断落实依法选举，在选举的各个程序技术方面，一般都制订了基本规则，在操作中予以执行。指导选举的政府工作人员的依法办事和选民依法选举同步发展。

3. 在现有法律框架内进行了大量创新，推动村民委员会选举向纵深发展

进入稳定发展期的村民委员会选举的一个基本特点就是：在选举相关法律已经基本到位的情况下，根据基层社会的实际情况，遵循法律的基本精神，出现了一些局部但深具意义的创新。例如，不少地方认识到选举委员会对于选举工作意义重大，于是将选举委员会的推选机制进一步明晰化，一些地区还规定了选举委员会成员回避制度，候选人不得同时担任选举委员会成员。值得称道的是，进行创新的地区一般把这个新规则放在村民大会或村民代表大会上审议通过，使对于法律的补充获得村民的认同。部分省份明确了"自主竞选"的规则和机制，有意竞选者可以在村范围内自由上门会见选民，发表竞选言论，把地下竞选活动公开化，从而有利于选举的顺利发展。此外，一些地方还推行村民委员会成员近亲属回避制度、邀请选举观察员制度，在选举中引入司法公证机制，鼓励妇联组织提名妇女候选人以保障妇女干部，等等，这些创新都具有进一步实践的价值。

三 村民自治和村民委员会选举遇到的困难和问题

（一）拉票贿选有扩大趋势

2009年，中共中央办公厅与国务院办公厅联合下发的《关于加强和改进村民委员会选举工作的通知》中规定："在村民委员会选举过程中，候选人及其亲友直接或指使他人用财物或者其他利益收买本村选民、选举工作人员或者其他候选人，影响或左右选民意愿的，都是贿选。"近年来，村民委员会选举中的贿选现象有扩大蔓延之势，并呈现出以下特点。

一是贿选发生数量和上升速度与地方经济发展水平密切相关。在一些经济欠发达地区的农村,由于村民委员会成员获得的补贴较少,且可掌控的资源匮乏,因此村民普遍对参选村民委员会缺乏热情,贿选案件发生率较低;而在经济较发达地区的农村,尤其是城中村、城郊村,有资源、企业和集体经济收入较高的村庄,村民参选村民委员会的积极性就相当高,而且竞争激烈,贿选事件频发。二是"买票文化"和村民索贿"卖票"现象值得关注。个别贿选现象出现多年且一直没有得到较好整治的地区,许多村民"认同"贿选的做法。如果哪届村民委员会换届没贿选,个别村民就会不理解,认为"当上村主任可以赚很多钱,吐出来一点有什么不好"?这些村民甚至将换届选举看成一次赚钱的好机会,甚至有些地方的选民在村主任当选后主动要求其"表示"。三是个别地方的村民委员会选举被黑恶势力控制,使用贿赂与暴力、威胁、欺骗等多种手段操控选举过程和结果。多数被黑恶势力贿赂的选民,往往因害怕遭到打击报复而不得不接受贿赂。这些人把持农村基层政权的目的,一方面是为了给自己戴上政治光环,掩盖违法行为的实质;另一方面则是为了利用职务之便掌管村庄资源,从中谋取经济利益。四是贿选手段花样翻新,贿选行为日益隐蔽。现如今,从送现金、实物,到请客吃饭、联系感情,再到发购物卡、邀请高档消费,贿选的手段不断翻新、日益复杂。随着国家对贿选治理力度的加大,为规避查处,贿选者纷纷采取更加隐蔽的行为方式:由亲自出马转向由亲朋好友出面行贿拉票,由选举前请客送礼转向事先约定、事后兑现,由过去的"现货"交易转向"期货"交易,由单纯的"买卖关系"转向平日的"感情投资",等等,加大了查处难度。

案例1:2003年4月,在山西省河津市下化乡老窑头村第六届村民委员会换届选举过程中,私营业主王玉峰与上一届村委会主任史明泽为了争夺村主任的职位,从一开始承诺的"60岁以上老人每年发放100元",一路攀升到"发给每个村民1800元"。选举后,当选者向村民兑现选前承诺,共计支出223.62万元。实际上,当地农民人均年收入不足千元,此次发钱数目之巨,可谓"天价"。

（二）宗族势力干扰选举日趋突出

目前的村民委员会直选中，各地不同程度地存在着宗族势力影响选举的现象。一些宗族为了维护自身小团体利益，凭借其人多势众，阻碍村委班子换届选举的现象越来越严重。许多地方的村民在选举中不是看候选人的能力与学识，而是看是否与自己是同一家族。重人治，以血缘为基础；重私利，强调宗族本位，肆意膨胀本宗族的势力。这种选举行为与现代民主所必需的市场经济和开放精神格格不入，严重削弱了民主选举的组织权威。此外，某些有一定宗族势力或宗族背景的候选人法制观念淡薄，依靠同姓同族或众多的家庭兄弟，公开采用恐吓、非法承诺等手段拉票，非法干扰或破坏村民民主选举，拉帮结派控制选举进程。

案例2：1999年1月，常德市鼎城区中河口镇依法对该镇麻河村村委会领导班子实行换届选举。该村人员主要由丁、余两大家族组成，两家族人口数占总人口数的50%左右。1月19日，中河口镇人民政府将该村的贵某确定为村主任的候选人，丁、余两大家族对此发生争议。以丁德山为首的丁氏家族持支持态度，以余友富为首的余氏家族却极力反对，因而，两大宗族发生了矛盾。为了各自家族的极端利益，双方均在选举前大肆活动，丁氏家族四处为候选人贵某拉选票，余氏家族则四处散布谣言并威胁村党支部干部称：如果这次选举贵某为村主任，则有流血事件发生。丁氏家族也不甘示弱，公然叫嚣如果不选贵某为村主任同样会有流血事件发生。双方邀集、发动族人，都做好了在选举大会火并的准备。1月25日，中河口镇麻河村村委会换届选举如期举行，丁氏家族见余氏家族和相当一部分群众都对候选人贵某投了反对票，大为恼怒，以丁德山为首的十多名丁氏族人手持杀猪刀，冲上选举大会主席台大闹会场，余氏族人见状，也不甘示弱，以余友富为首的十多名余氏族人也手持早已准备好的砍刀、木棒等凶器冲进会场与丁氏族人火并，使选举无法进行。火并中，一名丁氏族人被砍伤。丁氏家族认为，他们所支持的候选人贵某没有当选村主任是该村支部书记洪某操纵、指使的，而洪某是余氏家族的人。

当天晚上，丁氏家族组织一百多名族人冲入洪家，砸烂家具电器。随后，又围攻镇政府，直到鼎城区公安局派大批警力赶至才将事态平息。

（三）人口流动降低了村民自治的有效性

随着我国城市化进程的加快，以农村为流出地、城市为流入地的人口流动明显增强。大量青壮年农民的外流，造成农村"空巢村"现象十分严重，严重影响了村民自治功能的发挥。

首先，农村留守的多为妇女、老人和孩子，由于这部分群体的文化素质不高，民主选举的质量必然受到影响。同时，大量农民的缺席使民主选举失去了应有的广泛基础。其次，许多村民不愿意支出路费去行使自己的选举权和其他权利。大多数外出务工人员选择春节回家，返回打工地时间日益提前，留在村庄的时间越来越少，对村里公共事务、集体经济等无暇过问，村民与村庄的关系呈淡化趋势。在这种情况下，投票选举尚难以保证，民主管理、民主监督更无从谈起。村民自治制度"以人为本"的核心要素缺失，资金等要素流失，可以说，农民群众在一定程度上主动放弃了村民自治中的知情权、参与权、管理权、监督权。再次，村庄发展只有村民集思广益，才能发挥最大的主观能动性。长年在外的打工者对村庄变化不敏感，不能发挥自己在城市所获得的新思路和新想法，客观上使村庄发展失去活力和激情。这一年龄层的缺失破坏了乡村原有的人口结构，极大地削弱了村民自治的有效性。

（四）农户自主经营和村公共权力结合面临尴尬

1983年，中国农民迎来了以家庭联产承包责任制为主要内容的农村经济体制改革，农村普遍实行了家庭联产承包责任制，农户经营不断分散化和小型化。同时，村民自治的实行，减弱了国家权力在农村的影响，进一步导致了农民的个体化和原子化。2006年农村税费改革后，村民自治更迎来了制度性挑战。

村民委员会作为基层群众性自治组织，担负着维护村庄社区秩序、提供村庄社区公共产品、促进村庄社区发展的重任。长期以来，村民对村民委员会的依赖性一直表现在日常生产生活的各个方面，大到农业技术、市场信息、文娱活动、劳务输出，小到邻里矛盾、婚丧嫁娶等。村委会的正常运转，包括办公设施的配备、村组人员基本工资的保证、组织活动的必要经费等，离不开必要的财政支持。农业税免除后，各级政府以减少农民负担为核心的制度和措施相应出台，规定不允许村民委员会以任何理由、任何形式集资筹款。村级财政周转仅局限于上级转移支付和村集体经济的收入，使得资源匮乏、集体经济薄弱的村民委员会普遍出现了运转困难、功能难以发挥的局面。此外，村民委员会客观上为村民自治提供了平台，需要农民的组织化参与。村民委员会通过高度理性化的社会组织，将分散的个人组织起来，通过集体行动，参与公共事务，影响公共权力，并在这一过程中使村民自治权得以实现。在村级财政陷入困难之时，村级各类组织的成长和发育也面临瘫痪。村民与村级组织之间的互动减少、农民组织化程度低、农村组织发展不完善等，都严重影响了村庄治理的有效性。

（五）乡镇政府对村民自治过度干预

《中华人民共和国村民委员会组织法》第四条规定："乡、民族乡、镇的人民政府对村民委员会的工作给予指导、支持和帮助，但是不得干预依法属于村民自治范围内的事项。"法律将乡镇政府的行为规定为"指导"，目的是要求乡镇政府转变职能，减少对村民委员会的行政干预。但是，由于没有规定乡镇政府指导的内容、方式，更没有规定乡镇政府的责任，因而在实践中很难操作。

现实中乡镇政府频频干预，甚至将村民委员会视为自己的下级机关，随意对其发号施令。当前乡镇政府的干预主要表现为以下三种形式。一是控制村民委员会的人事任免权，确保自己合意的人选担任职务。为了达到此目的，乡镇政府或直接操纵村民委员会选举，或不经村民大会撤换不满意的村民委员会成员。二是任意干涉村务，剥夺村民的民主管理权和民主决策权。三是以监督村民委员会为名，暗中控制村民委员会。乡镇政府经常以检查工作为借口对村务进行"示意"，实际上是让村民委员会按其意愿行事。此外，由于村党支书是由乡镇党委任命，按照下级服从上级的原则，村党支部必须接受乡镇党委的领导，乡镇政府通过乡镇党委将其意志传达到村党支部，村党支部再以发挥党的领导核心作用为由插手村务，最终使乡镇政府的意志得以实现。

案例3：2009年2月初开始，河北省邢台市巨鹿县巨鹿镇木匠庄村开始了第八届村委会换届选举准备工作，按照有关程序先后推荐出新一届村民代表，并推荐出村选委会委员。但2月28日预选村委会候选人时，因实际投票选民未超过半数，预选失败。依照选举程序，村选委会经讨论决定，以"自荐直选"即海选的形式进行正式选举。木匠庄村共有选民781人，当天到现场参加投票的选民不足200人，发出有效票175张。因参加投票的选民未过半数，没有当场开箱验票。事后，巨鹿镇一位姓高的镇领导向前去询问选举结果的木匠庄村村民表示，因这次正式选举不成功，经过镇选举委员会报请县选举委员会同意，准备择日另行选举。

另行选举日定在3月24日。这天，木匠庄村541名选民参加了投票选举。最终竞选村主任的村民张忠兴、张西文、张彦廷分别得票201张、190张、122张，竞选副主任的张灵敏得票168张，竞选村委会委员的张伟超256张。但接下来发生的事情让包括村民代表张西敏、张忠坤在内的木匠庄村老百姓们无法理解。3月26日，巨鹿镇政府包村干部在村中张榜公布了此次选举的认定书：主任：暂缺。副主任：张灵敏（168票）；委员：张伟超（256票）。村民们质疑，按照河北省村委会选举的有关规定，另行选举时有选举权的村民过半数投票，获得选票数超过到会人数（541人）1/3即当选。为什么没有达到这一票数的（得票168张）能够当选副主任，而竞选村主任得票201张的张忠兴反而榜上无名？在木匠庄村的许多村民们看来，谁当选村干部还是镇主要领导说了算。

（六）监督和制约机制缺乏导致发生村官腐败

首先，在村民自治进程中，权力过分集中是滋生腐败的温床。村官腐败几乎都同村民自治蜕化为村官自治有关。村民自治权力大部分被村支书和村主任所攫取，尤其是为了协调"两委"关系，不少地方实行了"一肩挑"，村民自治权力集中在一个人手中。这给主要村官搞"一言堂"、当"土皇帝"打开了方便之门，给权力寻租提供了可乘之机。其次，我国村民自治走过了三十多年的发展历程，对自治权力运行制约和监督的制度设计经历了一个从无到有的过程，目前仍不够完善。农村基层民主管理和民主监督的制度建设同农村经济、政治、社会、文化生活的现实需要相比较，仍处于滞后状态。村级事务管理随意性大，财务管理混乱，白条入账现象严重。再次，尽管近年来随着村民自治制度科学化水平的不断提高，村党支部内部互相监督和村级财务监督等各种制约监督制度逐渐建立起来，但由于部分村干部的暗中抵制，这些制度的落实不尽如人意。不少地方村务公开流于形式，村民大会形同虚设。尤其是在农村拆迁补偿和土地征用中，一些村干部为捞取巨额非法利益，相互勾结，欺上瞒下，对操作过程秘而不宣，使村民根本无法进行监督制约。

参考文献

[1] 戴维·赫尔德：《民主的模式》，燕继荣等译，中央编译出版社，1998。

[2] 中华人民共和国民政部：《2010年社会服务发展统计报告》，http://www.mca.gov.cn/article/zwgk/mzyw/201106/20110600161364.shtml？2。

[3] 褚卫东、杜娟娟：《新形势下村民自治困境及对策探讨》，《经济研究导刊》2012年第1期。

[4] 张亚勇：《"村官"贿选各有神通》，http://www.jcrb.com/zhuanti/ffzt/cghx/sjfx/200808/t20080804_59350.html。

[5] 严豫军：《湖南宗族势力插手村委会选举》，http://gzdaily.dayoo.com/gb/content/2001-05/30/content_129928.htm。

[6] 马竞、曹天健：《河北巨鹿村委会选举引不满，村民称领导说了算》，http://news.qq.com/a/20090409/000806.htm。

（罗 丞）

第八章　农村社会管理中县乡村的治权与分权

我国基层权力组织机构的设置从人民公社时期起,大致走过了以下四个阶段。一是人民公社时期,公社设区(镇),下设生产大队。这一时期的组织设置简单,党政高度合一,公社干部大多为工农干部,管理成本小,分工较粗,属高度集中的粗放型管理。二是20世纪80年代"撤社建乡"时期。生产大队过渡为自然村,乡镇设立专业化"七站八所"。这一时期党政开始分离,政事初步分开,但干部数量增加,管理成本上升。三是20世纪90年代初"撤区并乡建镇"时期,即撤大区合并小乡镇,成立大乡镇,在乡镇和自然村之间增设管理区。村级常设干部有支书、村长、文书及人口村长,均为民选干部。这一时期管理层级增加,政府对各项事务大包大揽。四是21世纪初的"撤区并村"时期,形成县、乡、村三级管理体制,并一直保留至今。这一阶段管理层级压缩,行政效率提高,依法行政大力推进,政府虽不再全包全揽,但强势行政涉足微观经济和村民自治的现象依然存在。

一　县乡村的治权

(一) 县级权力机构的职责

我国《宪法》和《地方政府组织法》对县级以上各级地方政府列

举了若干项同构的权力。《宪法》第107条规定："县级以上地方各级人民政府依照法律规定的权限，管理本行政区域内的经济、教育、科学、文化、卫生、体育事业、城乡建设事业和财政、民政、公安、民族事务、司法行政、监察、计划生育等行政工作，发布决定和命令，任免、培训、考核和奖惩行政工作人员。"

现行《地方组织法》规定，省级人民政府的职权大致分为以下五个方面。一是执行权，即执行本级人大及其常委会决议，执行国务院下达的决定和命令，并保证其在本行政区域内有效、顺利地贯彻实施。二是管理权，即全面管理本区域内各项行政事务。如执行国民经济和社会发展计划和预算，管理本行政区域内经济、教育、科学、文化、卫生、体育事业、城乡建设事业和财政、民政、公安、民族事务、司法行政、监察、计划生育等行政工作。三是地方行政立法和制令权，即根据法律、行政法规和本级人大及其常委会制定的地方性法规，制定行政规章以及规定行政措施，发布决定和命令。四是领导和监督权，包括以下内容：全面领导所属各工作部门和下级人民政府的工作；依据法律规定，任免、培训、考核和奖惩国家行政机关工作人员；改变或撤销所属各工作部门的不适当命令、指示和下级人民政府的不适当决定、命令。五是保护权，包括以下内容：保护社会主义的全民所有财产和劳动群众集体所有财产，保护公民私人所有的合法财产，维护社会秩序，保障公民的人身权利、民主权利和其他权利；保护各种经济组织的合法权益；保障少数民族的权利和尊重少数民族的风俗习惯，帮助本省各少数民族聚居地方实行区域自治，帮助各少数民族发展政治、经济和文化建设事业；保障宪法和法律赋予妇女的男女平等、同工同筹和婚姻自由等各项权利。市级人民政府的职权与省级政府基本一致，也主要分为执行权、制令权、管理权、保护权和领导与监督权。县级政府除了制令权之外，也享有相应的执行权、管理权、保护权和领导与监督权。

2008年以来，县级政府机构设置一般在50个左右。其中，工作部门23个左右，部门管理机构3个左右，议事协调机构2个左右，直属事业单位 15~18 个左右，派出及其他机构 5~8 个左右。机构类别较多、数量较大是县级政府机构的共同特点。

（二）乡镇权力机构的职责

我国的乡镇治理结构实际上是"条条"和"块块"的结合。就"块块"而言，乡镇政权是乡镇党委—人大—政府的"三位一体"结构。乡镇党委事实上是乡镇政治、经济和各项事业的主要决策者和制定者。乡镇人大是乡镇政权的权力机关，由它选举产生的乡镇政府是乡镇的行政中枢组织。乡镇政府既是乡镇人大决议的执行机构，也是落实乡镇党委决策的办事机构。

乡镇党委是治理的权力中心、决策中心、指挥中心和控制中心，这是坚持"党的核心领导"的必然要求和结果。乡镇党委是党的农村基层组织，是党领导农村的基本战斗堡垒。乡镇党委直接接受县（或县级市）党委领导，实行集体决策和书记分工负责相结合的领导制度。作为乡镇领导"班子"的乡镇党委，是乡镇各重要部门的负责人员，包括乡镇党委书记、副书记、纪委书记、乡镇长、人武部长等重要成员，人数一般在 7~11 人。这些成员分工负责乡镇实际工作，形成"书记挂帅、分兵把口"的工作格局。1999 年 3 月，中共中央制定和发布了《中国共产党农村基层组织工作条例》，对乡镇党委组织设置、职责任务、干部队伍和领导班子建设等重大事项作出了更加明确的规定。按照《工作条例》规定，乡镇党委的主要职责包括六个方面：一是贯彻执行党的路线、方针、政策和上级党组织与本乡镇党员代表大会（党员大会）的决议；二是讨论决定本乡镇经济建设和社会发展中的重大问题，需由乡镇政权机关和集体经济组织决定的问题，由乡镇政权机关或集体经济组织依照法律或有关规定作出决定；三是领导乡镇政权机关的群众组织，支持和保证这些机关和组织依照国家法律法规及各自的章程充分行使职权；四是加强乡镇党委自身建设和以党支部为核心的村级组织建设；五是按照干部管理权限，负责对干部的教育、培养、选拔和监督工作，协助管理上级有关部门驻乡镇党委的干部；六是领导本乡镇社会主义民主法制建设和精神文明建设，做好社会治安综合治理及计划生育工作。

乡镇人大是全国人民代表大会制度的重要组成部分，是最基层的国家权力机关，其最基本的职权就是赋予乡镇政权治理结构的合法性。《地方组织法》规定了乡镇人大的12项基本职权，其中最重要的是由其选举产生乡镇政府，听取和审查乡镇政府的工作报告，决定本行政区域内的重大事项。乡镇人大和县及县以上人大的主要区别在于，一是乡镇人大代表由直接选举产生；二是乡镇人大不设常设机构，由乡镇的主要党政负责人（党委书记、乡镇长和人大常委会主任）领导乡镇人大的经常性工作。

乡镇政府是最基层的国家行政机关，是国家政策输出的终端，也是整个国家治理系统的基础设施。"上面千条线，下面一根针"的说法，生动描绘了乡镇政府在国家行政权力体系中的基础性和重要性。按照《宪法》和《地方组织法》，乡镇人民政府由乡镇人大选举产生，由乡（镇）长、副乡（镇）长构成，实行乡（镇）长负责制。为便于乡镇党政协调一致工作，许多乡镇的乡镇长由乡镇党委书记或副书记兼任。乡镇工作分为经常性工作和非经常性工作，乡镇政府的大量"中心工作"是非经常性工作，而乡镇工作的特点是以完成上级布置的"中心工作"为重头戏。为了高效率完成上级布置的工作任务，乡镇一般实行"书记挂帅、乡长动手、人大常委会主任协作"的三位一体分工合作的领导模式。由于乡镇政府一直存在人员编制少与上级布置任务多的矛盾，要求乡镇政府严格按照职能分工，各负其责的行政原则运行，在目前的条件下是不现实的。

乡镇党委、政府和人大及其下属工作部门属于乡镇的领导、管理与工作机关，构成乡镇政权机构的"主块"。而乡镇的许多具体职能管理部门是各种驻乡机构，即所谓的"七所八站"。驻乡机构的性质是上级政府职能部门在乡镇的派出机构，主要有派出所、税务所、信用社、农行营业所、邮电所、工商所、环保所、电管所、粮管所、运管所、技术监督所、供销社、烟站、电视广播站、卫生院等。这些派出单位的组织人事分别隶属于各自主管部门，工作人员的人事档案、工资关系和工作安排、职务晋升等均由上级主管部门负责,乡镇政府对其没有直接的管理权。一般把乡镇党政的职能部门形容为"块块"机关,而这些驻乡机构就是所谓的"条条"单位。

(三) 村党支部和村民委员会的职责

我国《村民委员会组织法》明确规定:村民委员会是村民自我管理、自我教育、自我服务的基层群众性自治组织,实行民主选举、民主决策、民主管理、民主监督;村民委员会由主任、副主任和委员共3~7人组成。根据需要设立人民调解、治安保卫、公共卫生与计划生育等委员会。村民委员会的职能主要包括以下方面。第一,支持和组织村民依法发展各种形式的合作经济和其他经济,承担本村生产的服务和协调工作,促进农村生产建设和经济发展。第二,宣传宪法、法律、法规和国家的政策,教育和推动村民履行法律规定的义务、爱护公共财产,维护村民的合法权益,发展文化教育,普及科技知识,促进男女平等,做好计划生育工作,促进村与村之间的团结、互助,开展多种形式的社会主义精神文明建设活动。

关于村党支部的职责,除了党章中规定党的基层组织领导本地区工作外,《村民委员会组织法》也明确指出:中国共产党在农村的基层组织按照《中国共产党章程》工作,发挥领导核心作用;依照《宪法》和法律,支持和保障村民开展自治活动,直接行使民主权利。村党支部主要由村民党员、返村定居的城市退休党员组成,党支部支委成员一般3~5人,支部成员一般由支部全体党员民主选举产生,但上级党委认为有必要时也可以任命村支书及其他支委人员。

二 县乡村的分权:权力结构特点和层级关系

(一) 县乡村三级权力结构特点

我国法律将上下级政府间的权力关系置于这样一个模式之下:即

"剩余权力"和"列举权力"都归上级政府，然后通过行政方式将某些权力授予下级地方政府。具体而言，权、责、利本是三位一体的连带体系，但在我国的政府体系中三者往往是不一致的。权力一般按升序排列，政府层级越高权力越大，层级越低权力则越小。由于这种权力关系导致了责任的降序排列，相对来说政府层级越低责任就越重。同时，纵向政府间的利益关系基本上也按升序排列。这样的权力结构具有两个突出的特点。

1. 职责同构

通过对《宪法》和《地方组织法》的分析，我们可以发现中央、省、县级行政单位直至乡镇，在政党组织与政区设置同构基础上，政府职责也表现出高度的统一性。特别是每级政府职责的最后一条都是"办理上级国家行政机关（上级人民政府）交办的其他事项"。这一简单的规定，以服从上级管理的名义，将政府所有对内职责潜在贯穿于整个政府体系之中。从政府职权的纵向比较中，我们可以看出每级政府都在管理相同的事务。换言之，不同层级的政府承担相似的职能，其机构设置随之上下对应，再加上党委系统的强化，无形中放大了"职责同构"效应，直接导致各级人民政府的职权相互重叠，缺乏独立性，致使上级政府可以越权行使下级政府权力，无法实现依法行使职权的基本要求。

2. 条块分割

尽管从理论上说，县、乡镇党政领导机关对驻县、乡镇"条条"单位有协调管理的权力，但由于这些单位的人事权掌握在各自的上级主管部门，因此县、乡镇领导实际上难以协调各"条条"之间以及"条"、"块"组织之间的职权关系，县、乡镇政权组织内部的职权是分散的。特别是在乡镇政府一级，其职能部门一般是综合协调性办事机关，乡镇机关人员工资待遇由乡镇财政负担。在乡镇财政收入少的地方，乡镇政府自身掌握的资源比驻乡镇机构的要少，因此乡镇政府反而要向驻乡镇机构寻求财政支援，甚至要看一些有实权的驻乡镇单位的"脸色"办事，这对乡镇政权建设是不利的。

（二）县乡村权力机构间的层级关系

1. 县与乡镇的关系

目前，县乡管理体制仍然呈现"大政府，小服务"特征，县、乡二级管理关系不够顺畅，主要表现在以下方面。第一，县级政府各种驻乡机构膨胀，乡镇管理权遭到削弱。县级各职能部门与乡镇争夺对下属机构的人事管理权，对乡镇企业和个体工商户、专业户的利益控制权等现象严重。第二，县、乡两级政权一方面机构重叠，另一方面又职能缺位、错位。职能上的"条块分割"，造成了"看得见的管不着，管得着的看不见"现象，有利的事情大家抢着上、多头管，无利的事情相互推诿扯皮，效率低下。

2. 乡镇与村的关系

乡镇政权的治理属于国家行政范畴，村民自治具有社区自治的特征。村民自治制度的实行，促进了乡村政治的发展，导致了乡政与村政的分化，并在一定程度上恢复了"官民共治"的某些特征。在村民自治的新制度背景下，乡政与村政的关系可以从两个方面进行考察，一是上下级党组织间的关系，二是乡镇政府与村民委员会的关系。

从上下级党组织关系来看，乡镇党委与村党支部是领导与被领导的关系。这种领导体制是维系国家与乡村社会政治联系的主轴。党支部建在村庄是我国基层政治体制的特色，也是党领导农村工作原则的制度保障。村党支部是农村各项事业和各种组织的领导核心，实质上是中国共产党执政权在农村社会的贯彻和延伸。乡镇党委对村党支部进行直接、全面的领导，目的是保证党对乡村社会的领导权，通过发挥村民党员的模范带头作用，促进农村经济社会的全面进步。为此，乡村两级基层党组织结成了类科层制的组织机构，这种结构使农村基层党组织具有"准政府"的功能特征。

从乡镇政府与村民委员会的关系来看，它类似于上下级政府关系在乡村社会的延伸。"类似"是指从《村民委员会组织法》的明文规定来看，乡镇政府与村民委员会是指导和被指导的关系，不是科层制意义上的上下级政府组织关系。乡镇政府对村民委员会的权力，不能像乡镇党委对村党支部那样直接领导，而是要通过指导协商、合作等行政措施来实现国家的农村行政管理。显然，这种制度设计的着眼点之一是为了减少政府对村民委员会的行政干预，增强村民委员会的自治能力，拓展农村社会的自由度。然而，现实生活中乡镇政府与村民委员会的关系并不总是指导和被指导的关系。乡镇政府干部习惯于把村民委员会看做是自己的下级机构，习惯于采取行政命令的方式，这就难免与村民委员会的自治性质产生冲突和矛盾。而且国家下达给乡镇政府的硬性任务越多，乡镇政府就越倾向于行政命令的工作方式。因此，乡镇政府与村民委员会的关系，形式上实行的是"指导与被指导"的制度，而在实际运作上则表现为"指挥—执行"的领导与被领导关系。

三 社会应急管理中基层权力机构的运转

县乡村政权中，相对于乡镇和村，县成为上级政府。村政不属于国家行政范畴，乡镇虽然是一级政府，却又是不完整的：没有独立的财政、检察院、法院、公安，很多职能不能承担。因此，县才是最完整意义的微观国家权力机构，也是社会应急管理中最重要的单位。目前县乡政府在社会应急管理过程中至少存在着以下方面的能力缺失。

（一）与农民的互动和组织、动员能力弱化

承包制条件下，农民在土地生产上获得经营自主权，分散经营的农民在客观上存在着共同利益，但在主观上无法形成共同利益的认识，这就决定了其只能依赖别人来认识并代表自己的共同利益，这种"别人"一般是指基层政府。然而，从权力的最终运行上看，基层政府与农民关系仍多半停留在行政指令与服从的关系模式上。这种模式统治性强而管理性差，强制性强而协商性差，手段性强而目的性差。它以权力运行实现为出发点，而不是以农民权利实现为出发点，从而最终也偏离了权力运行的初衷，使权力的性质变异，降低了政府权威，并使权力的合法性

受到挑战。这种情况实际导致了地方政权日益脱离民众，变得官僚化和特权化。同时，在基层政府规模不断膨胀、自我利益倾向严重的情况下，基层组织对农民的行政管理和控制弱化，对群众的号召力、凝聚力和说服教育作用大大减弱，导致其社会管理能力日趋下降和弱化。

（二）应变能力缺失

突发事件的突发性、非常态性，决定了对突发事件的应对和控制无先例可循，不能按部就班地进行，需要有较强的随机应变能力。尤其在事件的始发期，应变能力对于控制事态的蔓延具有重要作用。由于县级政府和县域社会的危机意识普遍比较淡薄，缺少全面整合的危机管理体系和健全的预警机制，导致应变能力明显欠缺。在突发事件爆发初期，往往出现信息沟通不畅，对事件发展态势判断不准，制度保障、资源保障跟不上等一系列问题，失去了对突发事件有效、快速回应的最佳时机，从而造成更加严重的后果。

（三）综合掌控事态的能力缺失

首先是事前预防和化解力量不足。许多已经发生的突发性事件表明，矛盾严重激化是一个"螺旋式"上升的过程。有的事前已有苗头，有的有明显的群体活动，有的出现集体上访，有的发出群体聚集的信息，等等。但一些基层政府对这些苗头性事件重视不够，预防不力，使一些本来比较容易解决的问题演变为较严重的突发性事件。其次是事中处置不当、处置不公。许多突发性事件是由直接、相关的物质利益矛盾引发，还有一些是由涉及公平、民主权益保障以及文化因素引发。当前农村显性的热点、难点问题主要有农村征地、移民安置补偿等，隐性的热点、难点问题主要有干群矛盾、执法不公、分配不公等基本权利不公。因而，干部与群众的矛盾冲突正在成为新形势下突发性事件的重要表现形式。基层政府如果没有强烈的政治意识、大局意识、忧患意识，没有把农民的利益放在首位，常常会使事件的处置不当、不公，从而留下隐患。再次是政策宣传解释不到位。由于一些基层政府认识上的偏差和方法上的简单，使部分群众因利益受到损害而对政策产生不满，以致引起突发事件。例如，因征地拆迁、土地征用补偿、征地后劳动力就业和安置等相关政策不落实、不配套，影响了村民的切身利益，从而引发群体和突发性事件。最后是处置尺度把握不准。处置现场情况的不确定性与处置方法的原则性之间的矛盾，需要政策性、灵活性、原则性灵活拿捏。突发性事件情况错综复杂，现场瞬息万变，而上级确定的处置方法一般比较笼统、原则，在实际工作中不易把握。一些基层政府常常难以把握尺度，从而激化矛盾，使事态向进一步恶化的方向发展。

（四）信息化能力缺失

信息化能力是现代政府进行管理和决策时必须具备的能力之一，是对政府现代性、规范性、科学性等指标进行考察的一个重要方面。一些基层干部对突发性事件的发生缺乏认识，对可能引发事件的因素缺乏敏感性，甚至不愿意提供情况。一些干部对各类复杂的社会现象见怪不怪，没有积极主动地收集掌握当地的不安定因素。在一些容易引发事端的重点部位，灵敏高效的情报信息网络尚未建立，导致情报信息和阵地控制工作十分薄弱。同时，基层政府在应急管理方面常常缺乏有效的信息沟通机制，对信息公开的重视程度不够，某些部门过度垄断信息，信息采集、处理和传递的速度缓慢、能力不强，与公众、媒体缺乏有效沟通，没有将政府的处理措施及结果及时向社会公布，造成了行政的神秘化，产生了政府信任危机。此外，目前县级政府的电子政务建设、政府信息公开状况等还不尽如人意，社会对政府信息需求与政府信息供给之间还存在很大差距，政府信息化能力整体不高，满足不了应对重大突发事件的需要。

（五）多元主体培育能力缺失

应对突发事件是政府的职责，各级政府在应急管理中应当扮演重要的角色，这是无可厚非的。但是，政府并非万能，有效的社会应急管理需要政府、社会公众、企业乃至国际社会等的共同参与，这不仅是市场经济的外在要求，也是政府力量有限性本身的内在需要。目前，在农村社会突发事件管理过程中，参与主体单一，过分倚重政府，是传统计划经济方式发挥了主要作用。从社会动员、各种资源的提供和组织，政府在应急管理过程中始终处于绝对主导地位，几乎包揽了一切相关工作。由于多元主体参与社会应急管理的机制尚未形成，导致县级政府应急管理能力大打折扣，政府管理成本增加。

（六）公民权益的维护能力缺失

在突发事件的处置过程中，依法维护公民的权益应当成为政府的基本价值诉求。然而，目前在社会应急管理中，县级政府的行政命令依然发挥着主要作用，法制还没有成为县级政府行为和社会行为的主要框架，"人治"色彩仍然比较浓厚。因此，如何发挥法律对社会无序状态或是紧急状态的防范和矫正功能，并在保障公民权益的基础上保障政府在法律规定的范围内依法行使管理权，并使这种权力得到社会的有效认可，显然是需要认真思考的问题。

参考文献

[1] 高刚：《县乡村管理体制的优化问题探讨——来自贵州省凤冈县的典型调查》，《中国发展观察》2011年第10期。
[2] 任鹏、娄成武：《群体性事件中的县政治理透视——基于政策冲突视角的分析》，《长白学刊》2011年第5期。
[3] 李岗：《提升基层政府应对突发事件能力的对策建议》，《国家行政学院学报》2012年第1期。

（罗　丞）

第九章 农村环境问题现状和形成原因

我国半数以上人口生活在乡村地区，农业是国民经济的基础。农村环境状况对于保持农村社会稳定、促进农业可持续发展、保证粮食安全和农产品安全具有至关重要的作用。近年来，随着农村经济的发展和政府各项惠农项目的实施，全国农村村容村貌、村民生活状况以及农业生产条件发生了很大变化。同时，我们也应清醒地看到，总体来说，中国农村农业环境呈现局部改善、整体下降的态势，问题越来越突出，包括土地沙化、草原退化、地下水位下降使生态环境不容乐观，自然灾害频繁发生威胁农民生命和财产安全，农村生活垃圾未经处理随意堆放甚至倒进地面水体，农村生活污水不经处理直接排放到水体（地面水、地下水）之中，乡村工矿企业废物未达标排放污染水体和土壤，农业面源污染加剧土壤和水体退行性变化，等等。基于此，农村农业环境问题应该引起我们高度重视，加强农村农业环境治理已成为创新农村社会管理新课题。

一　生态环境恶化、自然灾害频发影响农村稳定

联合国一份资料估计，1980年以来，中国北部1215万亩（81万公顷）农田、近3645万亩（243万公顷）牧场和9750万亩（650万公

顷）森林已经遭到沙漠吞噬。内蒙古每年土地沙化面积在 585 万～780 万亩之间。甚至西藏高原上的一些地区，也因全球气候变暖，当地高山积雪全部融化，导致丧失了传统的灌溉条件，被迫进行人口迁移，最终造成整片土地被废弃变为荒漠。更有人认为沙漠已经占到中国几乎 1/4 的国土面积。全国草场三成以上已经退化，平均产草量下降 30%～50%，退化面积达到 10 亿亩，并且仍以每年 3000 万亩（200 万公顷）的速度继续退化。

在全球气候变暖和生产建设开发加大用水需求的背景下，水资源紧缺的矛盾更加突出，地下水位迅速下降，中小河流断流、小型水库干涸在西北、西南经常见到。云南省水资源总量位居全国第三，却连续三年遭遇大旱，在离水源地很远的一个地方，农户每个月要花 350 多元用于买水。干旱对农民的影响如同千刀万剐。甘肃一个地区因为土地沙漠化，人已经无法生存。政府在过去不曾耕种过的新地方盖了房子、打了井，帮助农民搬迁居住。最初一段时间庄稼收成很好，人们非常高兴。但是新居住地的环境也在恶化，随着干旱加剧，地下水水位降低，每年都需要把井挖得更深才能抽出水来。现在当地农民希望政府能够为他们寻找新的安居之地，但问题在于西部适宜居住的地方已经不多了。

自然灾害是另一个对农村农业环境造成重大破坏的因素。我国是世界上自然灾害最为严重的少数几个国家之一，常见的自然灾害种类繁多，主要包括：气象灾害，例如洪涝、干旱、冰雹、冻害、台风、暴雪、沙尘暴等；地质灾害，例如地震、山体崩塌、滑坡、泥石流等；海洋灾害，例如风暴潮、海啸、赤潮等。我国 70% 以上的城市、50% 以上的人口分布在自然灾害严重的地区。近年来在全球气候变暖背景下，世界范围内重特大灾害频繁发生，我国已进入自然灾害高发时期。

1998 年长江流域特大暴雨洪涝灾害、2008 年 5 月 12 日四川省汶川县里氏 8 级地震、2010 年 4 月 14 日青海省玉树县 7.1 级地震、2010 年 8 月 7 日甘南藏族自治州舟曲县特大山洪泥石流灾害等自然灾害，都给我国造成了巨大的人员伤亡和财产损失。仅以长江特大洪灾而言，从 6

月12日到8月27日整整77天时间里,除7月11日间歇一天外,整个长江流域共出现74个暴雨日,其中大暴雨日64天、特大暴雨日18天,长江干流出现8次洪峰。持续的暴雨造成山洪暴发,江河洪水泛滥,多处圩堤溃决、围垸崩毁,平畴成为泽国,又引发局部地区山体滑坡,出现泥石流,重重灾祸给长江流域人民生命和财产造成严重损失,对全国经济发展造成严重影响。据不完全统计,此次特大洪灾造成湖北、江西等12个省(区)1800多人丧生,1亿多人受灾,上百万人失去家园,农田减产或绝收1000多万公顷,房屋倒塌430多万间,经济损失1500多亿元。

至于农村发生的规模较小、损失较轻的灾害事件,例如地面塌陷、山崩、滑坡、泥石流等,更是不胜枚举。2002年,在纳雍宗岑矿附近发生了一起山体崩裂事件,崩塌物掩埋了一个村寨,致使9人丧生;2010年3月10日凌晨,陕西省子洲县双湖峪镇双湖峪村石沟发生山体滑坡灾害,44人被埋压,救出17人,有27人不幸遇难;2011年6月10日凌晨,湖南岳阳临湘市詹桥镇观山村突降300年一遇的特大强降雨,6小时降下275.6毫米雨水,水流下泄过程中带动大松石下滑,形成了特大山洪泥石流,冲向观山村毛家组,30多家住户中有24户被泥石流吞噬,有25人遭到埋压,通过搜救,找到其中15人的遗体。

此外,一些地方政府为了满足人口增长、提高收入的需要,不断增加对当地自然资源利用的强度和范围,甚至默认滥伐、滥牧、滥垦、滥用水资源、随意开采等现象;还有的把开矿当做发展经济的捷径,只要能找到有价值的资源就都去进行开发,不惜毁掉良田、掏出地底下的沙子卖给建筑工地。在生态脆弱地区,滥用自然资源对生态环境造成的损害难以修复甚至不可修复。生态环境因不断超载而遭到破坏,出现水土流失和土地沙化。盲目的开发行为,虽然在当期产生了经济效益,却把对生态环境的无穷贻害留给了后代。甚至还有学者认为,现在一些扶贫政策是在杀鸡取卵,扶贫项目的内容与实施的结果经常是南辕北辙。例如,在内蒙古浑善达克沙地,保护草原的"禁牧"政策反而导致了草原的沙漠化。因此,无论是环境破坏本身还是针对环境问题出台的环保政策往往都使当地人的生活状况下降,很多人因之陷入贫困。

近年来,进入公众视野的自然灾害事件频繁发生。最根本的原因在于,全球变暖的大条件下,大气运动的规律开始调整变化,容易产生极端的天气气候事件;气象部门对极端天气气候事件的监测能力大大增强;新闻媒体在报道这些极端天气气候事件方面的能力也大大提高。总体来说,人类某一特定活动与某一自然灾害事件的形成之间存在很多环节,很难立即看清因果关系。但是,其中某些地质灾害,例如山崩、滑坡、泥石流等,如果我们细细梳理,则能够找到由于开矿、修路等开发建设中的不当行为引发灾害事件发生的蛛丝马迹。

二 农业面源污染威胁农业可持续发展

农业面源污染是指农业生产过程对环境造成的污染,包括流失的化肥、农药对水体和土壤的污染,残留的农用薄膜对土壤的污染,秸秆燃烧对大气的污染,畜禽粪便和水产养殖对水体的污染,等等。农业面源污染已经对农业可持续发展构成较大威胁。

我国化肥、农药超量使用但利用率偏低的情况非常突出。国家发改委资料表明,目前我国平均农田施用化肥量达到每亩24公斤(360千克/公顷),氮肥、磷肥的利用率为25%~30%与10%~20%,使用量分别是德国的1.6倍、美国的3.3倍,而利用率低于发达国家20~30个百分点;平均农田使用农药量为每亩0.15公斤(2.25千克/公顷),平均利用率约为30%,使用量是欧盟国家的3倍,利用率仅为欧盟国家的50%。

过量的化肥、农药会改变土壤的物理性质和化学性质,降低土壤微生物总量、改变其种类结构、减弱其生物活性,破坏土壤生态系统平衡,导致土壤板结与酸化,破坏土壤向农作物输送营养的能力,还会使农产品质量下降,并造成农产品中农药、重金属、亚硝酸盐等有害物质残留超标;大量未被利用而流失的化肥、农药随地表径流进入沟渠,再汇入江、河、湖、水库以及近海水域，使水体中的氮、磷等营养元素得到富集，导致水质恶化。使用过的农膜若不加以清除，不仅对农村环境景观造成影响，还会在土壤中阻止作物根系串通，影响作物对水分和养分的正常吸收，导致作物产量下降；还会阻断土壤中孔隙的连续性，影响水分下渗，降低土壤抗旱能力，导致土壤次生盐碱化。焚烧秸秆是当前许多农村地区处理农作物秸秆的主要方法，秸秆在焚烧过程中产生滚滚浓烟，降低空间能见度，影响交通安全，而且生成的二氧化硫极易产生酸雨，所以焚烧秸秆严重污染大气环境。

许多村庄把畜禽养殖作为支柱产业，畜禽存栏量成倍增长，但是由于环境管理疏忽和污染治理缺失，养殖户往往将数量巨大的液态畜禽粪水直接排放到沟渠中，对水体造成污染。与此相似，进行水产养殖会向周围水域排放大量饲料、残饵、鱼类排泄物等有机物，排放氮、磷等营养物，排放各类化学药品或抗生素，造成周围水域的污染和富营养化。资料显示，2002年，浙江省畜禽养殖数量超过1.2亿头（只），年产生粪便量超过8800万吨，污水排放量超过10亿吨。据调查，云南省畜禽养殖粪水生成的各项污染物的产生量和流失量分别为：化学需氧量产生量333万吨，流失量37万吨；生化需氧量产生量78万吨，流失量25万吨；氨氮产生量34万吨，流失量9万吨；总磷产生量17万吨；流失量2万吨；总氮产生量83万吨，流失量22万吨。根据资料，滇池污染负荷中有27.4%来自农业和农村。

一项研究显示：在中国水体污染严重的流域，导致流域水体氮、磷富营养化的主要原因是农田、农村畜禽养殖和城乡结合地带的排污，其作用超过来自城市地区的生活点源污染和工业点源污染。

作为农业发展水平显著提高的重要标志之一，广泛使用化肥和农药能够提高土地的产出，降低农民的劳动强度。随着产业结构的调整、经济增长方式的变化，越来越多的农村劳动力向城市转移，农民的观念和农业生产方式也在悄然变化，堆积农家肥和农田除草等农业生产活动在农村越来越少见，代替它们的是不断加大化肥和农药的施用量。然而加大施用化肥和农药的实际结果却是，其中只有不足30%被农作物吸收利用,超过70%的成分残留在农田里,或者随水排入江河或渗入地下,造成污染。除种植业以外,养殖业也正逐步向集约化、专业化方向发展,畜禽养殖场粪水不经无害化处理直接排放,形成一些较大的"污染源";水产养殖过程中投放大量精饲料、鲜活饵料、肥料和药物,换水以后排入江河水体,造成污染。

从政府角度来讲,因为急于使当地农民尽快增产增收,所以默认甚至支持农民盲目追求单位土地的产出率而几乎无节制地增加使用化肥和农药,未建立对化肥、农药造成的环境影响进行有效监管的制度,导致化肥、农药投入量增长显著快于农产品产值增长。化肥和农药在发挥增收增效作用的同时,也带来了严重的负面影响,但是这种负面影响的变化缓慢且长期存在,较少产生立竿见影的直接后果,所以仍未引起社会各界的充分认识和足够重视,甚至可以说被淹没在增产增收的巨大需求中。另外,我国目前农村污染防治技术研发不够,可选用的实用技术比较缺乏,低污染的化肥、农药品种少而且价格高;基层农技机构公益性推广服务严重不足,很难对农民提供科学施肥、用药等方面的培训和指导,测土施肥、配方施肥尚未形成制度,农田细碎化、耕作家庭化使得测土施肥、配方施肥成本极高,普及推广有相当难度。此外,农业生产方式仍然处在"粗放经营"阶段,没有进入"精细作务"层次。这些因素使农业面源污染基本上处在失控状态。

三 乡村工业不达标排放污染水体和土壤,威胁食品安全

工业企业因为能够将资源优势转化为经济优势,为本地贡献更多的GDP,并提供大量的非农就业岗位增加农民收入,所以受到政府和农民的欢迎,尤其在经济欠发达地区,对于工业项目立项似乎有一种如饥似渴般的需求。但是设在农村的工业企业往往因为不达标排放而造成各种污染,其中重金属污染最为严重和突出,其危害已经在食品安全方面显现出来。

我国重金属污染中，最严重的是镉污染、汞污染、血铅污染和砷污染，而农民是直接和主要的受害群体。以血铅污染为例，2008年12月以来，我国多次发生血铅超标直至铅中毒案例，仅媒体公开报道的血铅超标事件就有20起之多。因为资料极为粗疏，只能进行不完全统计，累计血铅超标5009人，其中3080人为儿童；达到中毒程度及需要进行驱铅治疗1178人，其中1014人为儿童。在20起血铅超标事件中，明确发生在农村的共有8起，累计血铅超标2888人，其中1440人为儿童；达到铅中毒及需要进行驱铅治疗931人，其中769人为儿童。设在村域产生铅污染的企业包括小铅厂、铅锌冶炼公司、精炼锰加工厂、电池厂、电源有限公司、土法"小氰池"提金作坊等。

作为高科技行业的IT行业，也会产生重金属污染。一份报告显示，在"珠三角"、"长三角"等地区，有大量生产印刷线路板的企业不能稳定达标排放，给当地河流、土壤和近海造成了严重的重金属污染。

开采稀土付出的环境代价也让人触目惊心。稀土生产有"南赣州、北包头"之说。赣州开采稀土曾经使用池浸工艺，先砍树后锄草，然后剥离表层土壤，所到之处对山体植被造成难以修复的破坏。另外，浸出、酸沉等工序产生大量废水，其中富含氨氮、重金属等污染物，严重污染饮用水和农业灌溉用水。据测算，仅赣州一地治理以前因稀土开采造成的环境污染、恢复矿山环境就需要380亿元，远远超过了此前所获得的经济收益。现在采用原地浸矿法，向山表皮下的矿层注入大量硫酸铵，置换出吸附稀土的离子，每获得1吨氧化物需要注入7~8吨硫酸铵，遗留在地下的有毒溶液一旦污染地下水资源则后果不堪设想。对开采稀土引起的环境污染目前并无成熟的解决方案。包头以轻稀土为主，稀土矿开采过程对环境的破坏相对较小，但矿石的分离和冶炼过程仍不可避免地对环境造成污染。包钢稀土主厂区附近新光村等几个村子不少村民身患癌症等各类疾病，牲畜也经常不明原因死去，10年前，包头市环保局已将其列为"特别严重的污染村，不适合人类生存"。2012年，环保部公布了两批基本符合环保要求的稀土企业名单，包钢稀土榜上无名，居于"待审核企业"行列。

早期，中国重金属污染东部比西部严重，南部比北部严重，珠江三角洲地区特别严重，湖南等有色金属生产大省也是重金属污染的重点地区，东南部一些区域的重金属污染态势相当严峻。近年来，东部地区一些高能耗、高污染项目尤其是化工企业、光伏企业和制药企业开始向中西部省份转移，导致中西部地区的污染事故频频出现。

原国家环保总局进行的一项调查显示，广东省珠江三角洲区域接近40%的农田、菜地土壤遭到重金属污染，其中10%已严重超标。2007年，南京农业大学一个课题组在华南、华东、华中、华北、东北和西南六个地区县级以上市场随机采购大米样品进行检测，发现全部91个大米样品中镉超标的比例达到10%左右。

农村工业造成的污染具有结构性污染低、规模性污染小（但单位产值排污量较高）、布局性污染分散等特点，被称为农村"低小散型"工业。历史形成的农村"低小散型"工业往往因为能够把当地资源转化为产品或延伸当地产业链，创造 GDP，为政府增加财政收入带来政绩，提供非农就业岗位，增加农民收入，启动资金门槛低，所以受到投资者追捧，并在起步阶段得到政府的支持和农民的认可。但是，此类企业条件简陋，污染防治水平低下，治理污染缺乏规模效益，缺少或者根本没有治污设备设施，或虽有治污设施却并未经常启用。这类企业运营的最终结果是不达标排放，企业的所有者取得了经济收益，政府增加了财政收入，却让全社会承担企业排放污染造成的严重和深远后果。由于"发展缺少科学的准入门槛"，上述企业在成立之初大都未经过严格的环境影响评价审查，相关手续不全甚至违法而匆忙立项启动；有的企业因为污染严重被迫停产，进行转移重建再投入生产，屡次遭到群众反对和驱赶。

研究表明，地方自发性、就地性的农村工业化发展模式，形成的产业积聚程度低，发展需要的社会成本高，造成的环境污染重，是一种反城市化的工业化道路。浙江省从1996年开始实施"一控双达标"行动，对此类企业进行整治，但产业结构转换滞后于经济增长，污染治理速度滞后于工业规模的扩大，付出了沉重的环境代价。

四 加强农村农业环境治理成为
创新农村社会管理新课题

农村、农业的发展对我国经济繁荣、社会进步具有基础性作用,也是进行社会主义建设必须完成的战略任务,不言而喻,其中包含着加强农村农业环境治理的内容和要求。《中共中央关于制定国民经济和社会发展第十一个五年规划的建议》提出社会主义新农村的基本特征是:生产发展、生活宽裕、乡风文明、村容整洁、管理民主。这个目标说明,建设社会主义新农村,应该是经济建设、环境建设、文化建设、社会建设、政治建设协调推进、全面发展,农村农业环境建设是社会主义新农村建设的重要组成部分。

近年来,随着农村经济的发展和政府各项惠农项目的实施,全国农村村容村貌、村民生活状况和农业生产条件发生了很大变化。具体体现在以下方面。民居建筑普遍从低矮、昏暗、潮湿的土坯房甚至茅草房变为宽敞、明亮、干燥的平房和楼房;村内路网基本实现了水泥化;"村村通公路工程"几乎使沥青路或者水泥路通到所有村庄;"农村改水工程"着力解决农村饮水安全问题,促进农村集中供水,让大多数农民逐步用上洁净的自来水;"农村改厕工程"取得一定进展,部分农户已经把露天粪坑、垫土厕所改造为冲水厕所,部分农户修建沼气池,并将粪水导入沼气池生产沼气作为清洁燃料;许多村子修建了文化活动广场。上述工程改善了农村的生活条件和卫生水平,受到了普遍的拥护和称赞,被人们亲切地称为"德政"。同时,大量民间组织为改善农村人居环境也付出了巨大努力。

虽然农村人居环境建设取得明显成绩,但我们应清醒地认识到,中国农村农业环境出现整体下降趋势,问题越来越突出,农村农业环境恶化已经成为危害农民身体健康和财产安全,制约农村经济发展甚至影响农村社会稳定的重要因素。2007年有文章指出,贵州的生态环境已经遭到严重破坏,贵州所谓的贫困人口实际上是生态难民,农民要想在当地改善自己的生存状况几乎是不可能的。有专家估计，环境污染问题成为农民上访最主要的原因之一，且占到总量的20%。而环境信访问题如果得不到合理解决，大多数会转化为群体性事件。据统计，环境污染引发的群体性事件以年均29%的速度递增，对抗程度明显高于其他群体性事件。因此，加强农村环境治理已经成为创新农村社会管理的新课题。

资料表明，目前环保部门仍未健全对农业环境进行监测的专门机构，专职人员素质偏低，监测仪器和业务经费短缺，对农业环境尚未开展常规监测。国家对大多数农产品既未制定标准化生产操作规程，也未制定产品质量检测标准，更缺乏必要的检测监督手段，还缺乏农业环境政策指导和制约农业生产者选择农业技术。20世纪80年代中期，农业技术服务体系改革减少了农技推广经费，而鼓励自我创收，农技推广系统转而从事与农技推广无关的经营活动以获取收入，如销售化肥和农药等，但部分人员对指导农民提高化肥和农药使用效率缺乏积极性。

政府对农用化学品和畜禽养殖的管理呈现分散状态，工业、技监、供销、农业、环境保护等部门分别管理农用化学品的生产、销售、使用、技术指导和污染防治等，农业、环境保护部门则分别负责畜禽养殖和污染防治。政府进行多头管理，尚未把保护农业环境的要求放进重要日程，制订综合措施，贯彻到底，导致在农业环境管理方面效率低下甚至无所作为。

目前我国的环境保护法规，例如《环境保护法》、《水污染防治法》等，主要是针对治理城市污染和工业污染的需要而制定。城市污染和工业污染多属点源污染，政府容易找到排放主体，测定污染物的数量和成分，能够有效地实施污染物排放总量控制和末端治理。农村的环境污染多属面源污染，一家一户污染物单次排放数量微小，一村一乡长期累积之后总量惊人，总量控制和末端治理对此无能为力。因此，监控乡村小型企业污染排放情况需要付出很高成本，事实上难以实现。

另外，许多环保法规出台时间较早，对违反环保法规的行为惩戒力度较小，有些企业觉得违法成本大大低于守法成本、违法收益，所以愿意并且敢于违法生产、直接排污。此外，违法企业被处以罚款或被责令停产，但执法部门却很难执行到位的情况也时有发生。

  农村农业环境问题之所以会形成和出现，一个根本原因是农村农业环保法规和制度不健全，农村农业环境治理体系的发展滞后于农村农业现代化进程。损害农村农业环境无须付出沉重代价，保护农村农业环境得不到有效补偿和激励，导致农村农业环境污染事件层出不穷。

（阎济华）

第十章　各地在创新农村社会管理实践中的新探索

《中共中央关于推进农村改革发展若干重大问题的决定》中明确指出:"继续解放思想,必须结合农村改革发展这个伟大实践,大胆探索、勇于开拓,以新的理念和思路破解农村发展难题,为推动党的理论创新、实践创新提供不竭源泉。"

一　农村社会管理创新的内涵

近年来,随着我国加速由农业社会向工业社会、传统社会向现代社会转型,农业、农村发展进入新的阶段,农业生产经营方式、农村经济结构、农村社会结构都发生了深刻变革,农村社会管理的范围和领域拓宽,农民思想观念发生深刻变化,农村社会管理对象更加多元。但由于长期以来受二元体制影响,农村公共事业发展欠账严重,农村社会管理长期滞后,因此,我国政府只有加强农村社会管理,推进农村社会管理创新,建立和完善农民参与社会管理的形式,充分调动农民参与社会管理的积极性和主动性,充分发挥农民在社会管理创新中的主体作用,才能构建起群众权益充分保障,矛盾纠纷彻底化解,农民生活和谐祥和的社会主义新农村。

农村社会管理是中国现代化进程中的一个重要课题。它是指政府通过制定系统规范的农村社会政策和法规，调整农村社会的利益关系，回应广大农民群众的诉求，化解农村社会矛盾，维护农村的社会公正和社会秩序，建设经济、社会和自然之间协调发展的农村社会环境。目前，传统的矛盾疏导机制与组织效用减弱，集体力量弱化，而转型期的农村社会关系复杂化，特别是在建设社会主义新农村的背景下，农村公共事务管理的新矛盾、新问题大量出现，原有的管理模式已不适应。农村社会管理的主体、内容、手段和方法等亟待创新，村民自治亟待加强，农村民间自治力量和公民社会亟待培育，民间力量在农村社会管理中的自治功能亟待发挥。要想真正形成农村社会管理以党和政府为主导、民间组织为中介、村民自治为基础、农民群众广泛参与的新局面，还需要根据各地的具体情况和特点，在农村社会管理实践中，有所创新，进行新的探索。

（一）农村社会管理创新，是建设和谐新农村的迫切要求

农村社会管理创新，必须理顺"党政"、"政社"等方面的关系，充分调动群众参与乡村管理的积极性，为建设社会主义和谐新农村提供政治保证。我国的村民自治不是农村社会自然演进的结果，而是政府强力推进的结果。而政府过多的干预又会弱化村民自治。因此，我国必须加强乡村民间自治力量的培养，逐步建立农村社会的自治、自律体系，完善乡村自治功能，拓宽村民参与乡村公共事务的管理空间。这既是加强农村民主管理的内在需要，也是健全农村民主法治的必然选择。

随着改革开放的深入发展，农村工业化、城市化加速发展，农村经济社会呈现快速发展态势。随着社会主义新农村建设的推进，农村社会公共事业有了很大发展，出现了许多新的阶层与群体，加上外来务工人员大量进入，各种社会矛盾发生了新的变化，这些都对传统的农村社会管理模式带来很大冲击，农村社会管理面临许多新的挑战。尤其是一些涉及农民切身利益的重大问题，成为农村社会管理的重点和难点。各级政府只有一切从本地实际出发，形成有效的农村社会管理模式，农村社

会各项事业才会提高到一个新的水平，经济与社会共同发展的新局面才会出现。

（二）农村社会管理创新，前提是管理主体创新

农村社会管理的创新，必须明确谁是农村社会管理的主体，各自的责任、权利与义务，并与村民自治有效结合起来。《中共中央关于推进农村改革发展若干重大问题的决定》中明确指出："强化党委统一领导、党政齐抓共管、农村工作综合部门组织协调、有关部门各负其责的农村工作领导体制和工作机制。""着力增强乡镇政府社会管理和公共服务职能。完善与农民政治参与积极性不断提高相适应的乡镇治理机制，实行政务公开，依法保障农民知情权、参与权、表达权、监督权。"

在管理主体创新中，首先，农村基层党组织在社会管理中，发挥好领导核心作用是关键。村级党组织处于新农村建设第一线，发挥村级党组织对和谐新农村的领导作用十分重要。但党组织的领导核心作用，并不是包办代替各项社会事务，事无巨细都由党组织来直接管理，而是应当在分级管理中分清各自责任。在整个组织网络体系中，党组织起到的应是龙头作用，应是统筹全局、协调各方的领导核心作用，同时，又能调动各方参与社会事务管理的积极性，从而大大提高社会管理的有效性和针对性。其次，农村社会管理创新，必须充分发挥村民的主体作用，进一步完善村民自治，使社会管理的权力与责任向下延伸，使社会管理的重心下移，充分发挥村民委员会的自我教育、自我管理、自我服务的功能，同时充分利用村民小组的作用，通过村规民约明确村级党组织、村委会、村民小组、中心户和村民等各自的分工与职责。在此基础上，基层组织与村民形成对接联络，从而充分调动和激发村民参与社会事务管理的积极性、主动性和创造性。

（三）农村社会管理创新，重点是管理内容创新

农村正处于由传统社会向现代社会的加速推进过程中，农村社会管

理的内容不断增多,但由于各村经济社会发展极不均衡、重点各异,一些经济相对比较发达的农村社会事务管理面不断扩大,任务不断加重。因此,创新农村社会管理模式,必须创新管理内容,拓展管理领域。首先,我国应强化农村社会公共事务的管理。随着新农村建设的有力推进,农村公共事业的投入不断增加,许多公共服务职能已延伸到村级组织,如劳动就业、社会保障、农业科技、村落文化、公共卫生、群众体育等已成为农村社会管理的重要内容。其次,我国还应强化农村社会矛盾的调处。作为基层组织,要努力正确处理各种纠纷和矛盾,把问题解决在基层、消灭在萌芽状态,通过建立和延伸有效的社会管理网络,从矛盾预警到调处做到快速反应,努力做到关口前移,把矛盾纠纷控制在初始阶段,解决在萌芽状态。

(四) 农村社会管理创新,突破口是管理手段和方法的创新

随着农村社会管理对象的变化以及管理内容的拓展,仅仅依靠几名村干部运用行政手段已很难适应,往往会出现"行政方法不能用、经济方法不好用、法律方法不会用、思想教育不顶用"的局面,农村社会管理的方法和手段面临重大挑战。我们应通过创新社会管理方法,运用系统管理方法,形成管理网络,在系统中明确各个责任主体的任务、权利、职责,使农村社会管理形成一个完整的系统,各种信息及时有效地在系统内传递,通过网络进行即时动态管理,发现情况及时作出反应,从而提高农村社会事务管理效率。

各地在创新农村社会管理实践的探索中,根据各地的具体情况和特点,已摸索出许多行之有效的做法,对这些方法进行总结、研究和推广,对创新农村社会管理有非常重要的意义。

二 农村社区网格化管理模式

所谓"网格化管理"就是按照"网格化定位、组团式联系、多元化服务、信息化管理"的要求,依托信息网络技术建成一套比较精细、

准确、规范的综合管理服务系统,政府通过对这一系统的整合,为辖区内居民提供主动、高效、有针对性的服务,从而提高公共管理和综合服务的效率。

山东省昌乐、浙江省舟山等地已建立网格化联系模式具体内容包括以下方面。一是科学划分网格。各地政府根据村民小组范围、街道界线,以居住区域为单元,将一定数量的农户划分为一个网格,每个行政村划分为若干网格,并在建立地域性网格的同时,建立以产业、年龄、爱好等为纽带的特定型网格,实行多网交互式联系服务。二是组织党群结对。各地登记确认网格内的干部和有能力的党员,从中推选一人担任网长,采用自主选择、民主协商、组织指派等方式,为网格内每名党员干部确定联系对象,并以网格内党员干部为主体组建服务团队,发挥团队成员的技术专长、性格特点等互补优势,联系覆盖每个家庭,形成"网中有格、定人定格、党群互动、全面覆盖"的格局。三是定期联系服务。网格内党员干部要面对面与群众谈心交心,注意收集群众在创业致富、子女入学、医疗保障、家庭生活、社会公平等方面的意见建议,定期向村党组织上报。对于党员干部上报的民意信息,村党组织应及时予以研判,从中发现苗头性、倾向性问题,迅速出台措施,超前应对处理;对于关乎民生、民富、民安的普遍性问题,村党组织应集中研究,分类施治,逐步解决;对解决不了或处理不好的问题,应及时报请镇(街道)党(工)委或县有关部门协调解决。通过建立横向到边、纵向到底的农村社会管理和服务网格,不管是涉及个人的琐碎小事,还是关乎群体的民生大事,基层党组织都能在最短时间内掌握,实现了联系群众"全覆盖"、服务群众"全天候",提升了联系的有效性和服务的针对性,推进了农村社会管理由粗放到精细的转变,并通过遍布在基层的网格,发挥了广大党员干部"千里眼"、"顺风耳"的作用。

1. 实行网格化定位,落实责任区域

在实施过程中,每个网格都有相对固定的对应联系服务团队,对网格内的居民做到"走村入户全到位、联系方式全公开、反映渠道全畅通、服务管理全覆盖"。通过划分网格、明确相应服务团队，政府管理服务由以往的条条、单向努力朝块块、点面结合转变，真正做到横向到边、纵向到底，有效避免出现"真空"和"盲区"。

2. 实行组团式联系，整合服务资源

各地政府应注重各层面管理服务资源的集中整合，由乡镇（街道）党政领导班子成员、机关工作人员、社区干部和辖区内行政事业单位工作人员组成管理服务团队，并吸收农村老干部、优秀联户党员、社区成员中的骨干力量加入，增强服务团队的整体战斗力。

3. 实行多元化服务，完善服务体制

一方面，政府应加强对群众法律法规、党和政府方针政策的宣传教育；另一方面，政府应切实关注民生，重点围绕如何帮助群众增收致富，如何引导群众创业创新，如何维护群众合法权益，如何解决群众就业、就医、就学等实际问题，动脑筋、想办法、谋对策，进一步掌握各项工作的主动权，从而赢得广大人民群众的理解和支持。

4. 实行信息化管理，共享数据平台

运用先进的网格化技术和计算机网络技术，各地政府建立了集服务对象正反两方面信息于一体的信息化网络管理服务平台，将网格中所有居民的家庭状况、住房、就业、计生、优抚救助、党建群团等资料输入信息系统，汇总整理后建立数据库，并注重信息的日常收集积累和维护更新，使政府可以随时了解群众的实际情况，提高管理服务的精细化、动态化水平。同时，在数字平台上交流团队成员联系服务群众的经验做法、心得体会、难点疑点、意见建议等，促进信息互通、经验共享、困难互帮，以提高整体管理服务水平。

5. "网格化管理"的成效

具体包括以下内容。一是提升了突发事件的应对能力；二是减少了重大项目的推进阻力；三是畅通了群众利益的诉求渠道；四是消弭了干部群众的情感对立；五是实现了社会服务管理无缝隙；六是夯实了农村社会管理基础。

三　农户联保管理模式

"十户联保"发轫于珠海斗门区乾务镇网山村。2005年3月，为解决农村地区工业化进程加快带来的治安新问题，网山村率先开展"邻里守望、十户联防"试点工作，并取得积极成效。斗门区委对这项农民群众的"自主创新"高度重视，在深入调查研究的基础上提出"十户联保"概念，并将它与"五在农家"（进农家门、听农家话、知农家事、解农家忧、交农家友）工作有机结合起来，使之发展为农村社会管理的新平台。现在的网山村，已经从昔日盗案频发，农民群众、外来民工及企业都缺乏安全感的"问题村"，变为全省闻名的"平安村"；从最初致力于治安防范的重要抓手拓展为新形势下协调村民利益、化解农村矛盾、贯彻新时期群众路线、保障人民群众安居乐业、推动农村长治久安的制度平台。

（一）"十户联保"的基本内容

"十户联保"是按照"住户相邻、邻里守望"的原则，以十户为单位，将住房相邻的农户组成联保单元，并由村民推选出联保户长，负责联保单元成员的分工和日常联络等工作。联保成员要签订协议，规定十户之间要守望互助，看家护院，集群防群治、禁毒帮教、纠纷调解、普法宣传、流动人员管理、新时期农村文化生活等各项社会稳定任务于一身，是传统文化与现代精神结合的产物。

"十户联保"的基本内容包含"四个化"，具体如下。一是网格化定位。根据村域分布特点、人口数量、居住集散程度等情况，地方政府因地制宜，合理设置网格，一般以10户左右为一网格，缩短管理半径，达到科学的管理跨度，对网格内的村民做到"走村入户全到位、联系方式全公开、反映渠道全畅通、管理服务全覆盖"。二是组团化联系。在实践过程中，"十户联保"与"党群连心"等工作有机地融合为一体，注重各层面管理服务资源的集中整合和优化配置，将机关工作人员、基层党员与村民推选的户长相结合，组成管理服务团队，增强服务团队的整体战斗力。三是多元化服务。联保户长把组织群众、宣传群众、教育群众、服务群众作为主要工作内容，采用拉家常、上门走访、发放联系卡、设置意见箱等群众乐于接受的方法，切实帮助群众增收致富、创业就业，赢得村民的理解和支持。四是志愿化运作。联保成员通过讲社区责任、讲乡里感情、讲互利互惠，注重发挥农村老干部、老党员、老村民的时间、精力及人脉等综合优势，培养中小学生成为"十户联保"的后备军和小帮手，实行社会志愿参与和骨干队伍建设相结合，动员全体村民参与志愿服务，建设美好家乡。

（二）"十户联保"的主要特点

"十户联保"促使农村社会有机体保持着相应的自我更新和修复能力，能够有效表达和聚合不同的利益要求，推动农村社会与政治系统之间的建设性互动。"十户联保"具有以下五个特点。一是应变性。"十户联保"机制作为一种自下而上、自我发现、自我管理的问题解决机制，能够及时发现问题，回应多元要求，表达民众的利益诉求，释放社会的不满情绪，有效缓冲政治系统所面对的压力。二是协调性。在"十户联保"机制中，不同的利益主体在平等协商、理性妥协的基础上，可以找到共同利益的交汇点，实现对政治系统的有序输入，通过协调利益关系，把利益矛盾和冲突及时地消解在萌芽状态，增加个体的社会认同感，减缓社会疏离与冷漠。三是互动性。"十户联保"机制在个人与社会之间寻求一种动态的平衡，通过自我调节机制的运作，培育公民的公共精神，延伸社会资本的互动网络，为社会成员在互利、互信的基础上进行协同合作提供组织依托。四是三维性。"十户联保"促使农村从过去"村干部—村民"的两层管理架构，演进为"村干部—联保户长—村民"三维管理模式，能够随时敏感地消融矛盾、化解冲突，建立一个理性、自主、自律、自治的农村社会。五是低成本。"十户联保"主要依靠志愿服务、社会捐助、少量使用政府资金，基于农村独特的资源禀赋条件，依靠丰富的乡土文化资源、传统治理资源、组织人力资源，有效替代极度稀缺的公共财力资源，提供低成本、高质量、高性价比的农村基层治理模式和路径。

（三）"十户联保"的运行机制

"十户联保"在尊重历史传统和群众首创的前提下，立足农村现实，通过打造"五大工程"，努力走出一条民主自治与社会稳定双赢、民生改善与经济发展共进的农村治理新路子。

一是建立联动制度，打造平安工程。"十户联保"在实践中，实施"村村联动、组组联防、户户联保"的三联工作机制，建立联保小组和综治队员巡逻执勤制度，实现农村社会治安形势的根本好转。二是建立规约制度，打造自治工程。"十户联保"将以户为单位志愿签订联保契约作为其制度基础，确保了各方履行协议的自觉性和对等性，秉承市场经济的契约精神和乡土中国村规民约的悠久传统，有力推进农村社区民主自治体制建设。三是建立综合服务制度，打造"金针"工程。"十户联保"集基层维稳、信访、帮教、禁毒、计生、流动人口管理、劳动就业、村务公开、安全生产、环境治理等多项农村社会管理与公共服务职能于一体，犹如一根"金针"，将上面"千条线"般的管理任务有效整合，纳入其中，并与民主自治有效结合，取得事半功倍的效果。四是建立有效管理制度，打造创新工程。"十户联保"建立工作台账制度，实现可追溯管理，建立绩效评估与考核制度，实行奖惩挂钩，建立"十户联保"与社会救助对接制度，将保平安与保民生、保发展有机地结合起来，使农村既和谐稳定又充满活力。五是建立基层组织发展制度，打造民心工程。"十户联保"将户长引入入党积极分子和村级后备干部的发现培养轨道，通过引导教育、实践锻炼，积极发挥党员干部的模范带头作用和基层党组织的堡垒作用，实现农村民主自治与基层党组织建设的有机结合。

（四）网山村"十户联保"的实践成效

"十户联保"功在农村社区、利在农村社区、资源也主要取自于农村社区。这种机制明显改善了本地区的治安状况，提升了村民的"幸福指数"，夯实了党在农村的执政基础。现在，"十户联保"已深入人心、深得民心。

1. 改善农村社会的治安环境

"十户联保"让邻里团结成了一个责任与生活共同体，形成了一个治安防范大网络。网山村推行"十户联保"以来，现在基本成为无治安刑事案件发生、无较大民间矛盾和纠纷发生、无群体性事件发生的"三无"地区。其所在的乾务镇也一跃成为全省7个"依法治省先进乡镇"之一。

2. 畅通群众利益的诉求渠道

通过开展"十户联保"及社会救助等延伸服务，农村社会弱势群体的生活水平和社会地位得到明显改善，各阶层农民平等参与社区公共决策，大大提高了农村公共事务决策参与的代表性和公共决策的合法性，群众反映利益诉求的渠道进一步畅通，为实现农村"善治"创造了良好条件。

3. 消弭干部群众的情感对立

在实践中，"十户联保"与"五在农家"、"党群连心"、"双融"机制（机关融入基层、干部融入群众）有效对接，户长、党员、机关干部等管理服务团队成员串门入户，与群众面对面沟通，实打实解决问题，逐步消除了群众与基层干部之间的隔阂，党群干群关系显著改善，社会风气明显好转，广大农民安居乐业，幸福指数大为提高。

4. 提升突发事件的应对能力

"十户联保"机制的自组织力量分布在基层，渗透于民间，具有感知矛盾、发现问题的天然优势。参加"十户联保"的村民，发现有群体性事件即将发生时，会及时通知村综治信访维稳站或民警，使政府对基层信息的掌握更为全面详细和快速便捷，提高了政府对突发事件的快速反应能力。

"十户联保"实现了农村基层政府与农民群众深度融合，主体多元、力量互补、方式多样、机制灵活,大大提高了基层政府对农民群众呼声的回应速度、回应效率、回应质量,初步形成了一整套根植乡土本色、自治环境的农村社会管理模式。

(五) 网山村"十户联保"的理论意义

目前,处于社会转型期的乡村基本上处于分散、单干的"一盘散沙"状态。"十户联保"机制有利于培育农村社会资本,推动农村民主自治,实现社会有机团结。

1. 有利于培育农村社会资本

社会资本实质上是存在于特定共同体之中的以信任、互惠、合作和规范为主要表征的参与网络。在农村社会,因血缘、地缘等因素而构成的关系网络,是农村社会资本的主要表现形式。"十户联保"制度使生活在乡村社区内或是宗族范围内的农户,受到共同文化、社会习俗的影响,促使他们拥有相近的道德理念,遵循共同的价值规范,形成相对固定的行为关系,从而有助于推动现代性的农村社会资本生成与发展,增强公民社会的内生能力,提高乡村治理绩效。

2. 有利于推动农村民主自治

从制度设计看,当前乡村治理呈现出"治理实践与宪政原则相悖"的事实,呈现出一种"强行政"与"弱自治"的非均衡性。"十户联保"是一项具有自治民主精神的契约工程,它通过户与户之间的契约关系而建立。这种平等的契约关系,确保了各方履行协议的自觉性和对等性,在"乡政村治"的制度供给方面强化了乡村社会的内生资源,培育了自治精神,强化了公共责任,实现了协同共治,注重了基层民主的"草根性"与自治民主的实体性,并还权于社会和民众。

3. 有利于实现社会有机团结

从政治社会学的角度看,组织与自组织是社会秩序生成的两种基本方式。由组织而产生的秩序是一种外在的、"他律性"的控制秩序,是社会的"机械团结";由自组织而产生的秩序是一种内在的、"自律性"

的协调秩序，是社会的"有机团结"。在"十户联保"体制下，农民不再纯粹"被组织"或"他组织"，而是"自组织"；不再纯粹是"被管理"，而是集管理对象和管理主体于一身。这种自组织以社会成员彼此之间的认同、共识、协调为前提，它可以降低组织运行的成本，让乡村内部的自主性力量在公共服务供给、冲突矛盾化解等多种领域发挥基础性作用，实现社会有机团结。

可见，"十户联保"符合当前农村的时空环境和水土风情，是加强和创新农村社会管理的有效管道，是推进农村基层民主自治建设的有效载体，是实现农村社会和谐稳定的有效途径。结合实际，继往开来，不断完善，提升水平，"十户联保"的民主自治之基将越筑越牢固、越筑越给力。

四　村镇事务契约化管理模式

所谓村镇事务契约化管理，是指通过合同、协议、会议纪要、约定等书面契约形式，把村委与村干部、村民之间，村民与村民之间、村委与其他单位及个人之间的各类事务以及双方的权利义务、履行时间和违约责任依法固定下来。其具体内容主要包括村级财务、农民负担、集体资产承包、土地承包、村庄规划和建房、政务决策、公共事务、社会治安、社会公益事业以及其他涉及群众切身利益的重大事项和热点问题。山东招远市大秦家镇积极探索农村管理的新路子，成功推行了镇村事务契约化管理，促进了镇域社会管理的简约化、规范化、民主化、法制化发展。

为确保镇村事务契约化管理模式有效运行，招远市大秦家镇及时制定下发了《大秦家镇镇村事务契约化管理实施意见》，对镇村事务契约化管理的适用范围、签订形式和签订规程都作了明确规定。

一是镇村事务契约化管理的适用范围。大秦家镇经过深入调查和全面总结，将全镇普遍存在的、容易引发矛盾和不稳定因素的镇村事务全部纳入契约化管理范围。该镇将群众关心的重大事项和热点问题进行探索归纳，最终分类细化为治安防范、矛盾化解、财务管理、资产承包、土地管理、建房规划、村务决策、公共事务、公益事业和其他涉及群众切身利益事务十个方面。

二是明确镇村事务契约签订形式。大秦家镇按照"社会事务签协议、经济活动订合同、政治事项作纪要"的原则，要求全镇上下采用协议、合同、纪要三种形式签订契约。大秦家镇明确指出，一般情况下，涉及土地、集体资产、厂矿企业承包等与群众经济利益密切相关、群众普遍关注的内容，采用合同的形式；涉及建房管理、公共事务、社会道德、公益事业、治安防范等内容，采用协议的形式；涉及镇村全局性重大事项决策、经济社会发展规划、村干部使用管理等政务决策方面的内容，采用纪要的形式。

三是规范镇村事务契约签订规程。大秦家镇为确保镇村事务契约签订规程合法有效，聘请了两名法律顾问，配齐配强工作人员，成立了镇村事务契约审核小组。大秦家镇坚持"合法性、民主性、实效性、公开性"原则，结合多年工作经验，制定下发了《大秦家镇契约签订流程的相关规定》，对各类契约的签订进行了严格而详细的规定。签约流程总体上分为八步：第一步，由村两委、村民或村民代表联名提出方案；第二步，村两委研究确定契约事项，起草契约文本；第三步，按照重大事项请示报告制度的要求，向镇党委汇报；第四步，凡契约涉及的范围、内容，采取的契约形式，全部实行民主决策，召开党员会、村民代表会，讨论契约文本；第五步，进行公告、公示，征求群众意见，修改完善，确保体现群众的意愿；第六步，由镇审核小组和法律顾问审阅把关；第七步，签订契约，所有正式合同原则上都进行公证；第八步，对签订的所有契约分类备案，整理归档，一式三份分别存于当事人手中及村委会、镇社会事务服务中心。

招远市大秦家镇推行镇村事务契约化管理以来，使镇村级事务处理具有原始依据、规范标准和透明程序，各项事务处理有理有据、有章可循，收到良好的社会效果，受到广大干部群众的好评。

五 农村社会管理创新典范的"枫桥经验"

"枫桥经验"诞生于1963年,其依靠和发动群众改造"四类分子"的做法,得到毛泽东主席的批示。随着改革开放的深入,我国农村产生了许多新矛盾。枫桥镇总结了"党政一起动手,依靠群众,立足预防,化解矛盾,维护稳定,促进发展"的经验,相继被浙江省、中央肯定并向全国推广学习。近年来,随着城乡一体化进程的加快和农村社区建设的推进,农村又面临新问题的考验,"枫桥经验"注重以人为本、服务民生,从源头预防矛盾,积极探索农村社会管理机制改革的新经验。

2010年6月、7月,枫桥镇的试点工作获得中央综治委、省市综治办的充分肯定并验收通过。目前枫桥镇的社会管理创新试点工作已取得明显成效,农村矛盾得到有效预防化解,农村民生问题得到有效改善,社会自治力量得到显著发展,社会稳定与经济发展协同推进。

(一)"枫桥经验"在农村社会管理创新方面的主要经验

1. 五大重点推进项目:攻克当前农村面临的新问题

(1)推进规范的农村群防群治队伍建设。一是完善镇、村(社区)、企业综治组织的队伍建设,有效推进综治网格横向到边、纵向到底;二是实现城乡社区警务战略的队伍建设,指派民警兼任村官;三是实行警务进村、警务进校、警务进企;四是加强专、兼职队伍建设,增强社会治安力量,共筑多元联动网络。

(2)构筑联动的"大调解"工作格局。一是逐步建立综合性一体化调解中心;二是强化分中心联动调解模式,增强管理处综治分中心调解力量,规范深化管理处与警务室、司法室、调解室相结合的"一处三室"联动调解服务模式;三是增强村调委力量;四是增强企业调解力量;五是增强产业调解力量,完善产业党组织建设,建立产业调委会,行业协会参与,共同解决产业内部企业间的矛盾纠纷,实现产业良性发展。

（3）推进现代化的基层综治信息平台建设。一是逐步完善基础信息系统；二是加强综治办公系统建设；三是整合视频监控系统；四是创建为民服务中心。

（4）加强农村社区矫正和安置帮教工作。一是明确安置帮教工作的组织机构、经费保障和责任落实；二是全面推进社区矫正工作，明确镇专人负责社区矫正工作，各村（社区）有联络员，加强帮教联动工作机制。

（5）加强对农村闲散青少年的教育帮助。一是建立闲散青少年的教育帮助帮扶机制；二是构建并完善青少年违法犯罪预防和控制机制。

2. 六大综合提升工程：优化以往先进管理服务经验

（1）构建多元化农村社会矛盾解决机制。一是完善重大事项社会稳定风险评估机制；二是建立畅通有序的信访工作机制；三是健全群体性事件预防处置机制。

（2）健全综合性农村社会治安防控机制。一是狠抓刑事犯罪严控机制；二是完善生产安全监管机制；三是健全公共突发事件的应急管理机制。

（3）完善农村重点人群服务管理机制。一是创新流动人口服务方式；二是加强对高危人员的管控、救助。

（4）加强农村"新社会机体"服务管理。第一，加强"两新组织"的管理服务。一要继续完善在服装、纺织、机电制造、农业四大产业中设立的产业党总支，在产业党组织下设立调解组，形成产业综治网络；二要利用产业党组织，协调沟通产业内、企业间压价、拆台等恶性竞争行为，达到和解、合作，实现企业"双赢"共同发展。第二，继续加强虚拟社会管理方式。一要依托公安机关信息平台，加强虚拟社会综合管理，通过建立网上岗亭、网上报警系统等手段，实现舆情掌控；二要推进虚拟社会综合服务，完善网上警务室、网上法律服务、网上联系群众等功能，有效利用网络资源为现实社会服务。第三，强化网络舆论引导，成立网络巡查员、网络评论员队伍，深入开展网络道德建设，引导网民自律。

（5）提高农村社会管理法治化水平。一是开展网格化法制宣传工作；二是加强法律援助网络建设；三是深入开展"法律援助进农家"工作。

（6）深入推进和谐新农村社区建设。一是扎实推进执法规范化建设；二是深入推进和谐样板新农村建设。

（二）"枫桥经验"对中国农村社会管理创新的启示

1. 创新农村社会管理理念：由防控型向服务型转型

近年来，"枫桥经验"与时俱进，树立了"以人为本、服务民生"的理念，进一步淡化防控意识，关注民情、改善民生、发展民主、维护民安、促进民和，初步创新出一整套为民服务的工作模式：组建"专业服务队—管理服务团队—专业服务组"三级服务团队，开展"组团式服务"工作。具体工作包括以下内容。首先，在镇级层面，每镇建立文教卫生、应急救助、综治协管、综合抢修、村镇建设5支专业服务队，在村（社区）级层面，每村（社区）建立网格服务队，在村（社区）网格区内，建立包括社会事业、治保调解和村镇建设等专业服务组；其次，全面实施机关干部绩效考核办法，促进干部转变服务态度，提高服务效能；再次，实行镇领导联系群众"八个一"制度，即镇班子成员每人联系一个协作站、一个行政村、一家企业、一个站所、一个技改项目、一个种养专业户、一个效益农业基地、一户困难户；最后，实行镇干部驻企"一对一"服务制度，落实"服务企业、服务基层"措施。

2. 创新农村社会管理主体：由一元化向多元化转变

枫桥镇在社会管理创新工作中逐步实现了多元主体格局。一是党委领导、政府负责。镇级层面，强化领导、强化保障、强化认识；村级层面，加强村党支部的领导作用，按行业不同创建产业党小组，充分发挥党员的模范带头作用。二是社会协同、公众参与。据统计，目前枫桥镇有超过总人口10%的群众以综治信息员、调解员、义务巡防队、义务消防队、平安志愿者等不同身份参与社会管理，而且这支队伍仍在逐步扩大，同时，社会也积极参与，较为典型的是，枫桥镇的永宁公司决定在 2010～2019 年每年捐助 10 万元，专门设立"平安枫桥"奖励基金，用以奖励枫桥镇范围内为社会治安综合治理工作作出突出贡献的五个"十佳"组织和人员。

3. 创新农村社会管理机制：由化解型转向预防型

一是实施"有规则、有程序、有监督、有测评、有追究、公开化"的"五有一化"运行新模式，通过乡镇权力规范、有序、高效运行而减少干群之间的矛盾；二是实行重大事项风险评估制，利用听证会、表决等方式，提升党委、政府决策监督的科学性，防止因决策错误而产生社会矛盾；三是创新"工作日坐诊、双休日出诊、不定期会诊"的"三诊"信访工作机制，畅通群众诉求渠道；四是落实防患重大群体性事件的"专案经营"机制，从源头早抓起、苗头早预警；五是创新"征集议题、酝酿论证、审议决策"的"三上三下"村级议事制度，提高村级事务决策的民主化、科学化、制度化水平，实现了"村官治村"向"制度治村"的转变，力求在议事决策阶段减少矛盾；六是推行农村集体资金、资产、资源的"三资"管理制度，减少因村级财务问题而引发干群矛盾等问题。

4. 创新农村社会管理手段：由单一式向综合式转变

枫桥镇的农村社会管理手段，已逐渐由单一行政手段向综合运用法律、经济、道德、村规民约等手段转变。

六 乡规民约、村民自治模式

当代乡规民约的内容主要包括以下几个方面：一是维护生产秩序，如封山育林、护山护林、保护水利设施、合理用水、禁止乱放家禽牲畜、禁止滥伐乱砍、保护生态环境等；二是维护社会治安，如遵纪守法、维护社会公共秩序，不偷盗、不赌博、不吸毒、不打架等；三是履行法律义务，如依法按时交粮纳税、服兵役、计划生育等；四是社会主义精神文明建设。

《村委会组织法》施行以来,广大农村制订的村规民约在文本形式上日益完善和趋于成熟。从我们所了解的村规民约文本看,目前全国大部分地区制订的村规民约,基本上分为两种形式:一种是制订时间较早,条款相对较少,内容也比较简单;另一种是制订时间较晚、较规范,条款较多,内容涉及面比较广。

第一种村规民约。内容比较简单,少则仅有五六条,多者也只有十多条。内容主要包括以下方面。一是尊奉主流意识形态,如热爱中国共产党、热爱社会主义祖国、热爱集体;二是遵纪守法,如认真学法、知法、守法,执行党和政府的各项方针政策,遵守村委会制订的各项规章制度,做遵纪守法的好公民;三是有关家庭邻里关系的规定,如尊重和赡养老人,维护妇女、儿童的合法权益,家庭和睦,邻里团结,互助互谅,教育子女,争当"五好家庭"等;四是有关村风民俗的规定,如勤俭持家,勤劳致富,移风易俗,搞好家庭和村内卫生,保持环境洁净、道路畅通,反对损公肥私,反对损人利己,爱护集体财产;五是自觉实行计划生育,坚持晚婚晚育,优生优育;六是维护社会秩序和治安方面的规定,如不参加赌博,不看淫秽书刊和录像,积极参加健康有益的文化体育活动,提高警惕,加强防范,确保村内生产和生活安全;等等。

第二种形式的村规民约,是在村民自治过程中,有了新发展,内容充实,把村内各项事务都具体规范为村规民约,内容完备,形式规范。如广西民政厅提供的村规民约示范文本就分为四部分32条。

第一部分。社会治安,共13条内容:学法、知法、守法、自觉维护法律的权威和尊严;同一切违法犯罪行为作斗争,村民之间应团结友爱,和睦相处,不打架斗殴;自觉维护社会秩序和公共安全;严禁偷盗、敲诈、哄抢国家、集体、个人财物;严禁非法生产、运输、储存和买卖爆炸物品,生产销售烟火、爆竹和购置各种枪支,须经公安机关批准;不得在公路上打场晒粮、挖沟开渠、堆积粪土、设点摆摊,不得以任何理由妨碍交通秩序;不得制作、出售、传播淫秽物品,遵守社会公德;严禁非法限制他人人身自由,或者非法侵犯他人住宅;严禁私自砍伐国家、集体或他人的林木;不准在村附近或田边路旁乱挖土,严禁牛羊啃青；用水用电管理；户口管理；对违犯社会治安条款的处理。

第二部分。村风民俗，共7条内容：提倡社会主义精神文明；移风易俗，反对封建迷信；树立良好社会风尚；婚、丧事新办、简办；建立正常人际关系，不搞宗派活动；搞好公共卫生和村容整洁；服从村镇建房规划。

第三部分。相邻关系，共5条内容：村民之间互相尊重，相互理解，相互帮助，和睦相处，建立良好邻里关系；在生活、社会交流中，遵循平等、自愿、互利原则，生产过程中自觉服从村委会安排；依法使用宅基地；村民饲养的动物、家畜要严格管理，造成他人损害的，要负经济责任；邻里间纠纷的调解与处理。

第四部分。婚姻家庭，共7条内容：遵守婚姻法；婚姻自由；男女平等，自觉做好计划生育；晚婚晚育；对老人、子女的赡养；父母对未成年或无生活能力子女的抚养教育；对父母遗产的继承。

这样的村规民约已非常接近村民自治章程，规定比较具体，内容也比较全面，但名称仍叫村规民约。

村民自治章程出现于20世纪90年代，是村规民约的延续和发展。大多数村民自治章程都是综合性和规范性很强的村庄权威性典章，它涵盖了从村民组织的产生到村民的权利与义务，从村庄经济的管理到村庄秩序的规约，从国家政令、任务的完成到社会治安的维持、村风民俗的倡导等多方面内容。

目前，各地制定的村民自治章程大体有七种类型。第一种是《山东省章丘市埠西村村民自治章程》，分为5章102条；第二种是《河南省鄢陵县西明义村村民自治章程》，分为6章81条；第三种是《湖南省临澧县龙凤村村民自治章程》，分为7章115条；第四种是《山东省招远市欧家夼村村民自治章程》，分为3章30条；第五种是《湖北省京山县东关村村民自治章程》，分为6章20节156条；第六种是《湖南省太平村村民自治章程》，分为6章17节81条；第七种是《深圳市宝安区宝岗村村民自治章程》，分为9章29条。其中《山东省章丘埠西村村民自治章程》是当代中国第一个村民自治章程，具有典型性。其主要内容包括以下方面。

第一章总则（5条），重点阐述制定章程的目的、依据、原则、通用范围和执行。

第二章村民组织（5节15条），包括以下内容。①村民会议的组成、职权，村民代表会的组成、性质、职权范围、活动方式，村民代表的产生办法，村民代表会的召集与主持，村民代表会的会议制度、议事决策程序，明确规定村内人事由村民代表会讨论决定。②村民委员会的性质、组成、职责、工作制度等内容。明确规定村民委员会是在国家法律、法规范围内由村民自我管理、自我教育、自我服务的群众性自治组织，规定村委会下设工作委员会，明确规定村委会的工作制度包括：学习制度、会议制度、任期目标和年度目标及分工负责制度、村务公开制度等。③村民小组。主要规定村民小组的性质、组成、划分和村民小组长的职责、任期。④村民。主要规定村民的权利和义务，如明确规定具有"遵守村民自治章程，执行村民代表会和村委会决定、决议"、"按时完成村委会分配给的各项任务"等义务。⑤村干部。主要规定对村干部的要求，如规定村干部必须牢固树立全心全意为人民服务的思想，立足本职工作，努力为民造福，要求村干部"以身作则，各项工作中起模范带头作用"，"执行会议决议，共同开展好工作"。

第三章经济管理（6节40条），主要包括以下内容。①劳动积累。规定义务工、基建工"两工"的有关制度。②土地管理。主要规定村集体所有的土地范围、产权关系、土地承包、土地保护、土地开垦、土地调整、土地转让、土地管理档案等制度。③承包费的收取和使用。主要规定承包费的性质、收取范围、承包或租赁办法、土地承包费的收取标准、农收承包费的使用办法等制度。④生产服务。主要规定农村农业服务公司等组织的管理内容、服务项目。⑤财务管理。主要规定村各企业、事业单位的财务管理制度，财务人员的职责，村财务办公室的组成、职责、工资、资金制度，固定资产的购置、使用制度，审计制度等。⑥村办企业。规定村办企业的性质、管理制度、企业承包制度、利润分配制度等。

第四章社会秩序（6节39条），主要包括以下内容。①社会治安。主要规定有关维护社会治安的制度和对违反者的处理办法。②村风民俗。主要规定农村社会主义精神文明建设的有关制度，如喜事新办、丧事从俭、搞好公共卫生、维护村容整洁等。③相邻关系。主要规定正确处理邻里关系的有关制度，如在经营、生活、借贷、社会交往中，应遵循平等、自愿、互利的原则等。④婚姻家庭。主要规定正确处理家庭关系的有关制度，如男女平等、一夫一妻、婚姻自由、赡养父母、抚养子女、财产继承等。⑤计划生育。主要规定计划生育的具体措施和对村民的要求。⑥村民档案。主要规定建立村民档案的要求、管理办法。

第五章附则（3条），主要规定村民自治章程执行、监督、解释权的归属。

村民自治章程的制定，标志着村民自治又进入一个新的阶段。村民自治章程是一个村关于村民自治各种制度的系统化、规范化，应该属于村规民约的一种，但却是新时期最完备的村规民约，是新型的村规民约，与一般的村规民约相比，村民自治章程更为规范、更为全面、更为系统，也更具权威性。村民自治章程的设立，标志着村民自治由探索走向成熟。

从形式上看，今天的乡（村）规民约和村民自治章程都是由村民代表会议通过制定的。但从我们调查和现有研究发现来看，作为乡规民约的高级形态的村民自治章程几乎都不是产生于村庄的内部，而是国家政权机关（主要是基层民政部门）在村民自治示范活动中统一制定，自上而下引入的。第一个村民自治章程——《山东省章丘县埠村镇埠西村村民自治章程》就是由山东省章丘县委、县政府在调查研究和听取农村干部和农民的意见基础上，将原来村民自治的各项制度综合起来，进一步整理和升华而发展为村民自治章程。全国其他地方的村民自治章程也基本上是这样产生的。一般先由民政局在试点村摸索经验，形成规章，经完善以后推向本行政区所辖各村。虽然村干部在获得规章范本后会结合本村情况组织讨论，但最终确立下来的整套规章，从内容、行文到印制实际上都基本是由当地民政部门统一组织或推动。乡（村）规民约和村民自治章程的宏观法律基础是宪法和《村民委员会组织法》中的相关规定，其微观操作基础是地方民政局制订的一整套有关村民自治的运作规范。所以，它们的行文大都比较规范，能够与国家的法规和政策接轨，并能够基本反映当地农村的整体情况。但也正如有些研究者所意识到的，正是从这一自上而下的制度引入中，与其说它们反映的是村民生活的自然需要，不如说它们体现了国家对乡土社会的治理原则；与其将这些典章制度视为村民智慧的结晶，不如把它们看做地方政府重建村庄秩序的一种努力。它们所反映的，可能更多的是具体主持村民自治工作的民政部门对村民自治的目标设计和政策追求。因此，乡（村）规民约和村民自治章程的文本意义和观念意义往往大于制度变革意义，而制度变革的意义又往往大于实践意义，其实际作用和意义不可过高估计与评价。

然而从另一方面看，"虽然许多乡规民约只具有文字表述的意义，它通常是应上级的要求而定，作为'依法治村'的证据，在实践中并不总是能够得到严格的执行，但是，对于我们观察的基层组织而言，它们仍有不可多得的含义"。

可预见的时期内，村民自治章程不会被国家法律制度所取代，且在整体上基本不会再有根本性的变化。表面上，它会与国家正式法律制度更加趋近，互相借鉴、互相补充、互相支持、共存并处，起着有限的但又是国家正式法律制度所起不到的因而也是必不可少的作用。因此，由乡（村）规民约发展而来的村民自治章程与国家正式法律制度更加趋近但不会因完全相同而被取代；农村社区一般而言相对封闭，带有较为浓厚的血缘色彩，农村社区在国家中的地位事实上具有边缘性。这些特点只要还未完全消除，农村社区的生活秩序与规则就将继续存在并发挥不可完全被取代的作用。

参考文献

[1] 卢芳霞：《中国农村社会管理创新之路径与模式初探》，《中共杭州市委党校学报》2011 年第 5 期。

[2] 魏新生、朱建璋：《农村社会管理创新的若干思考》，《宁波经济》（三江论

［3］曹海军、周翠玉：《招远：创新农村社会管理新模式》，胶东在线，http：//www.jiaodong.net/ytzfw/system/2010/07/20/010903607.shtml。

［4］中共珠海市委体制改革办公室课题组：《探索创造农村社会管理新模式》，珠海市斗门政府网站，http：//www.doumen.gov.cn/rdgz/201105/t20110516_9177.htm。

［5］张明新：《从乡规民约到村民自治章程——乡规民约的嬗变》，《江苏社会科学》2006年第4期。

（王祥瑞）

第十一章　创新农村社会管理的目标和路径

一　强化农村社区管理，着力构建和谐社区、和谐村镇

强化社区管理模式是创新农村社会管理的一种普遍趋势，其中网格化管理模式是近年来一种新的探索，它依托统一的社区管理以及数字化的平台，将社区或村镇管理辖区按照一定的标准划分成单元网格。政府通过加强对单元网格内各事件的监管，建立一种监督和处置互相分离的形式，使政府能够主动发现、及时处理问题，并提升社区或村镇的社会管理能力和问题处理速度。

（一）管理服务主动化

社区网格化管理是社会管理的新课题、新手段、新趋势，它将以往被动应付问题的管理模式转变为主动发现问题和解决问题。

1. 多方协同，主动处理疑难问题

社区网格化管理需要辖区各方的有效配合和紧密协作。社区或村镇可以定期召开各单元网格领导者和管理人员会议，通过相互沟通和交流，形成社区综合管理共建的合力。利用会议平台，各方共商共治，研究解决社区管理重大和突出的问题，起到提前介入或解决疑难问题的效

果,并实现社区或村镇与单元网格内各单位联手共管、无缝衔接的管理目标,为"多方协同、主动服务"的网格化管理铺平道路,提升社区或村镇行政单位的综合管理影响力。

2. 整合资源,及时处置紧急情况

社区网格化管理是通过政府宏观调控,及时采用数字化技术等措施,使各种公共管理资源得到有效整合和利用,形成了政府和相关单位积极介入,被管理者广泛参与的社区或村镇管理联动格局。依托这一联动机制,社会管理机构可以根据单元网格内出现的典型问题,随时召集各管理部门整合资源、审时度势,对具有难点、盲点、争议点的突发问题,除了采取灵活机动的处置措施,还可设立专项整治经费,促使突发问题有效及时地解决;对阶段性多发问题,社区或村镇通过前瞻性调研,可以分类预防,有针对性地予以排除和解决,进而从源头上减少管理工作的盲点和失误。

3. 激发活力,努力提高工作热情

社区网格化管理的领导者和参与者必须具备快捷高效的敬业精神,能够在职责和权限范围内处理的事务,应该立即着手办理,认真履行工作程序;超出职能范围的问题事件,需要请示或求助有关单位,努力做到不懈怠、不推诿、不敷衍;如需多个部门协同管理,则应当努力做好分内工作,并积极配合其他人员完成任务。这些工作要求并非硬性规定,但充沛的工作活力和饱满的工作热情是建设网格化社区管理模式,构建和谐社区、和谐村镇的充分条件。

(二)管理手段数字化

网格技术是近年来兴起的一种重要信息技术,其目标是实现网络虚拟环境中的资源共享和协同工作,消除信息和资源的独立。网格管理手段数字化,主要体现为管理对象、过程和内容的数字化,最终确保管理的便捷、精确和高效。

1. 利用网格技术构建管理平台

网格数字化的作用就是借助互联网将分散的信息整合在一起,形成有机整体，以提供更强大的问题处理能力。中国最初强调和应用的社区网格化管理属于简单的联动机制，即社区或村镇的民警、城管、环卫等多个职能部门协同工作，共同建设新型社区或村镇。但随着科学技术的迅猛发展，计算机和互联网的应用无处不在，利用网格技术构建社区管理平台，不仅是网格化管理的基本要求，而且更能有效整合构建和谐社区、和谐村镇的信息资源，迅速提升社区管理的工作效率。一方面，单元网格的各项管理工作可以通过便捷的互联网技术，及时准确地向上级汇报并获取工作指示，还可以迅速、完整地向下属管理机构或人员传达工作内容及要求；另一方面，单元网格内部或各网格之间的分工协作也可以通过互联网的高效、便捷来实现。因此，利用网格技术构建管理平台是科学、先进的网格化管理手段。

2. 利用数据库技术建立动态信息系统

网格化社区管理模式不仅要求各单元网格内部管理协同工作，还需要所划分的单元网格之间相互沟通、交流信息。当今社会，数据管理不再仅仅是简单的数据存储，而是将有用信息转变成管理工作所需的各类有效数据，以便社区或村镇各单元网格的管理者能及时发现问题、处理问题，并总结工作经验，得出更多合理、有效的数据信息。在信息化时代，数据库技术的应用领域已随着计算机和互联网的发展逐步扩展，建立多维、动态的数据库信息系统是网格化管理模式的发展趋势。借助网格实现互联网上所有资源的全面共享，将会给人们的生产、生活方式带来巨大变革。但目前中国多数社区或城镇的硬件设施配备仍未达标准，有些农村根本就没有计算机，不通网络，这样的管理环境很难真正将网格化管理模式广泛推广并有效实施。因此，重视并能落实网络、数据库建设，是创新农村社会管理的前提条件。

（三）管理流程系统化

网格化管理机制具有一整套规范统一的管理标准和流程，正是这样系统化的管理流程才能促进社会管理能力和水平的提升。

1. 合理设置单元网格

政府应按照"政府组织、群众参与、社会支持、部门共建、因地制宜、突出特色、以人为本、讲求实效"的原则，根据社区或村镇的各类实际因素，合理设置单元网格，并依据各网格管理服务工作难易程度来确定网格责任人，以确保该单元网格内生产、生活、教育、卫生等服务管理质量。

2. 规范组织体系

政府应整合资源、理顺关系，建立健全在各级政府领导下，以社区或村镇党组织及单元网格责任人为主体，各职能部门积极参与，辖区单位、管理机构、居民自治组织、中介服务组织、志愿者等社会资源广泛协同的网格化社区管理组织体系。

3. 健全管理队伍

单元网格管理工作的责任人可由一人或多人组成，可采取专职或兼职方式，除社区或村镇专职工作者外，可以将辖区民警、律师、物业公司负责人、辖区单位负责人等纳入网格化管理队伍，协同作业，共同做好单元网格内的调查、统计、宣传、调解、信息收集、应急管理等基础工作。

4. 理顺工作程序

单元网格内的管理工作可以根据一般性、协调性、突发性等不同的工作类型，利用社区服务和综合管理平台，由政府或网格责任人制订适当、有效的工作程序以确保问题及时处理，实现社区各项事务处理的流程化、规范化，切实提高社区服务和管理效率。

5. 完善考核机制

政府应完善信息收集、问题处理、绩效考评等网格化社区管理机制，坚持"分级考核、分类考核、定量考核"的原则，明确工作目标和任务，实行检查、监督相结合的形式，定期考核，奖惩分明。长期不能适应工作要求的管理人员可按有关规定予以转岗或辞退；出色完成目标任务的工作人员可适当予以精神或物质上的奖励，以提升管理者的工作热情。

二 弘扬"人人为我,我为人人"的社区文化,构建新型邻里互助关系

国家《"十二五"规划纲要》第四十二章明确指出:"提倡修身律己、尊老爱幼、勤勉做事、平实做人,推动形成人人为我、我为人人的社会氛围。"弘扬"人人为我,我为人人"的价值取向,对于建设社会主义和谐社会、构建新时期邻里互助关系具有重要的指导意义。

"人人为我,我为人人"的文化精神,是调节人际关系、维护社会秩序、促进国家和谐的一种价值取向,不仅要求对个人,更要对社会和国家充满责任感。只有每一个社会成员都具备为社会作贡献的道德品质,与人为善、乐于助人的社会教养,才能使大家充分感受到社会的亲和力,这样,不仅能促进人与人之间的关爱,还能大大增强个人对社会的认同感、责任感,推动社会主义和谐社会的进一步发展。因此,从社会最基层的社区组织做起,弘扬"人人为我,我为人人"的社区文化,不仅能建立新型邻里互助关系,更是建设新农村、构建和谐社会的重要任务。

(一)加强社区组织规划能力

各级政府在社区规划、新农村建设上,应该多从有利于邻里交往出发,加强社区或村镇的硬件设施建设,搭建公园、广场、娱乐场、活动中心等便于邻里交往的生活平台。各级政府还应加大新农村建设的投入力度,增加社区课题研究,开展积极、健康的社区邻居交流活动,加强社区组织规划能力,通过丰富、新颖的工作平台、管理途径、服务方式,拉近邻里之间的感情。

(二)发挥社区服务指导作用

社区的服务指导能力对改善邻里关系起着举足轻重的作用。一方面,社区文化应牢牢把握先进性原则,引领广大社区群众积极参与和谐

社会创建活动，倡导"人人为我，我为人人"的社会美德新风尚，从社区居民的实际问题入手，提倡互帮互助的邻里关系，以多样性的方式发挥社区服务作用；另一方面，社区必须具备强制性的指导功能，完善社区管理规定及治理模式，建设好社区志愿组织，指导社区居民遵纪守法、和谐生活，形成良好的社区氛围。

（三）搭建社区邻里沟通平台

随着社会文化建设的不断变革，新农村文化建设的形式和内容也在不断丰富，生活在同一社区的居民需要通过交流与沟通来实现文化的传播与发展。社区组织应尊重时代特点、体现个性，以不拘一格的形式搭建社区邻里沟通平台，使社区居民可以轻松自如地相互认识、拉近距离，在交流中增强社区的凝聚力，增进居民之间团结互助的感情，切实促进邻里相识、相知、相助，形成和睦相处的生活氛围。

（四）落实社区居民责任义务

在现代社会，邻里关系的好坏直接影响到生活环境和社会氛围的构建，而邻里间的和谐关系需要每一位社区居民尽心尽力去维系。邻里关系友好和睦，居住其中就会感觉生活轻松、心情舒畅；反之，就会感到很压抑，难以融入到所居住的环境当中。在新农村建设中，只有人人出力、人人尽责，学会换位思考，主动关心社区内的邻居，积极参加社区集体活动，才能真正建立新型邻里互助关系，减少邻间的矛盾纠纷，最终构建互帮互助、和谐愉快的人居环境。

三 建立公开、公平、公正的利益分配调节机制，构建农村和谐经济关系

现今社会，人们对物质生活和精神生活的需求，表现为人与人之间的利益分配关系，因此，调整好人们之间的利益关系，处理好利益矛盾，建立健全利益协调机制是构建和谐社会的重要保障。在新农村建设

中，维护和实现公平与正义，构建农村和谐经济关系的前提条件就是建立有效的利益分配调节机制。

（一）深化利益分配制度改革

"十七大"报告指出："合理的收入分配制度是社会公平的重要体现……初次分配和再分配都要处理好效率和公平的关系，再分配更加注重公平。"发展农村经济一方面要多方统筹、挖掘潜力、因地制宜地增加农民收入，另一方面则更应注重劳动报酬在初次分配中的比重以及再分配中的公平保障。因此，完善社会保障及福利制度，理顺利益分配关系，规范分配秩序，是当前深化利益分配制度改革，发展农村经济的重要保障。

（二）强化政策调节作用

随着"三农"问题的提出，农业赋税逐年减免，农民生活有所改善，对促进农村经济的发展起到了积极作用。但因农业税的免除，一些部门的利益开始向农村渗透，例如增加肥料和农业用水用电的价格，使得国家减免税收政策难以落到实处；一些地区的农民土地因国家重点工程被占用，而农民应得的征地补偿却受到层层"剥削"，致使一些农民得不到应有的补偿，经济状况更差。因此，国家在制定减免农业税收政策的同时，还应制定各类相关政策并强化其调节作用，以确实保证农民生活的稳步提高，农民收入的稳步增长，进而建立和谐稳定的农村经济关系。

（三）完善平等就业机制

社会公开、公平、公正，首先体现为权利平等、机会公平。为了有效提升农村经济，改善农民生活水平，政府必须将平等原则应用于农民就业机制当中。党和政府要给每个农民提供一个公平的竞争机会，创造一个公平的就业环境，从而让农民除了在家种地以外，还能通过努力工作和平等竞争来提高自己的收入，获得利益上的满足。实现就业不仅是高校毕业生关注的问题，更是农民工的民生之本。为完善平等就业机制，一是要落实农民工进城务工的相关政策法规；二是要逐步废除户籍制度，实现真正意义上的权利平等；三是要切实解决困难群众的就业问题，完善面向农村的就业援助制度。

四 加强农村文化建设，构建文明和谐的乡风村风

繁荣农村文化，坚持用社会主义先进文化占领农村阵地，满足农民日益增长的精神文化需求，提高农民思想道德素质，是农村文化建设的重要任务。文明和谐的乡风村风是社会主义新农村建设的重要内涵，而农村社区文化又是乡风文明的重要载体，因此，加强农村文化建设，对构建社会主义新农村，形成良好的农村文化风气具有重要意义。

（一）更新思想观念，认识农村文化建设重要性

随着市场经济的迅猛发展，新农村文化建设面临着新形势和新挑战，这就要求各级政府要立足现在、着眼未来，使新农村文化建设工作体现出应有的时代性和创造性。所以说，我们必须自觉地更新思想观念，始终保持与时俱进的精神状态，强化各级政府和管理人员的责任意识、改革意识和发展意识，以思想观念的更新促进新农村文化建设的创新。

1. 建立农村文化建设长效机制

各级政府务必把农村文化建设纳入到当地经济和社会发展规划中，研究制定切实可行的政策措施，建立各类长效稳定的农村文化建设保障机制，有计划、有分工、有原则、有步骤地加以推进和实施，确保县、镇、村三级文化活动阵地健全，保证机构、人员、经费、制度和管理工作到位，创建农村文明风气。

2. 加大农村文化建设投入力度

增加对农村文化建设的投入，确保农村文化建设项目经费和工作经费足额及时，不仅对文化基础设施建设提供了物质保障，还提高了对农

村文化建设重要性的认识。各级政府应建立统一的资金保障体系，不断提高用于农村文化设施建设的投入比例，不断改善农村的文化硬件设施。一方面，为满足农民日趋多样化的精神文化需求，政府可通过建设文体活动室，添置健身器材、棋牌等文体设施，开展经常性文化活动，使广大农民共享公共文化服务；另一方面，政府应对现有资源进行整合，建设农村公共文化服务网络，开设图书室、电子阅览室等，以吸收更多的农民参与文化活动，用文化知识丰富农民的业余文化生活。

（二）加强人才队伍建设，提高文化管理水平

农村文化人才是开展农村文化工作的基本力量。首先，政府应把农村文化建设人才培养和引进纳入经济社会发展规划，以改变农村专业文化人才缺乏的局面；其次，政府应重视农村文化建设后备人才培养工作，要打破传统用人观念，吸收青年人到农村文化建设队伍中，为农村文化注入激情与活力；最后，政府可采取多种形式充分发挥专业艺术人才的积极性以及农民文化骨干在活跃农村文化生活、传承发展民间文化方面的作用，在全社会形成关心支持农村文化建设的良好氛围。

为了能够提高农村文化管理水平和效能，政府在建设农村文化人才队伍时，一是应大力推行公开选拔、竞争上岗等制度，大胆发现、使用青年文化人才，为文化人才提供广阔的施展空间；二是需要采取有效措施，建立文化人才信息库，将人才按照专业、能力等进行分类，开展有针对性的培养，稳定和发展专兼职结合的农村文化队伍；三是要加强对专业干部的教育和培训，提高专业素养和管理水平；四是应根据相关法律法规，对从事农村文化建设的人员实行资格认可制度，建立以业绩为衡量标准的文化人才考评机制，实行量化考核，奖惩分明。

（三）发展农村教育，提升农民整体素质

1. 提高农民文化软实力

农民是新农村建设的主体，他们不仅是农村文化的建设者，同时其文化素质的高低直接决定着新农村建设的成败。教育是提升文化软实力

的基础和重要手段，教育的发展必将引导农民提升对文化的追求和对文明生活的向往。发展农村文化教育，政府首先要加强农村的基础教育，丰富文化教育内容，杜绝农村新文盲的产生；其次要充分发挥职业技术教育和成人教育的作用，通过多种渠道、层次和形式来提高农民的综合素质；最后要加大力度净化农村文化市场，倡导文明健康、积极向上的生活方式，构建文明和谐的乡风村风。

2. 注重发展农村特色文化

农村特色文化的发展与传播，不仅可以增强文化的影响力和辐射力，还能促进农村的经济增长。政府应加大对农村现有特色文化的重视程度，通过资金注入，建立科学有效的特色文化传承发扬机制；确保珍贵的文化遗产后继有人，在政策和经费上要鼓励和支持创办民间艺术学校；积极对外宣传地方非物质文化遗产和传统文化艺术，与周边地区进行文化艺术交流和探讨，取其精华以推动本地区的文化建设事业蓬勃发展。在市场经济大背景下，各级、各地政府应实施特色文化产业发展战略，加强合作与交流，通过互相学习、互相借鉴，丰富文化内容，为新农村建设的深入开展提供深厚的文化积淀和牢固的文化支撑。

（四）严格管理制度，确保农村文化建设有法可依

农村文化建设必须纳入法制化轨道，才能确保文化建设能够健康、有序发展。新农村文化建设应该将管理制度法制化、规范化，在资金投入、干部队伍建设等方面做到有法可依，为农村文化的发展提供保障。

1. 高度重视

各级、各地政府要切实把农村文化建设纳入重要议事日程、经济和社会发展规划、财政支出预算、扶贫攻坚计划以及干部晋升考核指标，以严格的管理制度确保农村文化建设各项目标任务的实现。

2. 明确责任

各级、各地政府应建立农村文化建设目标责任制，把农村文化工作列入创建文化先进村镇和创建文明村镇等相关评价体系，将文化建设的

工作责任落实到每一位管理者，推动农村文化建设的规范化和制度化。

3. 统一部署

各级、各地政府要认真制定农村文化建设规划，因地制宜，分类指导，完善政策，明确措施，抓好各项工作的贯彻落实。管理部门应各负其责、协同工作、形成合力；宣传部门要充分发挥职能作用，做好综合协调、文化推广工作；农民群众要努力配合各部门的建设工作，从个人做起，为构建文明和谐乡风、村风贡献力量。

4. 严格考核

各级、各地政府要把农村文化建设工作作为团体或个人考核的重要内容，健全制度，长效管理，要制订一套能切实保证各级文化阵地正常开展活动的管理制度，并落实专人监督，提高文化阵地的利用率，提高农民群众参与文化活动的积极性，丰富农民群众业余文化生活，形成文明和谐的农村文化氛围。

（王建康　刘　捷）

第十二章 创新农村社会管理的基本原则

社会管理创新,是指在现有社会管理条件下,运用现有的资源和经验,依据政治、经济和社会的发展态势,尤其是依据社会自身运行规律乃至社会管理的相关理念和规范,研究并运用新的社会管理理念、知识、技术、方法和机制等,对传统管理模式及相应的管理方式和方法进行改造、改进和改革,建构新的社会管理机制和制度,以实现社会管理新目标的活动或者这些活动的过程。社会管理创新既是活动,也是活动的过程,是以社会管理存在为前提的,其目的在于使社会能够形成更为良好的秩序,产生更为理想的政治、经济和社会效益。

关于农村社会管理创新的概念,有学者认为"我国的农村社会管理就是在社会主义市场经济条件下,在建设社会主义和谐社会和社会主义新农村的过程中,政党、政府、社会组织等为了维护农民利益,促进社会对于农民的公平公正,建设生活富裕、乡风文明、村容整洁、管理民主的和谐新农村,对农村社会生活的不同领域和各个环节的管理"[①]。农村社会管理创新是中国由农业社会向工业社会转变、传统社会向现代社会转型的必然要求,是加快农村城镇化和社会主义新农村建设的现实要求,因此我们要充分认识创新农村社会管理的重要性和紧迫性,以中

---

① 吴丽峰:《农村社会管理体制改革与创新》,新疆师范大学,2008。

国特色社会主义理论体系为指导，按照科学发展观的要求，推进农村社会管理体制改革，以便让农民享受到社会发展成果，实现社会的公平公正。创新农村社会管理必须把握以下原则。

一　坚持政府主导、社会参与的共同治理原则

我们应充分发挥政府在农村社会管理中的主导作用，同时注重发扬基层民主，尊重农民意愿，坚持村民自治的管理方针，并且大力支持社会组织参与农村公共事务管理，实现政府行政管理、村民自治管理和社会自我调节的良性互动，构建农村社会合力治理的机制。

（一）强化政府社会管理职能，坚持政府在农村管理中的主导地位

坚持政府在农村社会管理中的主导作用，是创新农村社会管理本身的内在要求和客观要求。创新农村社会管理，是制度变迁和创新的过程，而政府在制度创新过程中属于关键变量，并且拥有独特的优势，因为政府是整个社会中规模最大的非市场组织，其本身的强制力和再分配能力，使政府在提供制度的服务方面，能够实现规模效益。因此，尽管制度变迁和创新是由社会多元主体共同推动的，但政府还是推动制度创新最有效的主体。在农村社会管理创新过程中，必然涉及一些体制方面的改革，而在这一过程中政府的主导作用是其他主体不可替代的。尤其对于中国农村而言，由于长期的二元结构导致农村社会发展滞后，很多时候必须依赖强制性的外来制度建构，为农村社会管理提供基本的运行制度框架。同时，创新农村社会管理的内容大部分属于公共产品范畴，公共品使用及消费的非排他性和非竞争性，决定了政府在公共产品的生产和供给中的主导作用。

基层政府在整个国家政治结构中起中介与桥梁作用，创新农村社会管理，为农村提供公共服务与社会福利，转变政府职能、加强政府职能建设是关键。因此，我们要加强基层政府和部门的社会管理职能，在协

调农村相关利益、回应农民诉求、规范农村民间组织、保障农民权利、提供农村治安管理以及应对农村社会危机等方面,充分发挥政府主导作用,完善农村社会管理格局。

(二)尊重农民意愿,坚持村民自治的管理方针

创新农村社会管理,扩大基层民主、推进自治管理是关键。农村社会管理是农民共同的权利,广大农民有完善农村社会秩序的权利、接受高质量公共服务的权利以及分享经济发展成果的权利,同时也有完善社会管理的责任。创新农村社会管理,要尊重农民意愿,相信群众,依靠群众,赋权予广大农民,让他们参与到政治决策过程中,并形成参与农村社会公共事务,自我管理、自我服务的能力,共同做好农村社会管理工作。

为尊重农民意愿,坚持村民自治,我们既要尊重群众的首创精神,又要善于引导与教育。首先,政府要深入推进村民自治,开展以村民会议、议事协商、民主听证为主要形式的民主决策实践,以自我管理、自我服务、自我教育为主要目的的民主管理实践,以村务公开、民主评议为主要内容的民主监督实践,充分发挥农民在农村社会管理中的作用,保障农民享有充分的知情权、参与权、管理权与监督权。其次,政府要注重引导与教育农民科学参与农村社会管理,受自身文化素质的限制,农民参与社会事务管理的能力有限,也缺乏经验,同时,农村依然是一个人情社会,引导农民站在集体利益的角度思考问题需要过程,因此,政府的引导和教育不可或缺。

(三)重视农村社会组织,坚持社会协同

民间的力量和智慧是社会管理创新的宝贵资源。创新农村社会管理,要充分发挥各类主体在社会管理中的作用,实现农村社会管理主体的多元化。社会协同的基础是各类企事业单位、人民团体、社会组织和基层组织,尤其是通常意义上讲的基层组织和社会团体、民办非企业单位等。农村社会管理包括农村社会组织参与社会公共事务管理时表现出

的态度和行为，在实践中表现为村民、法人、各类社会组织对涉及公共利益的社会公共事务的知情权、表达权、参与权和监督权。

农村属于"熟人"社会，群众性的社会组织对农民有很大的影响力和号召力，因此，创新农村社会管理要注重发挥各类群众组织的参与作用。基层政府应充分依靠农民专业合作社等民间力量去组织群众，发挥乡村道德模范、经济能人、技术能手等人在农村社会的示范带头作用，用群众的办法解决群众的问题，把村民紧紧地组织在村民委员会和村民代表周围，激发基层组织参与社会管理的积极性，夯实群众基础。

二 坚持以人为本、社会管理服务化的原则

我国政府应把创新农村社会管理与农民的需求紧密结合，始终把农民群众最关心、最直接、最现实的利益问题作为着力点和落脚点，寓管理于服务之中，提高农村社会管理实效，切实维护和保障广大农民的根本利益。

（一）农村社会管理服务化是保障农民切身利益的必然要求

在现代社会，"公民与政府的关系可以看成是一种委托—代理关系，公民同意推举某人以其名义进行代理，但是必须满足公民的利益并且为公民服务"[1]。同样，在农村社会中要想最大化满足农民的利益，我们就必须要建立某种制度来保障政府服务效能的实现，而这种制度的建立也正是创新农村社会管理的重要内容。创新农村社会管理，履行社会管理的服务化，本质就是建立服务型政府，"服务型政府就是指在社会本位理念指导下，在整个社会民主秩序的框架下，通过法定程序，按照公民意志组建起来的以为公民服务为宗旨的政府"[2]。事实上，"从法

---

[1] 〔澳〕欧文·E. 休斯：《公共管理论》，彭和平、周明德、金竹青等译，中国人民大学出版社，2001。

[2] 陈泉生：《论现代行政法的理论基础》，《法制与社会发展》1995 年第 5 期。

律意义上来说，现代行政法的重心就是服务行政，现代行政法实质上是服务行政，它的价值取向在于维护社会正义，增进社会福利，实现法治社会。因此，农村社会管理创新需要围绕建立服务型政府而展开"[1]。

（二）创新农村社会管理要充分实现农民的权益

农村社会管理必须注重解决农民的实际问题，着力保障和改善民生，让广大农民群众得到实惠，不断巩固和完善城乡群众共创共享改革发展成果的体制机制，让农民在生活中切实感受到自身权益得到保障，有效地引导群众参与到农村管理工作中来。《中共中央关于推进农村改革发展若干重大问题的决定》指出："必须切实保障农民权益，始终把实现好、维护好、发展好广大农民根本利益作为农村一切工作的出发点和落脚点。"创新农村社会管理，要结合时代特点和农民利益诉求，因地制宜、因人而异、因需制宜地进行。目前，中国新农村建设过程中凸显出一些新的问题和矛盾，随着工业化、城镇化、农业现代化进程的逐步推进，农村土地征用和流转面积不断增加，农村环境污染问题、村集体和地方政府与农民利益分配问题、农民与农地流转后的经营主体间的关系问题伴随而来。因此，这一时期的农村社会管理创新要围绕以上这些关系农民民生的问题展开，围绕群众所思所想、所需所求，加快农村经济发展，改革农村公共服务，完善农村社会保障体系，满足农民需要，维护农民尊严，保护农民权益。

（三）坚持农村社会管理服务为先

创新农村社会管理，要坚持服务为先，倡导人性化服务和精细化管理。农村社会管理是对农民的管理和服务，要做到把管理贯穿于服务之中，就要通过服务来加强管理。有学者认为："政府对农村社会的管理，首先应该体现在服务上。随着我国由经济建设型政府向公共服务型政府的转变，政府应该为公众提供更多更好的服务。政府的基本公共服

---

[1] 王勇：《社会管理创新的主要原则》，《行政管理改革》2011年第6期。

务做好了，民生得到保障和改善，人民群众才能安居乐业。于是，社会管理创新的形式之一，即以政府流程再造为基础的组织变革就是因此应运而生的，无缝隙政府的政府改革理念也是因此而提出的。所以，在社会管理创新中，要注意更新行政理念，形成服务意识、顾客意识，这样政府与社会、与公民间才会有良好的关系，社会就会稳定和谐。"① 随着中国农业专业化、商品化的逐步发展，广大农民对社会服务的要求更为迫切，其内容也更广泛和多元，因此，各级政府需要转变工作观念，寓管理于服务之中，树立服务意识，维护农民群众的利益，维护农村社会稳定大局。

三 坚持普法教育、司法手段相结合的法治原则

社会管理创新的总要求是最大限度激发社会活力、最大限度增加和谐因素、最大限度减少不和谐因素。在法治社会，一切问题最终要上升为法律问题，对农民权益的保障也不例外，要公正、持久地保护农民权益，必须坚持"依法治农"的法治原则，结合普法教育和司法手段依法解决农村社会中的矛盾。

（一）坚持法治原则是创新农村社会管理的题中应有之义

创新农村社会管理，坚持法治的基本价值取向就是对国家权力的控制和对公民权利的保障。"社会管理无论是理论创新还是实践创新，都应该坚持法治原则，坚持把对权力的规范和对权利的保护作为社会管理创新的方向。"② 法治是目前人类社会探索出的治理国家、管理社会事务的最合理模式，胡锦涛总书记指出："法治是以和平理性的方式解决矛盾纠纷的最佳途径。"创新农村社会管理在中国建设社会主义法治国家的大背景下展开，其发展方向应当与社会主义法治建设相吻合。因

---

① 王勇：《社会管理创新的主要原则》，《行政管理改革》2011 年第 6 期。
② 林学飞：《社会管理创新应坚持法治原则》，《人民法院报理论周刊》2011 年第 9 期。

此，加强和创新农村社会管理，应该在法治框架下进行。良好的社会管理模式是以法律来构建社会管理的基本框架，在法治框架下，公民的合法权利得到宪法和法律的有效保障，协调社会关系、化解社会矛盾、促进社会公正、应对社会风险、保持社会稳定等社会管理具体任务都在理性的法律框架下展开，社会由此得以和谐稳定发展，这正是加强和创新农村社会管理的题中之义。

（二）以法治手段创新农村社会管理

法治是农村社会管理创新的前提和保障，只有通过司法手段才能保证社会管理成果的长期稳定有效。首先，政府要以法治理念推进农村社会管理创新，将农村社会管理创新置于宪法和法律之下，不得与之相抵触。其次，政府要健全农村社会管理法律体系，从农民切身利益出发，整合现有法律法规，为实现农民合法权益提供法律支撑。目前，我国还没有有关农民合法权益的法律文本，关于农民权益保护的法律也仅零星地散见于有关农业发展的法律文本中，严重影响了农民合法权益的实现与保障。因此，依法创新农村社会管理，要围绕与农民切身利益相关的主题进行农民权益保障法律机制的建设，建立起完善的农民权益诉讼保障体系，保证农民的程序参与，从而为农民维护自身权益提供司法的最后救济。再次，政府要逐步完善农村社会管理主体与行政程序立法，包括行政机关的组织法体系，为行政机关合法行使职权提供法律依据，保证行政机关依法决策，保障农民享有充分的知情权、参与权、表达权和监督权。同时，政府还要注重与农村社会组织相关的立法，并将依法维护农民权益纳入到农民专业合作社等合法组织的职责中，切实维护好农民群众的合法权益。我们只有完善农村社会管理立法，坚持依法管理、依法行政，才能使农村社会管理创新在法治化框架下得到加强。

（三）把强化普法教育作为创新农村社会管理的有力推手

普法教育是建设社会主义法治国家的重要内容，对于普及法律知识、增强法律意识,教育公民知法、守法、懂法、用法,通过法律手段维护自身合法权益起着十分重要的作用。通过加强普法教育,增强农民权利意识和法制观,有利于高效地化解农村社会矛盾。政府必须高度重视普法教育在农民权益保障中的重要作用,认真贯彻党中央、国务院转发的"六五"普法规划和第十一届全国人大常委会《关于进一步加强法制宣传教育的决议》的精神,结合农村干部群众对法律知识的现实需要,采取多种形式,宣传普及关系到维护农民利益的法律法规,进一步增强农民的权利意识和法制观念,树立他们依法行使权利和履行义务的观念,在合法利益受到侵害时利用法律实施维权。政府必须注重提高农村"两委"干部的法律素质,提高他们在社会管理过程中依法决策、依法管理、依法办事的能力,在农村加大司法救助和法律援助力度,营造学法、守法、用法的良好环境。同时,政府还要加强和改进农村的思想政治工作,不断提高农民执行国家政策法规的自觉性和主动性,引导农民合理处理个人利益和集体利益、局部利益和整体利益、当前利益和长远利益的关系,将矛盾与问题化解于无形。

四 坚持"村务三公开"的政府诚信原则

基层政府应坚持把处理本村涉及国家、集体和村民群众利益事务的活动情况,通过一定的形式和程序告知全体村民,并由村民通过民主方式参与管理、实施监督,从而构建政府诚信,打造透明政府,推动农村社会管理创新。

(一) 信息公开是构建和谐社会的客观要求

胡锦涛总书记在中国共产党第十七次代表大会的发言中指出,我们"要坚定不移地发展社会主义民主政治,确保权力正确行使,必须让权力在阳光下运行"。建设政务公开、执政为民、行为自律的透明执政机构,是构建社会主义和谐社会的客观要求,也是努力践行科学发展观的内容之一。"从行政学上讲,行政权力具有合法性和公共性的特点,作为一种国家权力,它本来就属于公共权力"。① 因此,行政权力应该代表公众利益,并且为公众服务。如果在实际操作过程中,行政权力不具备透明性,则行政人员可能出现"暗箱操作"或"寻租"行为,滋生腐败现象。政府诚信也是整个社会诚信的基础,行政行为关系着政府在公众心目中的形象,也与公众的切身利益息息相关,所以,政府的地位和职能决定了在构建社会主义和谐社会的过程中必须坚持信息公开。同时,身处信息化时代,瞬息万变的信息,已成为影响社会稳定的重要因素,并为政府信息公开提供了有力的技术支持。在创新农村社会管理活动中,政府需依托信息化时代背景,树立正确的信息公开理念,在信息公开原则的指导下打造透明政府,提高农村行政效率。

(二) 坚持"村务三公开",有效预防腐败行为

胡锦涛总书记在党的十七大报告中强调指出,我们要"深化乡镇机构改革,加强基层政权建设,完善政务公开、村务公开等制度,实现政府行政管理与基层群众自治有效衔接和良性互动"。这为村务公开提出了更高的要求和明确的方向。

1. 强化基层干部的诚信意识

"村务三公开"要靠基层干部实施,因此我们需要一支敬业、务实、肯奉献、能办事的基层干部队伍。政府应在农村倡导和加强诚信教育与宣传,培养农村干部的诚信观念、诚信意识和诚信道德,为农村社会发展创造良好的信用环境,进一步规范和完善基层行政工作程序、树立干部规则意识,在实际工作中严格按规则和程序办事,提高农村行政事务的办事效率,切实提升基层干部推行民主自治的能力,为"村务三公开"工作提供组织保证,正确引导村务公开工作。

2. 完善村务公开制度建设

建立完善的管理制度是深化村务公开,加强民主管理的基础。要使

---

① 张国庆:《行政管理学概论》,北京大学出版社,2000。

村务公开长期坚持下去,政府就必须制订完善、切实可行的制度,围绕基层政府的具体行政活动,对村务公开的内容、程序、方式、时间作出明确规定,根据实际情况,建立村务公开监督评议组织并进行监督与评议,对有关村务公开制度的执行情况进行评议,并实施督促改进。政府只有为村务公开提供制度保障,使公开工作做到有制可循、有制可依,才能更好地为农村社会管理服务。

3. 充分发挥群众的监督作用

农民是村务公开、民主管理工作的主体,村务公开的主要目的,就是让村民真正参与到民主监督、民主管理中来,因此,我们要高度重视群众反馈。首先,政府应充分利用标语、传单等群众喜闻乐见的方式,广泛宣传"村务三公开"的目的、要求、方式及意义,让广大群众了解村务公开。其次,政府应在农村建立村民监督机制,充分发挥"村民代表大会"、"党代会"等平台的监督功能,广泛听取农民群众的意见和建议,确保村民实施知情权、决策权、参与权,提高他们参与农村社会管理的积极性。

参考文献

[1] 吴丽峰:《农村社会管理体制改革与创新》,新疆师范大学,2008。

[2] 〔澳〕欧文·E.休斯:《公共管理论》,彭和平、周明德、金竹青等译,中国人民大学出版社,2001。

[3] 陈泉生:《论现代行政法的理论基础》,《法制与社会发展》1995年第5期。

[4] 王勇:《社会管理创新的主要原则》,《行政管理改革》2011年第6期。

[5] 林学飞:《社会管理创新应坚持法治原则》,《人民法院报理论周刊》2011年第9期。

[6] 张国庆:《行政管理学概论》,北京大学出版社,2000。

(智 敏)

第十三章　把解决民生问题作为创新农村社会管理的出发点和落脚点

《国民经济和社会发展第十二个五年规划纲要》指出:"以科学发展为主题,是时代的要求,关系改革开放和现代化建设全局。我国仍处于并将长期处于社会主义初级阶段,发展仍是解决我国所有问题的关键……坚持把保障和改善民生作为加快转变经济发展方式的根本出发点和落脚点。"① 而创新农村社会管理也需立足于解决民生问题。

一　以科学发展观促进农村发展

(一) 农村发展的目标

农村发展的目标始终是改善民生,解决生存问题,改善生活状态,提升生活质量。它既包括吃、穿、住、行等基本物质生活,也包括文化生活、政治生活。改善民生强调公平,它主要集中在再分配和消费领域,其资金主要来源于政府财政支出。所以,在新形势、新问

---

① 中国共产党第十七届中央委员会第五次全体会议:《国民经济和社会发展第十二个五年规划纲要》,2010。

题背景下，创新农村社会管理，仍然需要围绕解决民生问题、发展问题探寻出路。

党的十七届三中全会指出，新形势下，我国要建设社会主义新农村，走中国特色农业现代化道路，形成城乡经济社会发展一体化新格局，工业反哺农业、城市支持农村，增加农民收入，保障农民权益，促进农村和谐。到2020年，农村改革发展基本目标任务包括以下内容：健全农村经济体制，实现城乡经济社会一体化发展；建设现代农业，提高农业综合生产能力，保证国家粮食安全和主要农产品供给；农民人均纯收入比2008年翻一番，大幅提升消费水平，基本消除绝对贫困现象；进一步加强建设农村基层组织，完善村民自治制度，保障农民民主权利；推进城乡基本公共服务均等化，繁荣农村文化，保证农民基本文化权益、受教育机会，健全农村基本生活保障、医疗卫生制度，完善农村社会管理体系；形成资源节约型、环境友好型农业生产体系，改善农村人居和生态环境，增强可持续发展能力。为实现上述目标，我们要遵循的五大原则为：一是加强农业基础地位，二是切实保障农民权益，三是不断解放和发展农村社会生产力，四是统筹城乡经济社会发展，五是坚持党管农村工作。[①]

（二）农村发展的重点

1. 农村经济持续健康发展

经济发展为解决民生问题提供了必不可少的物质基础，所以，农村发展首先需要发展农村经济，保持其持续、健康态势。1978年以来，除了农业调整的前几年农业总产值比上年有所减少外，此后每年都在增长。2010年，农业总产值达36941.1亿元，比上年增长4.1%。但农村经济发展不是单纯的粗放式数量增长，而是集约式质量发展，是建立在农业结构调整（种植结构、畜牧结构等）、生态环

[①] 中国共产党第十七届中央委员会第三次全体会议：《中共中央关于推进农村改革发展若干重大问题的决定》，2008。

境保护、农业生产效率提高、农业科技进步、农业基础设施完善等基础上的农村全面发展。

2. 农产品供给

在整个经济系统中，农村最主要的贡献是供给农产品。近年来，农产品供给出现不少问题。一是粮食安全。城镇化进程导致土地需求旺盛，工业、商业、住宅用地挤压农业用地；同时，2010年同2000年相比，城镇人口增加2.07亿人，乡村人口减少1.33亿人，城镇人口比重上升了13.46%。耕地和农业人口减少，引起人们对粮食供给安全的担忧。面对粮食供给危机，农村发展需要保护耕地，依靠生物、种植等技术进步提高粮食生产效率，以满足日益增加的消费需求。二是农产品质量安全。转基因食品增加、农药残留（生产环节、储存环节和运输环节都可能存在）、激素滥用、添加剂泛滥、工业原料恶意冒充食材（如三聚氰胺），时刻威胁着人们的身体健康。绿色食品、有机食品的出现，就是对保证农产品质量安全的生产模式进行探索。三是农产品流通。近年来，流通环节缺乏规范管理，频频出现游资炒作、哄抬价格现象，如"蒜你狠"、"苹什么"、"姜你军"、"豆你玩"等。同时，油费、过路过桥费、其他行政性收费不时上涨，增加了农产品成本。最终，农民地里农产品滞销，城镇居民面临高价粮食和蔬菜。所以，缩短农产品流通的时空距离，减少不必要的流通环节，优化流通服务，也是农业发展的重要议题。

3. 拓宽增收渠道，增加农民收入

农民收入状况制约其消费水平。解决民生问题，首先需要增加农民收入。增加农民收入是实现农民利益的根本途径，也是解决"三农"问题的根本途径。农民收入持续增加，能调动农民的生产积极性，能保证农业的基础地位，能保障粮食安全和农产品供给。农民占中国人口一半以上，也只有农民收入增加，才能完全实现小康社会、经济发展。一直以来，农业收入是农民收入的主要来源。但相对而言，农业生产的产能、附加值、回报率都较低，仅靠从事农业生产难以维持日益增长的各项消费支出。因此，政府需要从非农业经营、工资收入、财产收入、转移收入等方面拓宽农民的增收途径。

4. 完善和健全农村社会保障体系

农村社会保障主要包括医疗保障和养老保障，以往采取"自给自足"、"养儿防老"的个人或家庭方式，个人或家庭养老符合中国传统文化。现阶段，我国人口出生率降低，老龄化问题凸显，医疗成本上升，城乡及区域社保资源配置失衡，旧有的社保体系亟待完善。所以，我国应在政府主导下，鼓励社会力量参与社会保障。

（三）农村发展的路径选择

1. 农村在社会经济发展过程中的角色

农村是社会经济发展的物质基础部门，为其提供生产资料和生活资料。首先，农村为社会经济发展提供大量的人力资源和轻工产品原材料。其次，农村为人们生活提供丰富的生活资料，如谷物、蔬菜、肉制品、禽蛋等。再次，农村优美的自然风光，给人们带来景观享受，可以满足人们的精神需求。最后，广阔的农村还是经济活动废弃物、最终产品的堆积场所。

2. 农村持续、全面发展的保障

一是健全和完善相关法律、规章和制度。政府要以人为本，坚持用可持续发展原则指导农村发展工作。国务院、各个国家部门和各级政府出台相关政策，引导、鼓励和支持农村发展，加强基层组织的执行力和管理能力建设，确保支农、惠农政策的贯彻落实。

二是推动技术进步。政府要推动与种植业、畜牧业关联的科技创新，促使其迅速、有效地转化为农业生产力。一方面，政府要为农业研究提供良好的科研环境，我国不但要抓自然科学领域的研究，也要抓社会科学领域的研究；另一方面，政府应积极发展成人教育、技能培训，铺平农业科技创新技术的推广道路。

三是调动农民积极性。农民是农村发展的主体，其努力程度直接影响农村发展状况。所以，政府应完善农业生产补贴政策，调动农民的农业生产积极性；提供惠农政策、多样化的融资渠道、技术知识，鼓励农民从事农业非生产性经营，搞活农村经济；宣传和普及农村社会建设的责任感和认同感，树立农村发展的主人翁精神。

四是加大农业投入。任何社会经济发展都离不开资源投入，农村发展亦是如此。政府应扩充农业投入的主体，引导企业、社会组织参与农村发展；增加人力、物力和财力等资源投入；积极探索农业投入渠道，探寻农村发展新模式。

3. 走民主、全面、持续的农村发展道路

民主发展，指每个农民拥有平等的权力，且以民主的方式商议发展过程中的问题；全面发展，指农村发展不仅仅是农产品数量增加、农民收入增加、粗放的经济增长，还包括农村生态环境的改善、公共设施及服务的完善、社会保障体系的健全、社会环境的团结稳定等各方面的升级；持续发展，指农村发展科学，当代农村发展不以牺牲未来农村发展为代价，农村发展在时空上是平等的。然而，仅仅依靠农村，我国难以实现民主、全面、持续的发展。因此，农村发展一方面需要政府起主导作用、农民起主体作用、社会力量起辅助作用，另一方面需要农村"内生"和城市"外推"共同发力，还需要工业的支持和城市的反哺。

农村发展应采取"分区域，各有侧重"的策略。经济发展水平较低、离城镇较远的贫困地区和山区，农村发展的重点是粮食生产、道路、饮用水、厕所等基本生活条件的改善；经济发展水平较高的城市近郊，农村发展的重点是城乡一体化建设、农村新社区生活方式的建设。

就发展模式而言，政府应结合区域特征、资源禀赋和社会文化，在农村或采用家庭经营基础上农户的合作与联合，或借用企业的管理模式。实践中，我国出现了大量有特色的农村发展模式可借鉴，例如，南街村可持续发展模式、赣州"五新一好"模式、五山"绿色村庄"模式、凤阳赵庄"公司带农户"模式、余庆"老有所养"模式、南张楼村"巴伐利亚实验"模式，等等。

二 深化农村改革,继续解放和发展农村生产力

(一) 中国农村改革状况

1. 农村改革的历史进程和成效

新中国成立以来,中国农村改革主要进程如表13-1所示。[①] 具体来说,1949~1977年的土地改革,废除了封建土地所有制,建立起全民所有制、集体所有制,实行人民公社;1978年从安徽小岗村开始,废除人民公社,建立以家庭联产承包经营、统分结合的双层经营体制;1988年的农产品流通体制改革,全面放开农产品市场,取消农业税,对农民实行直接补贴;现阶段,我国初步形成了适合中国国情和生产力发展的农村经济体制。

表13-1 1949年以来中国农村改革进程

时间	主要内容
1949~1977年	土地改革
1978~1987年	家庭联产承包责任制,"乡政村治"二元治理体制
1988~1992年	农产品流通体制改革
1993~1997年	农业产业化经营战略
1998年至今	城乡统筹战略,社会主义新农村建设

中国农村改革的主要成效包括以下方面:粮食生产跃上新台阶,农产品供应日益丰富;农民收入大幅增加,生活水平明显提升,近年消费增长指数一直在7%左右;扶贫开发成效显著,基本解决13亿人口吃饭问题;乡镇企业异军突起,小城镇蓬勃发展,农村生产要素市场、商品市场兴起;农村劳动力大规模转移,成为产业工人重要组成部分;中

[①] "十一五"国家重点项目《科学发展观丛书》课题组、东中西部区域发展和改革研究院:《中国农村改革历程的回顾与前瞻》,人民网理论频道,http://theory.people.com.cn/GB/10301687.html。

国特色工业化、城镇化、农业现代化进程加快；农村社会主义民主政治建设和精神文明建设不断加强，社会事业加速发展，显著提高了广大农民思想道德素质、科学文化素质和健康素质；不断加强农村党建，推进以村党组织为核心的村级组织配套建设，巩固了党在农村的执政基础。

2. 中国农村改革的主要内容

（1）意识变革。首先，唤醒农民的主人翁意识。通过宣传普及，农民改变了只懂面朝黄土、背朝天的辛勤劳作，只知被动接受政府对农村进行发展规划的状态。其次，建立农民的民主意识。农民开始以民主的方式积极维护自身权益，参与农村改革。再次，淡化农民的社会阶层意识。农民增强了自信心，改变了仅以金钱作衡量手段的价值观，当然，这需要全社会的共同努力。最后，培养农民的文化意识。政府要不断提升农民的需求层次，帮助农民追求精神生活，丰富农民精神生活的内容。

（2）生产、生活方式的转变。一是加大农业技术的创新和推广。例如，改良种子和农业种植技术的推广，提高农业生产的效率；控制化肥、农药的使用，避免农业生产对生态环境的破坏。二是积极探索有利于农村持续发展的农业发展模式。例如，发展立体型、循环型、集约型农业，充分、高效利用各个环节的资源；优化农业产业结构，促进农业生产的全面发展。三是探寻农业经营新模式。例如，组建经济合作组织、股份制集体组织，打破单独运营的小农模式，形成农业经营的规模效应，增强与其他经济主体的议价能力。四是有效推动农村经济发展，提高农民收入。相对来说，农民是低收入群体，他们最关注且首先关注吃穿住行，只有农村经济发展了、农民收入提高了，才能促使生活方式的改变，不然就是对他们不公平。

（3）所有制改革。一是土地改革。中国农村改革史就是一部土地改革史。无论是中国历史上的多次革命，还是新中国成立初期的土改运动和1978年的家庭联产承包责任制，土地一直是农村改革的核心。土地改革的首要任务就是土地的所有制问题，即土地的产权问题，土地的占有、使用、让渡和剩余索取权等问题。土地是农村最主要的资源，不但是农业生产最基本的要素，也是整个国民经济最根本的生产要素。现阶段，中国农村土地是集体所有制形式。面对全国经济改革的深入、市场化的推进，城镇化的实施，集体所有权的共有产权形式，土地使用权的家庭所有形式，在土地流转、土地集约利用上出现了困难。所以，我国有必要探寻新的土地产权制度安排。二是林权改革。林权的客体包括树木和林业用地。中国农村林权普遍存在产权不明晰、主体缺位（主要是责任主体缺失）、山林倒卖等现象，不利于林业资源的保护，也阻碍了林业地区的农村经济发展。我国只有明确林权主体，明确产权主体的权利和义务，才能确保林业资源的持续利用。三是水权改革。农村水权改革主要是完善农业灌溉用水制度。水资源是农业生产的基本保障，在良好水资源日益匮乏的今天，农业灌溉用水成了农村最稀缺的资源之一。一般来说，河流的水权是全民所有，集体所有的池塘、水渠属集体所有。而自然界水的公共物品性，不可能实现排他性使用。加上水资源管理混乱，如水利部门、环保部门、地方政府都可能同时参与水资源管理，造成"争夺管理权，推卸责任"的局面。可以说，农村水权改革是农业生产的根本保障。

（4）生活保障改革。首先，农村公共物品供给。长期以来，农村公共服务及设施的供给处于被忽略的地位。农民的福利水平得不到提高，社会公平缺失，不利于农村社会发展，加大了城乡二元结构。其次，社会保障。我国在农村要完善养老和医疗体系，解决民生问题，充分体现社会主义的公平性。

（5）组织管理方式改革。在我国大部分地区，村、乡镇基层组织对农民的管理仍处在计划经济时代的从上而下的集权制形式，政府与农民是管理和被管理的关系，农民的议价能力较差。理想的农村社会管理形态，应该是基于民主之上的，政府与农民是服务和被服务的关系，农村事务管理采用集体协商模式。同时，政府还应注意基层干部的考核机制，因为其直接影响管理层对农村管理的态度和方式。

（二）现阶段中国农村生产力水平

生产力是人们利用自然、改造自然的能力。生产力要素包括劳动者、生产工具、劳动对象和科学技术。

1. 劳动力水平

农村经济主体包括农民和农户，农民和组成农户的个人是农村的主要劳动者。农村劳动力主要从事体力劳动，其素质包括农民身体素质、种植能力、农村组织管理能力等。农村劳动者素质的提高需要通过改善医疗条件、普及义务教育、兴办成人教育和职业教育、加强法制宣传等途径来进行。

目前，中国从事农业生产的劳动力有5亿人左右。近年来，中国农村劳动力的身体素质、文化素质都有明显改善。一是医疗条件、卫生条件、生活条件得到改善，农村劳动力健康状况好转、发病率降低和预期寿命延长。二是劳动力文化水平大幅提升。总的来说，中国农村劳动力一半以上具有初中文化。1990年，农村每百个劳动力中不识字或识字很少的占20.73%，达初中文化程度的占32.84%，大专及大专以上的仅0.1%；2010年，农村每百个劳动力中不识字或识字很少的仅占5.73%，达初中文化程度的占52.44%，大专及大专以上的占2.41%。三是农村劳动力水平和人均纯收入存在一定联系。2010年，人均纯收入10000元以上的地区，中专及中专以上所占比重相对较大，如上海、北京地区已达20%；人均收入5000元以下地区，不识字或识字较少的人口仍占有一定比重，如贵州、甘肃、云南、宁夏仍在10%以上。

2. 生产工具先进程度

传统农业生产工具（锄、犁、镰刀、牲畜等）的使用，主要依靠农民体力，并多用手完成。机械化时代，农业生产工具出现收割机、播种机等设备，水电、水利设施逐步完善。信息时代，农业生产工具依托电子计算机出现了自动化机械设备。机械化、自动化设备的出现，解放了农民的双手，极大地提高了农业的生产效率。

20世纪80年代年以来，中国农村农用机械总动力、农村用电量、化肥使用量都有大幅增长，兴建水利设施也使有效灌溉面积有所增加，农村生产力得到进一步发展。如图13-1所示。[①]

[①] 国家统计局农村社会经济调查司：《中国农村统计年鉴（2011年）》，中国统计出版社，2011。

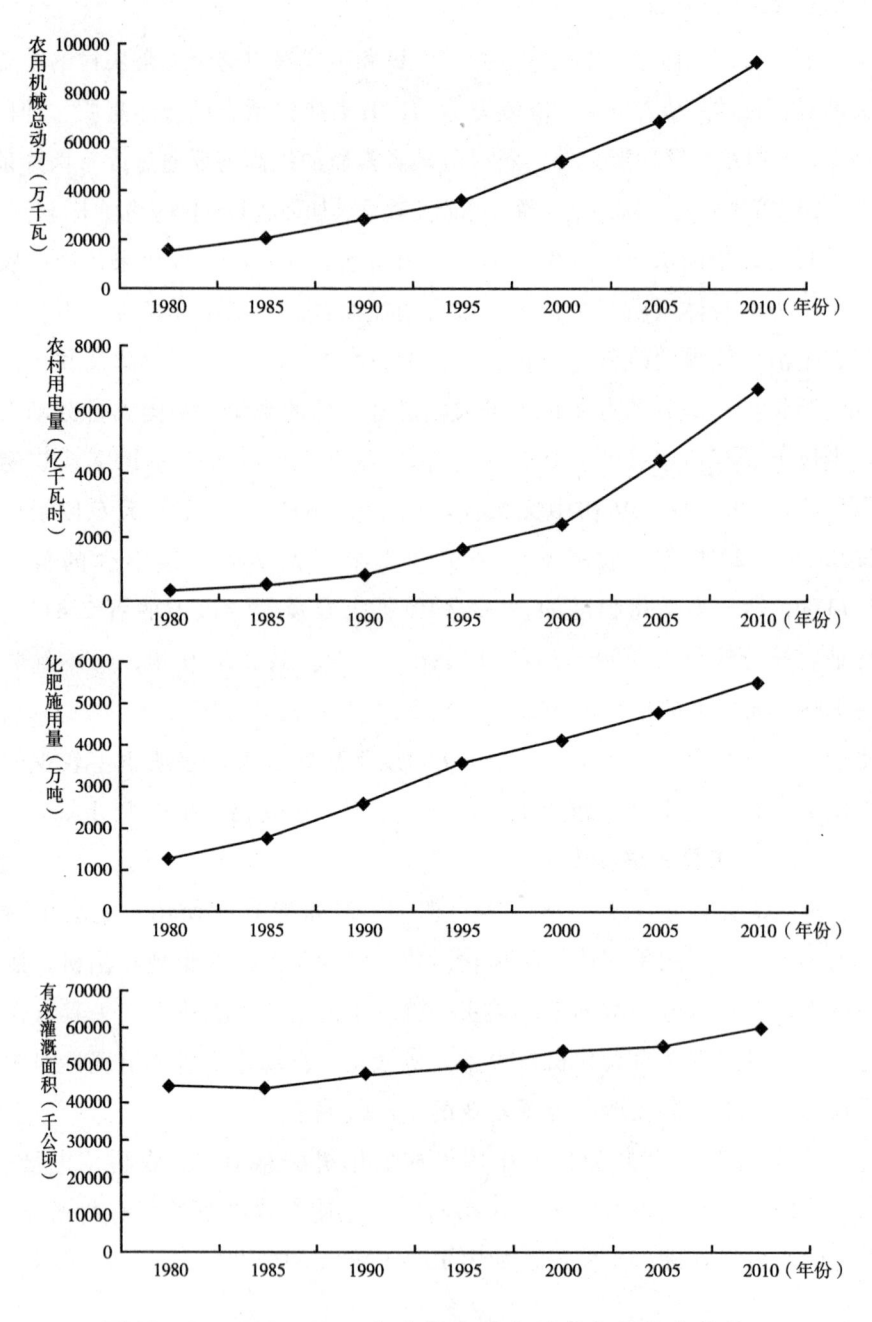

图 13-1 1980~2010 年中国农村主要生产条件变化情况

3. 劳动对象范围

农业生产以土地、植物和动物为劳动对象。2010年，中国农作物播种面积达1.6亿公顷，其中，68.38%的面积用以种植粮食作物。植物包括粮食作物（谷物、豆类、薯类等）和经济作物（棉类、油料、果树、糖类、烟叶、茶树、蔬菜、瓜类、青饲料等）；动物有猪、羊、鱼等。随着生物技术的发展，出现了超级水稻、转基因玉米和大豆等种植新品种。2009年，农业植物新品种累计授权2807件。

4. 科学技术进步程度

科学技术是第一生产力。科学技术的进步，能改善劳动者、生产工具和劳动对象的状况，提高农业生产效率。2009年，我国有近1.7万人从事与农业相关的研发工作，研发经费达13.45亿元，共2187项农业课题立项。

改革开放以来，中国的农村生产力发展较快，但与其他国家相比，仍存在一定差距。中国农业经济活动人口较多，农业劳动力资源丰富，但人均耕地面积、机械设备使用量不理想。化肥使用的确增加了农作物产量，却在某种程度上留下环境隐患。如表13-2所示。[①] 所以，我国解放和发展农村生产力的任务仍然艰巨，需要合理规划、有的放矢地完成。

表13-2 世界各国农业化集约程度

国家	农业经济活动人口占总人口比重(%)	平均耕地面积（公顷/人）	平均拖拉机使用量（台/千公顷）	平均收割机使用量（台/千公顷）	平均化肥施用量（吨/千公顷）
中国	37.3	0.2	18.9	5.8	484.1
文莱	0.3	3	24	3.3	377
印度	22.2	0.6	19.9	3	142.8
印尼	21.3	0.5	0.2	4.9	168.1

---

① 中国国家统计局网站：《国际统计年鉴（2010年）》，http://www.stats.gov.cn/tjsj/qtsj/gjsj/2010/。

续表

国　　家	农业经济活动人口占总人口比重(%)	平均耕地面积（公顷/人）	平均拖拉机使用量（台/千公顷）	平均收割机使用量（台/千公顷）	平均化肥施用量（吨/千公顷）
伊　　朗	9	2.6	18.3	0.6	90
以 色 列	0.8	5.7	79.9	0.8	303.8
日　　本	1.4	2.5	433.9	221.2	350.5
哈萨克斯坦	7.9	18.8	1.8	0.8	5
韩　　国	3.2	1.1	152.6	53	511
蒙　　古	8.5	3.8	4.4	0.6	7.1
缅　　甸	38.9	0.6	0.7	1.8	11.3
巴基斯坦	14	0.9	22.3	0.1	170
菲 律 宾	14.9	0.4	12.4	0.3	147.3
斯里兰卡	19.5	0.3	21.5	0	290.3
泰　　国	29.3	0.8	54.6	13.8	137.4
越　　南	33.6	0.2	25.8	35.3	373.3
埃　　及	8.6	0.4	36.6	0.9	483
南　　非	2.6	11.2	4.3	0.7	53
加 拿 大	1.1	130.4	16.3	1.8	71.8
墨 西 哥	7.5	3.1	9.7	0.9	69.3
美　　国	0.9	62.5	25.8	2	117.1
阿 根 廷	3.6	22.6	7.8	1.5	55.2
巴　　西	6.3	5.1	12.7	0.9	185.3
委内瑞拉	2.7	3.5	18.5	2.2	193.2
白俄罗斯	5	11.3	9.1	2.4	218.4
捷　　克	3.4	8.6	27.6	3.4	163
法　　国	1.1	27.9	61.6	4.2	207.7
德　　国	0.9	15.8	64.6	7.2	221.9
意 大 利	1.6	7.6	266.8	7.6	190.2
荷　　兰	1.4	4.6	135.9	5.3	313.3
波　　兰	8.3	3.9	124.3	12.8	171.3
俄 罗 斯	4.6	18.5	3.3	0.9	14.3
西 班 牙	2.5	11.3	80.7	4.1	157.6
土 耳 其	12	2.5	47.3	0.6	99.8

续表

国家	农业经济活动人口占总人口比重(%)	平均耕地面积（公顷/人）	平均拖拉机使用量（台/千公顷）	平均收割机使用量（台/千公顷）	平均化肥施用量（吨/千公顷）
乌克兰	5.7	12.3	10.4	1.8	27.6
英国	0.8	12.4	72.8	6.6	259
澳大利亚	2.1	99.7	7.1	1.3	41.3
新西兰	4.4	2.3	177.8	7.2	2304.8

注：只选择部分数据齐全的国家，以方便比较。

（三）解放和发展农村生产力的措施

农村改革的根本任务是解放和发展生产力。现阶段，农村利益分配格局和激励机制似乎阻碍了生产力的发展。下文将探寻解放和发展生产力、深化农村改革的途径。

1. 培养与新农村建设相适应的理念

农村经济发展不仅是与黄土、牲畜打交道，它也是产业体系和经济结构中的基础、重要环节，农民只是从事这一工种而已。农村社会环境展现的物质匮乏和脏、乱、差现象，是市场发育不健全、经济社会发展不均衡的表现。农村劳动力不是素质低下、只追求温饱，而是淳朴善良且追求精神文化生活的。由于农村经济、社会处于发展初级阶段，因此，其改善需要时间。所以，国家应该从思想教育、宣传上培养农村劳动力的自信心，发挥其主人翁精神，积极投入新农村建设。

2. 搭建促进农村改革的制度平台

制度平台是农村改革的前提和保障。一是国家政策、发展战略、规划要支持农村发展，相关法律、法规要保障农村发展成果；二是我国要加大财政支出中的农村投入力度，尽量减少投入过程的行政耗散，通过财政转移支付实现二次分配，缩小城乡差距；三是我国应优化中央财政和地方财政间的比例，既要保证国家层面的农村改革整体规划的实现，又要保证地方政府能因地制宜地发展本区域农村经济；四是政府应出台相关金融支农政策，搞好农村信贷，引导和鼓励金融行业支持农村改革。

3. 构建多层次、多种类的农村教育体系

抓好教育才能提升农村劳动力素质，从而提高农业劳动效率，促进农村发展的科学化。一是在义务教育的基础上，办好农村幼儿园以及职业教育、成人教育；二是提供农业种植技术、畜牧业饲养技术、农业经济组织管理及运营能力、从事非农行业技术等教育机会；三是增强群众的法制教育，促进农村社会的安定；四是加强基层干部的能力教育，为农民、农村发展提供更好的服务。

4. 创新农村集体经济、社会管理方式

现阶段，农村主要采用集体所有制，还保留着计划经济时代的农村社会管理理念和方式。农村财产的表决权、收益权、表决方式、收益分配方式的集体性质几乎只是形式，集体财产的剩余索取权模糊化；腐败问题滋生，大部分利益被基层管理者获得；农民参与农村发展的积极性降低，大量农民离乡打工。因此，我国在农村需要坚决实施"民主"基础上的管理方式，调动各方积极性，共同商议，共同决策，同谋农村发展。

三 发展农业生产，提高农民收入

（一）中国农民现状

1. 经济状况

收入水平不高是农民的基本经济状况，主要表现为收入低、负担重、城乡收入差距拉大。2010 年，中国农村居民人均总收入 8119.51 元，包括工资性收入、家庭经营收入、财产性及转移性收入，其中，家庭经营收入 4937.48 元，人均总支出 6991.79 元，主要是家庭经营性费用和消费支出，农民可储蓄部分较少。恩格尔系数农村高于城镇，农村用于食品性消费比重较大，生活水平较低。从政府财政和社会投入来看，农村转移性收入很低，仅为人均 548.74 元，而城镇水平为人均

5091.9元。同时,农村居民纯收入远低于城镇居民可支配收入,且增长速度也不及城镇居民。如图13-2所示。①

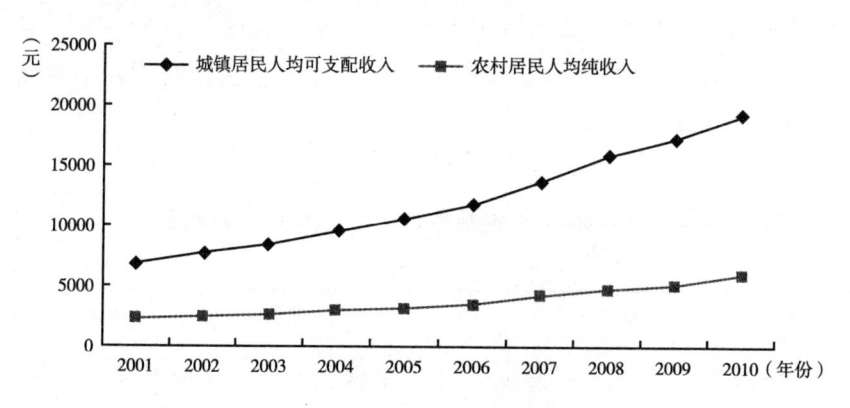

图 13-2   2001~2010 年中国城乡居民收入情况

2. 生存环境

城市近郊农民一方面享受城镇化带来的丰富物质、精神文化成果,另一方面承受环境恶化、耕地减少、"伪市民"的后果。偏远地区、山区的农民,能够享受良好生态环境,但商品匮乏、交通不便、医疗卫生条件较差。

3. 社会地位

农村本身的特点决定了农民在基本生存资料得到满足后,发展资料相对缺乏。长期以来,农民处于社会底层,大多从事体力劳动。由于他们在很大程度上从事自给自足或半自给自足的农业生产,人群集聚程度低,信息相对封闭,对社会公平的反应比较分散,因此,农民总是成为被社会福利政策忽略的群体。

(二)农业生产状况

现阶段,农业生产存在以下问题。

一是种粮积极性不高。农业生产附加值低,要素市场价格上涨,虽

---

① 中国国家统计局网站:《中国统计年鉴(2011 年)》,http://www.stats.gov.cn/tjsj/ndsj/2011/indexch.htm。

然有各项惠农补贴,但农业生产回报率差,尤其是谷物回报率相对较低,如表13-3所示①。此外,大量农民外出打工,乡村就业人员中第一产业人员所占比重,由改革初期的92.4%降到现在的67.4%,且最近10年逐年递减。2011年,全国农民工达2.5亿人,其中外出农民工达1.59亿人。

表13-3　2010年种植业部分产品每亩成本利润率

单位:%

名称	谷物	大豆	油料	花生	棉花	甘蔗	甜菜	桑蚕茧	苹果
成本利润率	33.77	35.98	39.25	63.11	74.33	56.86	41.08	44.56	130.71

二是农业耕种效率低。长期以来,中国采取农业粗放式生产,种植面积大,虽说产量高,但单位面积的农作物产量不容乐观。2009年,中国谷物、子棉、花生、油菜子、茶叶、水果的产量都居世界首位,谷物单产量却低于美国、法国、德国、巴西等国,油菜子、茶叶、水果的单产量甚至未达世界平均水平。

三是农业科技转化、推广难。2010年,中国国有农场1807个,耕地面积5989.3千公顷,仅占总耕地面积的4.9%,可见,中国农业生产仍以小农为主。小农经济难以规模化经营,生产差异化大,农业技术贡献率、农业技术推广、高新农业技术产业化水平都较低,农业科技转化为现实农业生产力的能力薄弱。

四是信息闭塞。农业生产跟不上市场变化,农民常常不知该种什么。近年来,蔬菜滞销现象频现。经济学看来,是瞬时需求函数和滞后供给函数所造成,即农产品市场的"蛛网理论"。蔬菜、牲畜、粮食等生产周期较长的商品,进入市场前,生产者对价格和需求一无所知,只能按上期价格确定本期产量。农产品供给是对价格变化的滞后反映,但

---

① 国家统计局农村社会经济调查司:《中国农村统计年鉴(2011年)》,中国统计出版社,2011。

市场需求对价格变化却是瞬时的，且农产品的需求缺乏弹性。所以，本期农产品产量决定本期价格，然后本期价格决定下一期农产品产量，下一期的农产品产量决定下期农产品价格，周而复始。例如，若上年种菜收益较高，今年农户都种菜，结果蔬菜产量大幅增加使价格下降，价格下降导致农户亏损；农户今年种菜亏损，可能来年就会减少蔬菜种植，结果来年蔬菜产量减少，菜价上涨。如此循环，蔬菜市场难达均衡状态。要避免"蔬菜滞销—减少种植—价格上涨—增加种植—蔬菜滞销"的恶性循环，我国应建设农业信息网络，并尝试远期合约、农村行业组织等方式，同时，政府应努力实现宏观调控措施的预见性和前瞻性。

因此，我国发展农业生产，一是需要调整农业产业结构，提高粮食种植生产效率，扩大经济作物的种植面积，提升农民种植积极性；二是需要实现农业集约生产，改变靠大量耕地和化肥投入获得高产的粗放式种植方式，而是以提高单位面积产量为目标；三是需要推动农业科技转化，提高农业生产效率；四是需要搭建农业信息网络，保持农业生产、农产品流通各环节的畅通。

（三）提高农民收入是改善农民、农村状况的基本途径

农村发展就是解决"三农"问题。"三农"问题的核心是农民问题，根本途径是增加农民收入，缩小城乡、区域间的收入差距，调整农村产业和就业结构。同时，提高农民收入是经济持续发展的动力，是全面实现小康的重要环节。

1. 完善教育体系，增加农民的人力资本存量

政府应通过基础教育、职业培训、成人教育等方式，提高农民的科学文化水平，培养农民的生产技能。一方面，我国要普及基础教育，减少文盲；另一方面，我国在农村要加强技能培训，使农民掌握农业种植技术、养殖技术、农业机械操作技术以及从事非农行业的技能。

2. 增加公共服务和设施，减少农民负担

减少农民支出，就是增加农民储蓄，即增加纯收入。政府应完善农

村医疗、养老等社会保险；改善农村生态环境、生活环境；加强农村基础设施建设，提供便利服务；优化农村消费品市场，尽量降低农民的生活成本。

3. 加大农业投入、补贴的力度

政府制定和实施农业发展新政策、战略、规划，仍需提供更多惠农政策、财政支农资金，引导和鼓励各种社会力量参与农业发展和农村建设。政府应鼓励活跃农村金融市场，为农民探寻各种发展模式提供资金支持。至于农业补贴的发放，一要对农民生产决策产生影响，二要保证发放过程的公平、公正，三要减少行政性耗损。

4. 鼓励农民创新，探寻农业耕作新模式

一是调整种植结构，尽可能多种经济作物，增加单位土地面积的利润率；二是尝试新农业模式，如集合种植业、畜牧业、渔业，发展生态农业、立体农业，实现农业生产体系化，充分利用各个环节的产出和废弃物，力求最大化整体收益；三是发展特色农业，形成产品优势，抢占市场。

5. 在小城镇兴建企业，调整农民就业结构

政府要引导社会力量到小城镇创办企业，鼓励外出农民回乡创业。例如，推动劳动力从农业流向工业和服务业；实现农副产品深加工，提高农业生产附加值；发展劳动密集型企业，增加非农收入；实现就近就业，兼顾打工、照顾家里和农业生产。

四 建立造血性和移民搬迁式扶贫机制，消除农村贫困

20世纪80年代以来，中国开始有组织、有计划、大规模地开展农村扶贫开发，制定实施了《国家"八七"扶贫攻坚计划（1994~2000年）》、《中国农村扶贫开发纲要（2001~2010年）》、《中国农村扶贫开发纲要（2011~2020年）》等扶贫规划，并在全国大范围实施。

（一）中国农村扶贫工作概述

1. 扶贫对象

《中国农村扶贫开发纲要（2011～2020年）》规定"在扶贫标准以下具备劳动能力的农村人口为扶贫工作主要对象"。2010年，全国农村扶贫标准为1274元人民币。以此标准衡量的农村贫困人口数量，2010年底达2688万人，约占农村人口的2.8%。

2. 扶贫内容

农村扶贫包括了农村生产、生活的方方面面，即基本农田和农田水利、特色优势产业、饮水安全、生产生活用电、交通、农村危房改造、教育、医疗卫生、公共文化、社会保障、人口和计划生育、林业、生态等方面。

3. 扶贫成果

前一阶段我国的扶贫工作保证了扶贫对象的基本生存。具体来说，"中国农村居民的生存和温饱问题得到基本解决，贫困人口的生产生活条件明显改善，贫困地区基础设施不断完善，社会发展水平进一步提升，生态恶化趋势得到初步遏制"[①]。同时，扶贫工作也促进了国民经济发展，如在全国扶贫工作重点县中，第一产业增加值从2000年的2084亿元，上升到2010年的5936亿元。

4. 未来10年的扶贫目标

下一阶段，我国的扶贫目标就是缩小城乡、区域差距。具体来说，就是"到2020年，稳定实现扶贫对象不愁吃、不愁穿，保障其义务教育、基本医疗和住房。贫困地区农民人均纯收入增长幅度高于全国平均水平，基本公共服务主要领域指标接近全国平均水平，扭转发展差距扩大趋势"[②]。

5. 扶贫措施

一是专项扶贫。我国将在自愿原则下，对生存条件恶劣地区的农

---

① 国务院新闻办公室：《中国农村扶贫开发的新进展》，2011。
② 中共中央、国务院：《中国农村扶贫开发纲要（2011～2020）》，2012。

民实现异地搬迁，实行自下而上的整村推进，以工代赈；培植建立在生态环境、自然资源基础上的产业，如旅游；促进扶贫对象的就业；针对特殊问题采取"先试点、后推广"方式；重点扶持革命老区。二是行业扶贫。政府将结合实情，发展特色产业；科技扶贫，推广良种良法；完善农村基础设施建设；推动农村教育文化事业发展；改善公共卫生条件，做好人口服务管理；完善农村养老等社会保障制度；重视能源开发和生态环境建设。三是社会扶贫。政府将定点扶贫，发挥帮扶示范效应；实现东西部扶贫协作；发挥当地部队扶贫作用；动员社会力量积极参与。四是国际合作。我国将借鉴国际经验，共同促进扶贫事业发展。

6. 政策保障

一是具有完善的扶贫政策体系，包括战略、总体规划、产业政策等；二是中央及地方财政的大力支持和投入；三是加大对扶贫地区的投资倾斜度；四是创新扶贫金融服务，保证扶贫对象的资金需求；五是土地政策、人才政策。

7. 实施保证

一是强化扶贫开发责任；二是加强建设基层组织；三是加强扶贫队伍建设；四是加强扶贫资金使用管理；五是加强扶贫研究和宣传；六是加强扶贫统计和贫困监测；七是加强扶贫法制建设。

（二）"造血性扶贫"

农村扶贫初期较多采取"输血式扶贫"方式，"授人以鱼"、"扶贫不扶志"，大量投入生产资料、基本生活资料，却忽视劳动者人力资本素质的提高。"输血式扶贫"具有救济性质，政府发放钱、物，能解决当时的温饱，却难根除贫困之源；贫困人口普遍被动接受"输血"帮助，极易滋生依赖、懒惰心理，甚至影响其从事农业生产、主动改善生活条件的积极性。最终，财政负担巨大，农民贫困状况改善甚微。

"授人以鱼，不如授人以渔"，只有提高农民的自我发展能力，才能促其真正脱贫。政府应采取"造血性扶贫"方式，不仅要改善农民的生产、生活条件，提高其福利水平，更重要的是要以增强农民生产、生活能力为目的。政府可采取开发项目、技术培训、对口合作等措施，培养和激发农民的创造力和积极性，实现农民的自我发展、农村的持续发展。

中国面积大，经济发展存在区域差异、文化差异、民族差异，扶贫工作十分复杂。所以，我们也不能一概而论，只采取"造血式扶贫"方式。事实上，边远山区、民族文化路径依赖较强的绝对贫困地区，受发展水平和需求层次制约，现阶段政府仍采取"输血式扶贫"较好，然后再慢慢过渡到"造血式扶贫"。那些发展潜力较大、民族认同感不太强的相对贫困地区，适合推行"造血式扶贫"方式。

为配合"造血式扶贫"工作的开展，政府应采取以下措施。一是要有政策支持，鼓励农民自我发展，探索新模式，出台土地、金融（利率、金融衍生工具等）、财政（税收、转移支付等）等方面的惠农政策；二是创造教育、科研环境，提高农民整体素质，促进科学技术向现实生产力的转化；三是规范要素市场、产品市场，保证农村经济的良性发展；四是完善社会保障体系，将农民的关注点从"生存"转移到"发展"上。

（三）移民搬迁扶贫

移民搬迁指政府鼓励农民迁移到条件好、有更大发展空间的区域。它包括两种情况：一是以扶贫为目的，针对山区生存条件恶劣、交通不便、农业生产难的状况，多表现为自愿搬迁；二是以赔偿为目的，针对国家建设影响了生态环境和居住条件（如水库建设）的状况，多表现为非自愿搬迁。

移民搬迁扶贫存在经济效益、社会效益、生态效益。一是经济效益。移民搬迁前，多住在山区，自然条件制约、粗放式耕作，农作物收效甚微。移民搬迁到丘陵、平原后，集约化耕作，能提高农业生产效率。2010年，平原、丘陵、山区第一产业增加值分别是14897亿元、10350亿元、8995亿元。同时，农民获得更多的非农就业机会，能增加个人收入。二是社会效益。移民搬迁前，用水难、用电难、上学难、就医难，交通等基础设施落后，信息闭塞，基本物质需求都难以保证，更难进行经济文化交流。移民搬迁后，生产与生活条件得到改善，物质需求得到极大满足，经济文化生活明显提高，生活福利水平显著增加。三是生态效益。移民搬迁前，生活方式是传统的刀耕火种、砍柴取暖做饭，生态破坏随着人口增加而加大。而移民搬迁有利于山区生态恢复。

但是，移民搬迁扶贫在实践中也表现出不少问题。例如，农民对原有土地的依赖以及文化习俗，导致他们不愿搬迁；迁入地的融入问题；迁入地的土地再分配问题；缺少技能、人力资本价值低，移民搬迁后的收入能否持续增长问题；等等。因此，移民搬迁扶贫应在自愿原则下，对生存条件恶劣地区的扶贫对象实行异地搬迁，以改善农民群众的生产与生活环境。政府应积极宣传移民搬迁扶贫政策，尊重旧有习俗、民族习惯；充分考虑迁入地的文化背景、资源条件，实现"因地制宜，有序搬迁"；尝试创新迁入地土地使用机制；重视培育和发展后续产业，实现搬迁后的持续、稳定发展；加强教育培训工作，促进在迁入地就业。政府可结合小城镇发展，建设中心镇，实现扶贫工作和县域经济发展"双赢"目标。

参考文献

[1] 中国共产党第十七届中央委员会第三次全体会议：《中共中央关于推进农村改革发展若干重大问题的决定》，2000年10月12日。

[2] 丁湘城：《社会资本与农村发展：一个理论综述》，《农村经济》2009年第1期。

[3] 毕红静：《比较视域下中国农村发展问题研究——基于战略、路径及农民参与的思考》，《生产力研究》2011年第10期。

[4] 郑新立：《关于建设社会主义新农村的几个问题》，《农业经济问题》2006年第1期。

［5］邱爽、周明友：《欠发达地区建设新农村的模式选择与借鉴》，《农业经济问题》2007 年第 4 期。

［6］张晓山：《中国城乡经济社会一体化新格局中的农业、农村发展问题刍议》，《经济经纬》2010 年第 4 期。

［7］林毅夫：《"三农"问题与我国农村的未来发展》，《农业经济问题》2003 年第 1 期。

［8］于永维：《全面深化对农民收入问题的认识》，《农村工作通讯》2003 年第 9 期。

［9］谭贤楚：《"输血"与"造血"的协同》，《甘肃社会科学》2011 年第 3 期。

（黄 懿）

第十四章　建立上下联动、多方配合的农村社会应急管理体系

农村社会突发事件是一系列严重危害农村社会安全、政治稳定和经济可持续发展的社会政治经济现象,是农村社会在长期经济发展过程中,随着市场化程度的提高,政府公共生产严重滞后,公共产品供给不足,无法满足人们对公共产品日益增长的多样化需求的矛盾运动结果。[1]

社会管理创新要求最大限度增加和谐因素、最大限度减少不和谐因素,以解决影响社会和谐稳定的突出问题为突破口,提高社会管理科学化水平,完善"党委领导、政府负责、社会协同、公众参与"的社会管理格局。完善农村社会管理,维护农村社会稳定,关系到国家的长治久安与和谐稳定。农村应急管理作为农村社会管理的一部分,有利于防范和规避农村社会风险和社会矛盾,及时、有效地应对各种农村突发公共事件,从而维护农村社会安全和秩序,维护农民利益。因此,我国要充分认识健全农村应急管理体系的重要性,按照健全"党委领导、政府负责、社会协同、公众参与"的社会管理格局的要求,加强农村应急管理体制、机制和能力的建设。

---

[1] 李燕凌、周长青、胡扬:《农村社会突发事件预警与责任机制建设研究》,《湖南农业大学学报》2005年第2期。

第十四章 建立上下联动、多方配合的农村社会应急管理体系

一 强化农村应急管理体制建设

目前，我国农村的突发公共事件应急体系建设相对薄弱，在应急管理体制方面具体表现为机构不健全、行政级别偏低、编制不明确、职责不清晰、人员不到位等问题，不能适应经济社会高速发展对农村应急管理工作提出的新要求和新挑战。具有完备的组织体系是高效开展突发事件应急管理的前提条件，建立健全农村应急管理体制的内容丰富，包括县乡政府应急管理领导机构、工作机构、办事机构的建设，县级政府应急管理办公室（总值班室）专职工作人员和乡镇政府应急管理专兼职人员的配备，基层应急管理工作的资金支持，等等。强化农村应急管理体制建设，要坚持分类管理、分级负责、条块结合、属地为主的原则，建立健全规范高效、运行有序的应急管理组织体系，维护农村社会稳定大局。

我国应逐步建立县、乡、村三级应对突发公共事件的应急管理办事机构，落实人员编制、明确工作职责、建立工作机制，充分履行应急值守、信息汇总、综合协调和督促检查职责，发挥运转枢纽作用。各级人民政府的机构设置中，应设立应对社会应急事件处理的常设机构，地方政府对本行政区域内的突发公共事件应急管理工作负总责，实行党委领导下的行政领导责任制。安监、公安、消防、民政、建设、交通、电力、质检、教育、文化等相关部门是本部门应急管理的工作主体，其主要负责人是应急管理工作的第一责任人，各部门应当在各自的职责范围内增强对农村的应急管理和相关服务的力度，认真履行农村社会应急管理的归口管理和服务职责，共同推动农村公共安全与经济社会和谐发展。

政府应注重发挥村级党组织、村民委员会在农村应急管理中的作用。村党支部和村民委员会是同农民最为接近的组织，他们熟悉农村情况，能第一时间赶到突发公共事件发生的现场，并进行有效应对。同时，当前我国的村级阵地职能齐全，除村委会班子外，还有驻村干部、民警室、司法调解室、村级卫生室等，因此，政府可以充分整合资源，在村委会设立专职应急管理办公室，由驻村干部负责应急管理日常工

作,并通过制定相应的《应急管理工作职责》等制度,规范村级应急值守人员、信息报告员、应急救援队员的工作要求、工作内容和工作程序,加强基层的应急管理力量。除了加强村党支部的领导作用,上级党委还可以创建不同行业的产业党小组,充分发挥党员的模范带头作用。政府还应加强依托各种群众组织、农民专业合作组织、协会等,培育更多的农村管理和服务主体,充分发挥其在农村公共事务管理中的作用。

二 农村公共突发事件防范机制建设

突发事件往往因其突发性,而使人们措手不及、应对不力。因而加强对各种突发事件发生的预警和防范,以排除导致事件发生的可能性,甚至将各种潜在的危机和风险化解在萌芽状态就成为应急管理的首要任务。①

(一) 加强农村对突发事件的监测预警建设,有效防范风险

一是建立高效、准确的农村社会突发事件预警系统。我们要保证基层政府能够及时掌握所有可能导致突发性事件的相关信息。政府可引进先进科技手段运用于监测,提高监测水平,并通过对监测信息的研判,对可能发生的突发性事件进行相应的预测。

二是建立农村突发事件预警信息收集系统。村委会是农村村民自治组织,直接处理村民事务,是收集和传递预警信息的重要环节。农民是农村社会突发事件的最大受害者,也是防范突发事件最重要的力量,农民直接参与农村突发事件预警信息收集,会有效提高信息的传递效率。因此,政府要充分发挥村委会和农民在预警信息收集和传递中的作用,在村委会、农民中设专职或兼职信息报告员,村委会、村民向乡政府上报,使得农村突发事件预警信息能够及时、逐级传递给相应的突发事件

---

① 高妮妮:《建立健全应急管理体制,实现农村社会稳定》,《产业与科技论坛》2009年第8期。

综合管理机构，提高农村突发事件的预警和处理效率。

三是建立农村常态化风险排查制度。政府要对本行政区域内易发自然灾害、事故灾难、公共卫生和社会安全事件的危险源、危险区域进行排查和登记，建立风险隐患台账，并通过相关渠道及时向社会公布。政府要重点开展乡村水利工程、消防、道路等场所的安全隐患巡查，合理避让隐患区域。政府还要加强对中小学校、医院等农村公共建筑及旧危房的加固工作，注重农村传染病的防控，防止食物中毒，保障食品药品安全。

四是积极开展农村社会矛盾排查和化解工作。政府要开展农村社会安全事件定期排查，对农村土地征用及流转、房屋拆迁、城中村改造等容易引发矛盾纠纷的事件展开排查并及时化解处理，避免发生群体性事件。政府还应对本行政区域内有重大不良倾向和有犯罪前科等容易造成社会危害的特殊人群，实行动态管控，控制减缓农村社会安全事件发生的频率，增强群众安全感，维护农村社会安全稳定。

（二）建立完善农村社会稳定风险评估机制，从源头化解矛盾

预警管理的一项重要工作就是要对各种潜在危机风险随时进行评估。"对各种风险模型的可靠性进行研究，并根据各种风险可能造成的损失范围、大小等因素综合分析。依据突发公共事件可能造成的危害程度、紧急程度和发展态势，作好风险信息发布工作，以便作好启动相关级别的紧急预案准备。"[①] 社会稳定风险评估就是将社会稳定作为风险管理的对象，以科学的方法和手段对某项决策的实施将给社会稳定带来的影响进行评估，通过评估确定风险概率的大小，为党委、政府决策提供重要参考和依据，从而在源头上最大限度地预防和减少因决策不当引发的矛盾纠纷。

我国应建立和完善农村社会稳定风险评估机制，对与人民群众切身利益密切相关、牵涉面广、影响深远、易引发矛盾纠纷或有可能影响社

---

① 陈志杰：《论农村社会应急事件的预警管理》，《经济与管理》2011年第9期。

会稳定的重大事项，如涉及土地征用、房屋拆迁、环境保护、社会保障等重大决策事项实施前，都应该开展社会稳定风险评估，广泛听取群众意见，防止因决策不当而引发社会问题。

一是建立健全农村社会稳定风险评估体制，由各级党委和政府负责辖区内社会稳定风险评估工作。我国应按照"属地管理、分级负责"的原则，将农村社会稳定风险评估工作落实到相关部门和单位。每项重大事项决策的提出、政策的起草、项目的报批、改革的牵头、工作的实施等，都要由相关部门负责组织社会稳定风险评估，其他相关部门协助办理。我国应全面落实重大决策和重大项目社会稳定风险评估机制，通过评估、听证会、票决制等方式，提升党委政府行政决策的科学性和合理性。

二是科学把握农村社会稳定风险评估内容。社会稳定风险评估内容主要包括五个方面，具体到农村社会，主要包括以下内容。合法性评估，即该项重大决策所涉及内容是否符合现行法律、法规、规章，是否符合党和国家的方针政策；合理性评估，即该项重大决策是否符合经济社会的发展规律，是否兼顾多方群众的根本利益，基层群众的支持力度如何等；可行性评估，即该项决策或者项目是否经过科学严谨的论证与研究，所需的人力、财力、物力是否在可承受的范围内；安全性评估，评估政策或项目在实施过程中是否有可能引发较大影响社会治安和社会稳定的事件，并通过一系列程序对可能引发的社会风险进行等级判断；可控性评估，对可能出现的社会风险是否存在相应的应急预案和处置措施，能否将风险控制在预测范围内。

三是严格遵守风险评估制度。只有严格按照风险评估的程序逐步进行，才能保证评估报告的科学性与可行性。首先，牵头部门制订评估方案，明确具体要求和工作目标；组织调查论证，结合拟决策事项实际，采取听证会、座谈会、问卷调查和公示等形式广泛收集意见，科学论证。其次，在充分论证的基础上，主管部门就风险的分析、评估结论、应对措施等内容编制风险评估报告。再次，主管部门根据评估情况，对该评估事项提出实施、部分实施、调整实施、暂缓实施、不实施等意见。最后,主管部门进行跟踪监督,对重大事项的实施进行全程跟踪了解,及时掌握动态信息,确保各项工作措施落实到位。

(三)完善农村信访制度,切实维护农民利益

任何社会都存在冲突,都需要正常的冲突修正制度,信访是传达、化解社会冲突的重要渠道,完善信访体制机制,可以充分发挥信访缓和化解社会冲突的功能。随着改革开放的深化和经济社会的发展,利益关系变得更加错综复杂,农村社会的矛盾也呈现出时代特点,新矛盾不断出现。探索农村信访工作的有效途径,对促进农村社会和谐发展和保持农村社会稳定有极为重要的意义。

一要拓宽农村群众的诉求反映渠道。我国应利用现代通信技术的便利,加强基层信访网络建设,搭建基层民意表达网络平台,将信访网络延伸到农村村组。政府可充分利用邮箱、网上受理、电话受理、律师代理、定点接待、干部约访、干部巡访等多种方式,了解群众想法,接受群众监督。对于农村群众反映的问题,政府要根据实际情况及时处理并进行跟踪督办,切实解决农民反响强烈的热点、难点民生问题。

二要规范基层群众信访行为。近年来,农民的维权意识逐步增强,但由于农民法治意识相对淡薄,也产生了一些不合理的上访行为。因此,基层政府要加强引导,教育农民群众通过理性合法的方式反映自己的利益诉求,同时,继续加强国务院《信访条例》及相关政策、法律、法规的宣传和学习,教育农民依法有序上访。当然,对待部分群众的无理缠访和违法上访,基层政府要坚持原则,及时予以打击,以维护农村社会秩序的稳定。

三要提高信访干部队伍的业务能力。"做好新时期的农村信访工作,需要培养和建设一支政治素质好、政策水平高、廉洁奉公、务实高效、有强烈事业心和责任感的信访干部队伍。"[1] 因此,政府要加强农

---

[1] 黄汝娟:《社会管理创新与农村征地型群体事件的长效治理》,《长白学刊》2011 年第 5 期。

村信访干部的业务培训，提高他们处理信访问题的能力。同时，政府还应加强对信访工作的考核，提高信访干部为农民群众解决实际困难与问题的积极性，将大量的冲突化解在基层。

（四）加大应急管理科普宣教工作力度，增强农民应急意识

农民具有应急意识是农村突发公共事件预警和防控的基础，但由于自身素质的限制，大部分农民往往缺乏相关的应急意识，对能够引起公共突发事件的征兆和存在的隐患，缺乏相应的敏感性，相对容易导致一些应急事件的发生。因此，农村各级政府和相关组织要加大农村应急管理科普宣教工作力度，强化农民的危机意识、安全意识和社会责任意识，增强农民的自我管理、自我服务、自我教育能力，进一步提高农民的防灾避险意识和自救互救能力。

一是利用有限条件，多元化开展应急知识在农村的普及与宣传。农村各级政府要利用村广播室滚动播放、发放《公众应急指南》，刷写宣传标语，开设应急常识宣传栏、远程教育和文化、卫生、科技"三下乡"等活动方式，利用村民空闲时间组织大家开展自然灾害、森林火灾、重大动物疫情、社会安全事件等各类突发公共事件的预案演练和预防，增加避险、自救、互救、减灾技能培训，提高村民的应急防范与自救、互救能力。农村政府应将应急管理常识作为农村学校、幼儿园的教学内容，提高农村青少年儿童的安全意识和遇险自救能力。同时，上级领导部门还应加强对基层政府应急管理负责人和工作人员的应急知识与能力培训，不断提高其先期处置能力。

二是以群众喜闻乐见的形式积极开展应急演练活动。基层政府可以根据各村实际情况，针对各村历史上常发生的公共安全事件，与群众生活紧密相连的防火、防电等生活小常识以及急救知识开展演练活动，改善农民应对公共突发事件的心理素质，使农民有一定的心理准备，遇到社会应急事件时能够沉着应对，从而最大限度地减少在农村突发公共事件中人力、财力和物力的损失。

三是注重普及应对突发公共事件中相关的法律知识。在应对突发公

共事件的过程中,遇到紧急情况时,政府可能会对群众的合法财产进行行政征用,事后进行合理补偿。因此,政府要让农民充分了解自己在社会应急事件中的权利和义务,教育他们为了整体利益,具有暂时牺牲个人或局部利益的思想准备,提高他们的大局意识与参与应急事件的自觉性。

三 农村公共突发事件应对机制建设

(一) 努力提高农村应对突发事件的效率

事中处置是应对突发事件机制的核心,其主要任务是明确突发公共事件发生时基层组织能否快速响应和处置,最大限度地减少损失。受经济社会发展水平和农民群众素质等方面的影响,农村对于突发公共事件的应对和处置能力更弱,对突发公共事件的承受能力更差。因此,提高农村对突发公共事件的应对和处置效率,是农村突发公共事件应对机制建设中的关键环节。

一是完善基层信息报送制度。发现突发事件的个人或单位,应迅速将情况向本级应急领导小组报告,本级应急领导小组在接到紧急情况报送后,一方面要对事件进行基本判断,然后及时启动应急预案,派工作人员及时介入;另一方面要快速组织专人核实,将事件发生的时间、地点、信息来源、事件性质、影响范围、发展态势和初步采取的措施在第一时间向上级党组织和事件管理机构报告,并随时将事件发生态势续报相关部门。

二是提高突发事件的事中处置效率。首先,事发当地政府在突发公共事件发生后,要立即作出响应,依据职责和权限启动本级应急预案,及时采取措施控制事态发展,并组织相关救援队伍开展应急救援,控制突发事件的发展事态。其次,上级组织和相关部门在接到信息报送后,要按照应急预案、应急指导手册和应急预警体系的要求,第一时间内成立应急指挥部,全面部署救援工作,并组织专业救援队伍快速介入救援、排险、转移和安置工作。基层党组织和部门在上级领导和专业救援队伍的指导下,应做好应急救援对接工作,确保应急救援的有序开展。

(二)规范突发事件信息发布与舆论引导

"突发公共事件中,媒体作为信息的传播者,以其自身接触面广,信息来源渠道多,接受信息迅速高效,辐射渗透能力强等特点,在现代社会生活中发挥着巨大的引导和疏通作用。因此如何正确报道突发公共事件,充分发挥大众媒介作为社会信息枢纽的作用,及时有效地传递信息、沟通情况,成为各国政府关注的重点。"[1] 由于农民思想判断能力参差不齐,从众心理比较普遍,容易受别有用心的人唆使,因此,相关部门要及时向公众公布突发事件发生的原因、处理措施和事态进展情况等信息,让基层群众及时了解情况,防止出现突发公共事件后的次生公共事件。

一是建立和完善突发事件新闻发布制度。发生突发事件后,如果相关责任部门没有在第一时间公开事实真相,可能经舆论炒作后会使突发事件升级恶化,变得越来越难控制。即使事后发布事实,也会使群众对其可信度表示怀疑。因此,各级政府要建立和完善农村突发事件新闻发布制度,充分发挥电视、广播、网络媒体、手机短信、即时聊天工具、博客、BBS 论坛等新型传播形式的作用,及时向农民发布信息,确保信息报道渠道的畅通。突发事件一旦发生,相关部门应力争第一时间争取新闻舆论的主动权,发布准确、权威的信息,稳定公众情绪,为突发事件的处置营造良好的舆论环境。同时,各基层政府也要及时与上级政府进行信息沟通,实现信息资源共享。

二是建立突发事件报道协调机制。目前,我国正处在社会转型期和矛盾凸显期,突发公共事件的发生具有复杂性和综合性等特点,因此,对突发公共事件的信息发布也需要建立协调机制,充分考虑不同利益相

---

[1] 秦伟:《及时主动发布突发公共事件信息正确引导舆论》,《中国集体经济》2009 年第 1 期。

关者的利益，加强舆论的正面引导作用。突发事件发生后，相关责任部门应该深入调研与沟通，全面了解事件相关人员的反应和要求，通过对新闻信息的研判，作出适当的反应，为不同群体的利益平衡寻求公共支点。同时，政府要加大主流媒体对舆论的引导作用，消除不良影响，安定民心，促进农村社会稳定。

（三）完善灾后重建恢复

一是加强灾后恢复安置能力。首先，基层政府和部门要准确掌握灾情信息，核实各方面损失情况，并核定上报灾情；其次，基层组织和有关部门要积极配合灾民安置与救济物资、钱款的接收和发放工作，妥善处理有关农民经济损失，保障民众的基本生活，并且积极配合有关部门，组织村民对事发现场进行善后处理，恢复基本生活环境；再次，基层政府和部门要协助相关保险部门对基层群众的损失进行赔付，最大程度避免和减少灾民的财产损失。

二是注重灾民心理干预。"心理干预是指对处在心理危机状态下的个人采取明确有效措施，使之最终战胜危机，重新适应生活。很多研究和实例证明，在发生灾难性突发事件时，心理干预可起到缓解痛苦、调节情绪、塑造社会认知、调整社会关系、整合人际系统、鼓舞士气、引导正确态度、矫正社会行为等作用。"[1] 农村突发事件的发生，不仅会给当地农民带来经济损失，而且还会对其心理产生一定的负面影响。因此，心理干预也是突发事件恢复机制的重要内容。首先，在突发事件发生后，政府应在当地设立心理咨询站，配备一批心理专业医生和专家，对有需要的农民提供相应的心理咨询和服务，充分发挥心理干预的正面引导作用；其次，政府可组织下乡慰问演出，丰富农民群众的恢复重建生活，帮助受灾群众树立恢复生产和生活的信心，尽快实现农村社会生活的正常化。

三是建立恢复重建监督机制。首先要建立恢复重建物资、资金监管

---

[1] 朱华桂、洪巍：《论突发事件灾后重建能力建设》，《南京社会科学》2008年第9期。

机制。政府要加强对救灾物资和钱款的监管，这对帮助灾民尽快恢复生产、生活秩序至关重要。因此，政府要严格按照财政专项资金管理使用办法的规定，对救灾物资和资金进行合理的筹集、分配、拨付、发放、使用，保证救灾款物真正用于突发事件事后恢复重建。其次要建立定期通报制度。政府应定期公开救灾款物的来源、数量和去向，接受社会各界和新闻媒体的监督。最后要加强对救灾物资和钱款使用情况的纪律检查。相关纪检监察机关要加强对救灾资金与物资使用情况的监督检查，发现贪污、冒领、截留和挪用等违法行为，要依法严格处理，为灾后恢复重建提供应有的法制环境。

四 农村应急综合保障能力建设

（一）加强预案的编制、修订与演练工作

完善的应急预案能有效提高突发事件的处置速度与效率，因此，在农村要按照"纵向到底、横向到边"的预案体系建设总要求，根据国家民政部编制的乡镇、村（居）《救助应急预案框架指南》，编制镇（区）、村（居）应急救援预案，保障在发生突发事件时，基层能迅速响应，最大限度地保证农民群众的生命和财物安全。

一要努力提高应急预案的科学性。当地政府应邀请专家紧密结合当地或部门的实际情况，掌握各类突发公共事件的发生及发展规律，总结处置类似突发事件的经验教训，与中央相关预案进行对接，对可能发生的情况提出针对性的处置方案，努力提高应急预案的可操作性。同时，当地政府要在实际工作中密切关注形势变化，根据具体情况不断修订和完善预案，最大限度地保证农村应急预案的科学性。

二要切实加大预案的演练力度。应急救援预案在突发事件处置中作用的发挥，应该建立在平时对预案的宣传和演练的基础上。只有组织者和农民都熟悉预案的内容，实际处置过程中才能有效地配合，否则，应急预案就不能发挥其应有的作用。应急预案演练一方面可以在实践中检

验其科学性与可操作性,另一方面也可以锻炼应急救援队伍的处置能力。因此,各级政府要加大各项预案的演练力度,在实践中,从实战出发,真正达到检验预案、检验队伍的目的,使预案的各个环节和程序深入人心并能有效地转化为技术能力。演练结束后,各相关部门要及时进行总结,对预案进行评估和完善,实现预案编制与预案演练的良性循环。

(二)建立政府主导、社会参与的农村应急救援队伍

应急救援队伍是防范和应对突发事件的重要力量,在公共突发事件预防、先期处置、善后处理和恢复重建等应急管理环节发挥着越来越重要的作用。加强基层的应急救援能力,就要努力建立政府主导、社会参与的基层应急救援队伍。

一是建立县、乡、村三级综合应急救援队伍。县政府可依托县公安消防力量,建立县级综合应急救援队伍,承担综合性应急救援任务,包括地震等自然灾害、建筑施工事故、道路交通事故、空难等生产安全事故,恐怖袭击、群众遇险等社会安全事件的抢险救援工作;乡镇可根据当地实际需要,兼顾财力、物力和人力情况,依托专兼职消防队员、民兵、预备役人员、社区工作者、基层警务人员、医务人员、保安等力量组建专兼职综合性应急救援队伍,在应急救援中配合专业救援队伍,组织群众开展自救与互救,参与抢险救灾与善后处置等工作;村(社区)结合实际情况,可依托基层警务人员、医务人员和退伍军人等组建村级应急救援队伍。此外,辖区学校、企业可组建由员工、物业管理员、保安等参加的兼职综合应急救援队伍,切实加强基层的应急救援队伍建设。

二是开展基层专业应急救援队伍建设。专业应急救援队伍是应对突发事件的重要力量,基层政府及相关部门要充分发挥专业应急救援队伍的专业、技术和人才优势,提高突发事件的处置效率。基层政府可结合当地突发事件的发生和发展规律,有针对性地开展基层专业应急队伍建设。

三是充分发挥社会力量。在应急救援队伍建设过程中,基层政府要

坚持专业化与社会化相结合，积极发挥志愿者、社会团体在应对突发事件中的作用，提高应急救援的社会参与度。基层政府可依托共青团和红十字会，规范各类志愿者的参与行为，提高应急队伍社会化程度。基层政府还可动员农民积极参与突发事件的处置与救援，鼓励其开展自救与互救。同时，基层政府还应充分发挥农村非政府组织在突发事件处置中的作用，加强农村非政府组织建设，使之在基层政府处理突发事件的过程中形成有效补充。

（三）提高农村应急物资保障能力

应急保障能力是保证应急工作顺利推进的重要环节。加快提高公共突发事件应急保障能力，能够最大限度地预防和减少突发事件带来的损害，能够最大限度地保障人民群众的生命和财产安全，能够最大限度地发挥救援物资的使用效能。"提高救灾物资储备应急保障能力建设，对于增强灾害快速反应能力，提高应急救助工作的整体水平，实现救灾工作目标，具有极其重要的作用。"① 因此，要提高农村应急物资保障能力，各级政府就要建立适度、完备、高效的应急物资保障体系作为支撑，最大限度地减少和降低各类灾害灾难造成的损失，保障人民群众的生命财产安全。

一要切实加强农村应急物资储备。首先，基层政府要根据当地应急业务需要，按照"平战结合、资源共享"的原则，为辖区所属的应急救援队伍配备抢险或救援器材、装备，保障应急队伍的救援装备储备。其次，基层政府和相关部门要根据本辖区自然灾害、公共卫生事件和生产安全事件发生、发展的规律，制订救灾物资储备目录和计划，做好救灾物资、生活必需品和医药品的储备管理工作，保障受灾群众的基本生活需要。同时，基层政府和相关部门还应该与生产、销售储备物资的相关企业签订合同，进行物资能力储备，以便在应急处置过程需要时，能够立即调运或组织生产相关物资。再次，基层政府和相关部门要积极鼓励

---

① 周长生：《加强应急物资储备建设，提高应急保障水平》，《中国减灾》2012年第1期。

社会储备和家庭储备。例如，鼓励所属企事业单位结合单位实际情况储备相应的应急物资；结合应急管理进社区、进乡村的活动，向社会公布居民家庭应急物资储备建议清单，引导农民群众进行家庭应急物资储备。

二要逐步完善农村应急物资管理。基层各级应急救援物资应按照"属地管理、分级负责"的原则进行储备、管理和调用。基层政府应加强应急储备物资的管理，建立高效的应急物资调度指挥平台，整合当地应急救援物资，健全应急物资储备、调用、运输和发放机制，提高应急处置过程中应急物资的运输、发放效率。基层政府还应建立各类应急储备物资数据库和监测系统，实行动态管理，根据应急物资的存储时间、质量和供求预测情况，对于过期、失效或报废的物资要及时补充更新，制订储备物资的更新计划，充分利用市场力量，实现储备物资的及时轮换和动态更新。

三要健全农村应急物资保障机制。首先要健全应急物资财政保障机制。基层政府和相关部门应将农村所需应急物资储备资金列入本部门预算，同级财政部门应予以保障。相关部门要加快对应急资金的拨付，并加强应急管理，同时尝试建立必要的农村突发事件物资储备专项基金，用于应对突发事件所需的应急物资和设备的购买、储备和更新。其次要加强农村应急储备物资的技术保障。基层政府应加强与专业研究机构的合作，开展农村应急物资储备管理的基础性、应用性研究，提高应急物资储备动态监测和管理等技术设备的科技含量，提升农村应急物资储备的管理水平。最后要完善应急储备物资的交通运输保障。基层交通管理部门应根据突发事件需要开设应急物资的"绿色通道"，保障基层应急储备物资的高效运输和调用。

参考文献

[1] 李燕凌、周长青、胡扬：《农村社会突发事件预警与责任机制建设研究》，《湖南农业大学学报》2005年第2期。

[2] 高妮妮：《建立健全应急管理体制，实现农村社会稳定》，《产业与科技论坛》

2009年第8期。

[3] 陈志杰:《论农村社会应急事件的预警管理》,《经济与管理》2011年第9期。

[4] 黄汝娟:《社会管理创新与农村征地型群体事件的长效治理》,《长白学刊》2011年第5期。

[5] 秦伟:《及时主动发布突发公共事件信息正确引导舆论》,《中国集体经济》2009年第1期。

[6] 朱华桂、洪巍:《论突发事件灾后重建能力建设》,《南京社会科学》2008年第9期。

[7] 周长生:《加强应急物资储备建设,提高应急保障水平》,《中国减灾》2012年第1期。

（智　敏）

第十五章 创新农村公共文化产品供给方式

农村公共文化产品是农村文化的重要组成部分。其有效供给,对于保障农民的基本文化权利,加快社会主义新农村和社会主义和谐社会建设等具有重大的理论和现实意义。新世纪以来,农村文化建设被提升到国家发展战略的高度。农村公共文化建设加快推进,农村公共文化服务体系框架基本建立,广大群众的文化需求得到进一步满足。但是,总体看,我国农村文化发展的质量和水平还不高,农村公共文化产品的供给与群众多方面、多层次、多样化的精神文化需求还存在很大差距。本章试图从分析当前农村公共文化供给中存在的问题和不足入手,探讨创新农村公共文化产品供给的方式,以期对推进当前农村文化建设有所裨益。

一 农村公共文化产品供给的内涵与意义

(一) 内涵与特征

所谓文化产品,是文化生产方式的成果和具体的表现形态,是文化的外在表现形式和载体。文化产品包括实物和服务两种形态,或被称为有形的和无形的文化产品。① 而所谓公共文化产品，是指不以商品的形式提供，而无偿提供给相关社会成员或群体使用的那部分文化产品。公共文化产品具有公共产品的性质，属于公共产品的范畴；是与私人文化产品相对的概念。

因此，农村公共文化产品就是无偿提供给农村社区居民的，以满足其精神文化需求的实物形态和服务形态的文化产品。② 农村公共文化产品供给就是指为农村社区居民提供公共文化产品的相关的行为及活动。

农村公共文化产品供给具有公益性、地域性、多样性、大众性等特征。公益性是指农村公共文化产品供给的出发点和落脚点是满足广大农村群众的公共文化需求，追求社会公共利益的最大化，是区别于一般市场经营性文化产业和文化服务的最基本的特征；地域性是指公共文化产品的地理特性和乡土特性，一方水土孕育一方文化；多样性是指公共文化产品在品种、层次、特色等方面的多样化；大众性是指主要消费群体是广大农民群众，与为少数所需求和接受的精英文化相对而言的文化产品。

（二）农村公共文化产品供给的意义

1. 加快农村公共文化建设是社会主义新农村建设的一个重要内容和目标要求

加快社会主义新农村建设是"十二五"时期的既定战略任务。生产发展、生活富裕、乡风文明、村容整洁、管理民主是建设社会主义新农村的总体要求。历史经验表明，只有加强农村文化建设，构建强大的先进文化的支撑，才能从根本上推动农村经济发展和社会进步。

2. 加快农村公共文化建设是满足农民群众日益增长的精神文化需求的客观需要

随着国家经济的发展，物质基础的提高，农民的精神需求也越来越强烈。只有加快农村公共文化建设，创造出更多丰富、健康向上的文化

---

① 陈庆德：《文化产品性质初探》，《经济学研究》2006 年第 1 期。
② 亓鏊：《新农村建设与公共文化产品供给》，《人民论坛》2011 年第 7 期。

产品，才能满足群众需要，形成文明向上的乡风，抵御腐朽没落文化的侵袭，为社会主义新农村建设提供持久的精神动力。

3. 加快农村公共文化建设是提高农民生活幸福指数的内在要求

根据幸福的内在含义——物质和精神的双重满足，加强农村公共文化产品的供给，有助于给农民提供一个交流的公共文化场所，加强他们的日常生活互动和信任感，提升农民生活幸福指数。[①]

4. 加快农村公共文化建设是推进服务型政府建设和文化体制改革的必由之路

建设农村公共文化服务体系，为农民群众提供更多更好的公共文化产品与文化服务，维护和保障农村的基本文化权利，是执政为民理念的重要体现，是完善政府公共服务职能，建设服务型政府的需要。公共文化服务体系特别是农村公共文化服务体系的构建，本身就是转变政府职能，改善公共管理的重要内容。

二 农村公共文化产品供给面临的主要问题及其成因分析

（一）面临的主要问题

1. 农村公共文化产品供给不足

一是公共文化设施数量不足。尽管近十年以来，各级政府加大了对农村公共文化建设的力度，公共文化设施建设进程加快，但是，总体上农村公共文化服务设施还较缺乏，还处于一个比较落后的层次。除广播、电视站这类文化基础设施的建设状况较为理想外，其他文化基础设施的建设状况都相当缺乏，很多农村地区甚至以上设施一项也没有。[②]在许多地方由于受财力的限制，农村公共文化建设面临着场地面积不

---

① 亓鋆：《新农村建设与公共文化产品供给》，《人民论坛》2011 年第 7 期。
② 亓鋆：《新农村建设与公共文化产品供给》，《人民论坛》2011 年第 7 期。

足，设施设备老化的问题，难以保证正常的文化活动的开展。

二是公共文化产品数量不足。受市场化的负面影响，适合农民口味的文化产品、文化服务，包括影视作品、书籍、报刊等非常少，不能满足农民的精神文化需要。①

2. 农村公共文化产品供给的形式过于单调

一是文化基础设施单一。当前农村公共文化产品主要是图书、报刊、体育活动场所及器械等，且主要由上级统一规定和划拨，因而，各个行政村的图书种类、书刊、体育用品和器械等公共文化产品都大致雷同。

二是文化活动单调。农村基层政府或村级组织举办的公共文化活动数量很少。政府举办的少量文化活动，主要是限于节庆等特定场合，并选择成本较低的简单文化活动方式。这种单一的文化产品供给，既不能体现农村的文化特色和内涵，也不能满足农民的实际精神文化需求。②

3. 农村公共文化产品供给效率低

农村公共文化设施的供给与农村居民需求不一致，导致部分文化设施利用率低。例如，处于"瘫痪、半瘫痪"状态的乡镇文化站、村一级的文化大院、村组文化室③，半闲置状态的乡镇图书馆④。还有一种情况是，有的乡镇的文化设备虽然齐全，但是"丰收的锣鼓"却没有人能敲起来；镇上每年都在添置文艺设备，但文化馆就是组织不起来。锣鼓在那里闲置，乒乓球桌长期堆放，上面落下一层厚厚的灰，集体购买的文化体育设备在那里生锈烂掉。⑤

4. 农村公共文化供给质量不高

农村公共文化供给中还出现了一些不良的文化。有些文艺作品的文化消费取向错误，意识形态模糊，特别是有的大众传媒把"通俗"变

---

① 顾金孚：《农村公共文化服务市场化的途径与模式研究》，《学术论坛》2009 年第 5 期。
② 亓鋆：《新农村建设与公共文化产品供给》，《人民论坛》2011 年第 7 期。
③ 财政部教科文司、华中师范大学全国农村文化联合调研课题组：《中国农村文化建设的现状分析与战略思考》，《华中师范大学学报》（人文社会科学版）2007 年第 4 期。
④ 吴理财、夏国锋：《农民的文化生活：兴衰与重建——以安徽省为例》，《中国农村观察》2007 年第 2 期。
⑤ 中共襄樊市委宣传部课题组：《论农村文化配置的结构性失衡》，《求实》2007 年第 3 期。

为"庸俗",把"娱乐"变为"愚弄",混淆了是非、善恶、美丑的界限,存在诸多误导,是不负责任的"糊弄"。甚至还有一些内容低俗的娱乐活动轻而易举地侵入农村。[1]

(二) 成因分析

1. 供给主体单一,投入不足

当前,政府是农村公共文化产品供给的主要主体,甚至在许多地方是唯一的主体。政府能否提供充足的资金支持,成为决定农村公共文化产品供给状况的关键。虽然各级政府加大对农村文化建设的投入力度,但与实际需求相比,仍然远远不够。2008年,国家对直接为农民提供服务的乡镇文化站财政投入18.7亿元,人均为2.54元,而城市人均为31.24元。[2] 投入不足,一方面是受制于政府财力不足,特别是一些贫困县;另一方面又与政府上下级、部门与部门之间的职责模糊、缺乏协调合作有关。

根据财政分权理论,各级政府在提供公共文化产品时具有不同的职能分工,涉及全局性的和全国规模的公共文化产品应该由中央政府负责提供,而具有地方规模和地域局限的应由地方政府提供。但在我国农村公共文化产品供给的实践中,存在各级政府之间的权限、职责划分不清,责任模糊的问题。涉及两级或多级政府在农村公共文化产品供给中的责任时,缺乏明确有效的分担机制,随意性大,互相推诿,上一级政府往往把本该自己承担的职责向下一级政府转移,结果是层层下移,最终把很多原本应由上级甚至中央政府承担的职责都推给了基层政府,导致政府"错位"。而基层政府把主要精力放在经济建设和各种政绩工程上,政府主要领导对农村文化建设不关心、不热心、不支持,不愿在农村公共文化建设上投入财力和精力,又导致政府"缺位"。[3]

---

[1] 顾金孚:《农村公共文化服务市场化的途径与模式研究》,《学术论坛》2009年第5期。
[2] 巩村磊:《农村公共文化服务缺失的社会影响与改进对策》,《理论导刊》2010年第7期。
[3] 张天学、阚培佩:《我国现行农村公共文化产品供给的制度困境与对策》,《理论月刊》2011年第5期。

此外，政府部门之间也存在相互牵制、相互推诿的问题。农村文化建设责任分属多个行政主体（部门）。在县一级，县广电局负责电视广播，县文化局负责群众文化教育，县体育局负责群众体育活动，县委宣传部负责群众文化宣传工作。在乡一级，党委有党委组织的文化活动，教育办（所）有教育办（所）组织的文化活动。这些部门缺乏必要的沟通与合作，没有统一规划，政出多门，从而导致原本有限的资金，无法发挥应有的效益。①

2. 决策机制自上而下，与群众需求脱节

目前在我国，农村公共文化产品供给的决策机制不合理。根据供求原理，农民对公共文化产品的需求决定公共文化产品的供给，各级政府应该以农民的有效需求为决策依据，以决定农村公共文化产品的供给种类和数量，这样才能实现农村公共文化产品的供求均衡，保障其供给的效率。同时，根据公共政策的公共性原则，农村公共文化产品的供给决策理应有农民参与，遵循农民的意愿，按农民的实际需要提供。

但是，在我国农村公共文化产品供给模式的决策机制却是一种"自上而下"、"单向"传输、强制供给的模式。农村公共文化产品的供给种类、数量、供给程序等都是由上级政府决定，带有很强的指令性、主观性和统一性。农村公共文化设施实行"统一购买、统一配置、统一发放"，农民缺乏自身文化需求的表达机制。政府决策前不做仔细调研和咨询农民意愿，具体决策时不以公众（农民）的意愿为中心，而是从决策者的主观愿望出发。政府提供的文化产品不考虑农民的实际需要，而主要服务于党和国家的政治形势、政治任务需要，以完成政治任务为中心。②

3. 评价、考核机制不合理

绩效评价对于农村文化建设是一项不可或缺的工作，它对农村文化

---

① 财政部教科文司、华中师范大学全国农村文化联合调研课题组：《中国农村文化建设的现状分析与战略思考》，《华中师范大学学报》（人文社会科学版）2007年第4期。
② 张天学、阚培佩：《我国现行农村公共文化产品供给的制度困境与对策》，《理论月刊》2011年第5期。

建设起着监督管理和激励约束的作用。但是，农村文化建设评估工作机制不健全，评价标准存在"形式主义倾向"。评价的标准就是多少平方米的建筑面积、多少本藏书、多少盘光碟、多少台电视、有无正式的规章制度，等等。而对于真正能反映公共文化设施利用率、农民群众满意度等核心指标内容，则很少涉及。并且，当前我国对农村公共文化建设工作的评估，一般都是一次性评估，缺乏一个事后的反馈监控机制，使得一些已建成的农村文化设施很难得到有效使用。①

三 创新农村公共文化产品的政府供给方式

农村公共文化产品的公共性和建设服务型政府的内在要求，决定了政府在农村公共文化产品的供给中承担主导作用，政府要创新农村公共文化产品的供给方式。

（一）加大政府投入，合理划分各级政府职责

各级党委和政府要切实把农村公共文化产品供给作为政府责任，把对农村公共文化产品的财政支出，纳入财政预算。各级党委和政府要按照《中共中央关于加强社会主义精神文明建设若干问题的决议》中确定的，"各级财政对宣传文化事业投入的增加幅度应不低于同期财政收入的增长幅度"的规定，加大农村公共文化建设的财政投入。

我国应合理界定各级政府职能分工，建立事权与财权相匹配的责任体系。根据财政分权理论，各级政府在提供公共文化产品时具有不同的职能分工，涉及全局性的和全国规模的公共文化产品由中央政府负责提供，而具有地方规模和地域局限的应由地方政府提供。②

---

① 财政部教科文司、华中师范大学全国农村文化联合调研课题组：《中国农村文化建设的现状分析与战略思考》，《华中师范大学学报》（人文社会科学版）2007年第4期。
② 张天学、阚培佩：《我国现行农村公共文化产品供给的制度困境与对策》，《理论月刊》2011年第5期。

（二）优化政府投入方向，促进农村文化的自我发展

尽管以往的农村公共文化建设投入不少，但由于采取的方式是外部强行"植入"，只注重从外部提供公共文化设施和公共文化产品，没有充分调动、培养农村内部自我发展的力量，从而使这种从外面强制"植入"的文化，难以持续发展，成为一种"无根"的文化。[①] 因此，我们要优化政府的投入方向，扶持和培育农村公共文化自我发展的能力和载体。为此，我国政府应采取以下具体措施。

一是加大对农村文化人才队伍建设的投入。我国应通过国家公共财政引导的方式，建立一支乡土化、农民化和本土化的农村文化精英队伍，使之成为农村文化的承载者和传播者。二是加大对地方开展文化保护、开发和研究的投入。我国农村民间文化资源丰富，实现保护优秀民族民间文化资源和发展当代农村文化是农村文化建设的双重任务。各级政府要通过加大对地方文化保护、开发的公共财政支出，支持和鼓励农村民间文化组织开展农村公益和准公益的文化活动。三是加大对农民自办文化的支持力度。对农户组建文化大院、文化中心户，农民自办农民书社、集（个）体放映队等各种农村自办文化活动，政府应给予多种形式的支持和鼓励。[②]

（三）建立农村公共文化需求表达机制

我国政府应充分尊重和保障农民表达公共文化需求的各种权利。农村居民的文化需求受地域、文化心理、文化素养和水平、性别、年龄等因素的影响，具有多样性和动态性。为使农村文化供给与文化需求相适应，我们必须让农民群众的文化需求得到充分的表达。各级政府应赋予农民自主选择权，让农民根据自己的意愿和喜好，选择公共文化产品供

[①] 财政部教科文司、华中师范大学全国农村文化联合调研课题组：《中国农村文化建设的现状分析与战略思考》，《华中师范大学学报》（人文社会科学版）2007年第4期。

[②] 财政部教科文司、华中师范大学全国农村文化联合调研课题组：《中国农村文化建设的现状分析与战略思考》，《华中师范大学学报》（人文社会科学版）2007年第4期。

给的种类、类型；应赋予农民自主建议权，让农民根据自身的感受，对农村公共文化产品供给提出建设和意见；还应赋予农民自主评判权，允许农民自主对各个文化主体提供的公共文化产品给予评判，并对服务质量的好坏进行裁决。[①] 此外，各级政府还要给予农民对农村公共文化产品的自主创制权。农民是公共文化服务的对象，一切公共文化产品的目的都是为了满足农民对公共文化的需求，农民有权根据自己的意愿创制自己喜欢的公共文化产品，政府应该在组织和财力上对农民的公共文化创新给予保障。[②]

我国政府还应对农村文化需求进行充分调研，这是实现农民文化需求表达最直接、有效的途径和方法。调研的具体内容包括以下几个方面。一是在调研内容上，应涵盖文化需求结构、文化需求种类、文化产品特征、需求人群特征、文化产品和服务的来源、市场或社会相应的文化需求情况等方面。二是对农村社区文化产品需求进行优先序调查。针对文化需求的多样性、不同个体的差异性，调查可采取问卷、座谈等形式，对农村居民所需求的文化产品和服务进行优先排序的调查研究，了解农村社区在文化需求方面的聚焦点，多数人所需要的文化产品和服务。三是借助非政府机构力量，开展专业调研。以往对农村社区农民的公共文化需求的调查，主要由政府部门的相关人员进行。政府部门的相关人员通常采取开座谈会等形式进行，而座谈会人员又通常以干部为主，座谈会的主要议题也由政府部门人员主导。受语言表达能力、权威力量的影响，农民客观真实的对农村文化需求的意愿往往难以得到充分表达。因而，这种调研方式所得出的调研结果，势必缺乏专业的调研分析，难以保证需求调研的客观、公正和全面。因此，对农村社区农民的公共文化需求分析，可以借助第三方研究机构，或社会调查机构做专业的

---

① 胡海鹏：《我国农村公共文化产品供给的政策思路和具体对策》，《中共成都市委党校学报》2009年第6期。

② 胡海鹏：《我国农村公共文化产品供给的政策思路和具体对策》，《中共成都市委党校学报》2009年第6期。

调研。各级政府可利用专业调研机构，采用座谈、问卷调查、实地考察等多种形式，对农村社区农民的文化需求进行全面细致的分析，并以此作为政府决策的依据。①

（四）优化农村公共文化供给决策机制

我国应建立由"政府决策—农民被动接受"的"自上而下"和"民主表达需求意愿—政府集中决策"的"自下而上"相结合的决策机制。

如前所述，"自上而下"的决策机制，不仅导致了政府在农村公共文化产品供给上的"越位"，而且造成公共文化产品供给结构的失衡。因此，不少学者呼吁要建立"自下而上"的公共决策机制[2]，将公共文化产品的选择权交给需求者，让农民参与到决策中来。但是由于农村公共文化产品作为公共产品的特殊性，以及当前农村居民对公共文化产品的认知和参与程度等因素的限制，单一的"自下而上"的决策机制，并不能起到很好的效果。

究其原因，主要包括以下方面。一是农民对公共文化产品偏好的非全面显示性。公共文化产品的非排他性，使搭便车的心理无法消除，在对农民需求调查、测试时，往往难以得出正确和满意的答案。同时，按照阿罗不可能定理，如果成员在投票之前协商，将意愿分布于不同的公共文化产品，就会加大民主机制的实施成本，甚至无法实施。二是农民理性的有限性。受经济收入、文化水平以及对公共文化认知、了解的限制，许多农民难以提出科学的、理性的需求意见和要求。

因此，我国应建立"政府决策—农民被动接受"的"自上而下"

---

① 安世绿：《提升农村公共文化服务效率的制度设计——以北京市农村文化建设为例》，中国社会科学院研究生院，2010。
② 财政部教科文司、华中师范大学全国农村文化联合调研课题组：《中国农村文化建设的现状分析与战略思考》，《华中师范大学学报》（人文社会科学版）2007年第4期。
张天学、阚培佩：《我国现行农村公共文化产品供给的制度困境与对策》，《理论月刊》2011年第5期。

和"民主表达需求意愿—政府集中决策"的"自下而上"相结合的决策机制。例如,我国政府可依据当前农村公共文化供给状况,对大型设施建设、大型物品供给仍然由上级统一决策、实物下拨。但对单位价值较小的产品,如图书、体育用品等则可以实行总量资金控制,在招、投标选择销售渠道的前提下,具体决策权下放给县、乡(镇)。我国应充分发挥县和乡(镇)干部的作用,因为他们离农民最近,对农民的实际情况和需求最了解。① 为建立"自下而上"和"自上而下"相结合的决策机制,我国要加强农村民主法制建设,培育农民的现代公民意识和民主法制意识,增强参与农村公共文化供给决策的自觉性和积极性;要建立对农民需求表达的识别机制和瞄准对接机制,民主选举产生乡(镇)、村级农村基层干部,使农民对公共文化产品需求意愿表达出来后,能更直接、准确地被政府识别和采纳;要建立有力的监督机制,完善村务公开和民主议事制度,让农民群众真正享有知情权、参与权、管理权和监督权。

(五) 构建以公共文化供给效率为主要依据的考核机制

合理的农村公共文化供给评估、考核体制是优化供给方式的重要环节和手段。我国要把公共文化供给效率作为对各级政府绩效考核的标准和依据。一是建立以农民满意度为核心的农村公共文化服务效率评估指标体系。已有的对公共文化服务效率评价的各种指标体系②,对指标的选取不完全一致,但是对公众满意度、社会需求度、设施使用率等指标却普遍认同。因此,我们应把农民满意度作为评价的主要标准,以充分实现农民的文化权利。二是规范考核程序。为使考核结果更加客观,考核可由专业审计机构及第三方进行评估,再由专业审计机构对服务效果进行调查和分析,并将最终绩效审计结果提交政府部门并向社会公众公示,接受政府部门的考核和社会公众的监督。采

---

① 张天学:《农村公共文化产品的供给现状分析及对策建议——基于江苏省徐州地区农村的调查》,《农村经济》2010年第6期。
② 见沈望舒 (2005)、毛少莹 (2007)、浙江省文化厅 (2010) 等的相关研究成果。

用第三方评估的办法时,政府可委托或组织社会专业机构、专家顾问、群众代表对政府项目进行评估。①

四 推进农村公共文化供给方式多元化

(一)推进农村公共文化产品供给市场化

毋庸置疑,在农村公共文化产品的供给中,政府负有主要责任。但是受财力、人力、物力的限制,政府不可能提供所有的公共文化产品。事实上,农村公共文化产品并不是必须完全由政府提供,理论和实践经验都表明,农村公共文化产品可以通过市场供给。

正如萨缪尔森指出的那样,"一种公共产品并不一定要由公共部门来提供,也可由私人部门来提供"②。科斯认为,像灯塔这种必须由政府经营的公共产品,只要在产权界定清楚的条件下,也可以由私人提供和经营。由于农村公共文化产品的特殊性,如消费者的地域集中性、局限性以及公共产品供求双方的信息不对称性等因素,单一的政府供给效率较低。正如世界银行所认为的,"在许多国家中,基础设施、社会服务和其他商品及服务由公共机构作为垄断性的提供者来提供不可能产生好的结果"③。而由市场供给,其效率则可能更高。因为农村公共产品供给的市场化,有利于形成竞争机制,有利于满足作为消费者的农民的多样化需求。④

(二)推进农村公共文化供给主体多元化

在坚持正确文化方向的前提下,我国应通过市场机制,积极推动农

---

① 安世绿:《提升农村公共文化服务效率的制度设计——以北京市农村文化建设为例》,中国社会科学院研究生院,2010。
② Rosenbloom, *David H. Public Administration*, New York, Mc Graw-Hill, 1997.
③ 世界银行:《变革世界中的政府——1997年世界发展报告》,中国财政经济出版社,1997。
④ 顾金孚:《农村公共文化服务市场化的途径与模式研究》,《学术论坛》2009年第5期。

村社区自治组织、私人和企业、非政府组织、农民自办文艺团体等成为农村公共文化产品的供给主体。

一是农村社区自治组织。农村社区是相对于传统行政村和现代城市社区而言的,指聚居在一定地域范围内的农村居民在农业生产方式基础上所组成的社会生活共同体。由于农村社会是一个比自然村落、社队村组体制更具有弹性的制度平台,同一农村社区的居民又有大体相同的生活方式、价值观、行为规范和认同意识,因此可以说,农村社区自治组织是代表社区居民利益、为社区居民提供服务的组织。因而由社区供给公共文化产品,能符合更多人的需求与偏好,可降低供给成本。因此,农村社区组织应当成为提供农村公共文化产品的主体之一。

二是私人和企业。私人经营灵活,管理成本较低;企业具有较强的生产能力与市场竞争力,在文化基础设施的建设及某些具体文化产品的生产中具备较强的实力。因此,私人和企业作为农村公共文化产品供给的主体,在供给灵活、多样化的文化产品上具有较大的优势。例如,西部地区就存在较富有特色的"文化中心户"。中心户,指的是"农村精英"。一般涉及两大类,一类是文化精英,指具有专业文化技艺并热心文化事业的农村文化带头人;另一类是经济精英,指改革开放中先富起来,并热心农村公益事业的带头人。[1] 青海省乐都县于2003年在高庙、碾伯、岗沟等乡镇,开展创建"文化中心示范户"的试点工作,为部分"中心户"配备了图书报刊、乐器和体育器材。不少"中心户"自己掏钱购置图书和小型文化体育器材,并经常在农闲时节举办形式多样的文化活动,丰富了群众的文化生活。随着"文化中心示范户"辐射作用的不断增强,农村的精神文明建设也由虚变实。

三是非政府组织(NGO),指那些独立于政府之外、不以赢利为目

---

[1] 汪超:《西部农村公共文化产品供给模式研究——基于需求的视角》,陕西师范大学,2009。

的、具有志愿性和自治性并致力于公益事业的社会组织。① 这种非营利性组织在向社会提供公共产品和公共服务方面有自己独特的优势。美国著名管理学家彼得·杜拉克就曾指出，非营利性组织的效能是政府的两倍。非政府组织不仅能较好地弥补政府在农村公共产品管理上的"缺位"，而且能够在决策咨询、政策宣传、政策实施、矛盾疏导、表达民意等方面起桥梁纽带作用。在当前我国构建公共文化服务体系的进程中，非政府组织在解决公共文化产品和服务的供求，提升公共文化产品与服务的质量与效率，满足公众多样化的精神文化需求等方面，成为以政府为核心的网络化公共文化服务构架中的重要支撑点。②

四是农民自办文艺团体。例如农民文化协会等，它是由农民自发形成和组织起来的，依靠其拥有的各类文化资源，以满足自身或群体的精神文化需求或物质利益需要为目的的各类文化活动组织和实体。农民自办文艺团体是农民自办文化活动的主体和平台。③ 它可以及时有效地了解农民对公共文化产品多样性的需求，并可以及时进行反应，从而满足农民多方面的文化需求，弥补政府在农村公共文化产品方面供给的不足。

（三）推进农村公共文化供给方式多元化

为了有效推动各供给主体提供公共文化产品，我国必须创新公共财政投入机制，采用多种形式，有效调动各方力量。

一可采取"民办公助"的方式。政府对民间力量（包括企业、私人、社会团体等）出资提供的农村公共产品，予以财政支持；对民间力量直接建设的农村公共文化设施项目，政府可给予税收减免或优惠，或者由政府购买，根据农村公共文化服务的数量和质量，由政府支付给企业或者社会团体相关费用后，农村居民可无偿或低收费使用。例如，

---

① 徐玲：《发挥非政府组织在统筹城乡公共文化建设中的作用》，http//www.com.edu.com/bbs52_76970htm.2009-03-02。
② 顾金孚：《农村公共文化服务市场化的途径与模式研究》，《学术论坛》2009年第5期。
③ 顾金孚：《农村公共文化服务市场化的途径与模式研究，《学术论坛》2009年第5期。

在农村公共文化建设中，对一些小型的体育、文化、娱乐等设施和设备，我国可以采取乡村经济组织、农民自办文艺团体等自我购买、建设，政府给予适当补贴的方式。①

二可采取"公办民助"的方式。政府搭建基础平台，生产农村公共产品，在这个过程中吸收社会力量参与，农民根据受益程度进行一定的投入。②"公办民助"可以采取多种实施办法：一是企业捐赠，在政府举办农村公共文化服务工程建设中，企业或其他团体无偿捐赠一定数量的设备设施或者资金，比如电影放映设施、图书、演奏器材等；二是合资，即政府和企业或者其他团体共同出资，开展农村公共文化项目建设，提供农村公共文化服务；三是赞助，企业对举办农村文化艺术节、体育节等活动予以资金赞助，以此扩大农村公共文化服务的范围。③ 对受益范围较大的俱乐部产品，如农村图书馆的建造，则要采取"公办民助"的形式。

"民办公助"、"公办民助"可以在一定程度上解决公共文化投入责任主体不明、效率不高等问题。通过"民办公助"、"公办民助"，政府可以公共财政支持一些具有现场存在、即时消费特点的文化活动和文化服务，以促进政府主导下，农村公共服务和文化市场服务相结合的综合型服务体系的形成，最终满足农村多层次的文化需求。④

总之，为加大农村公共文化供给力度，提高供给效率，促进农村文化建设，丰富广大群众的精神文化生活，我们既需要发挥政府的主导作用，创新政府的供给方式，又需要充分调动各种民间力量，形成农村公共文化供给的强大合力。政府应加大政府投入，合理划分各级政府职责；应优化政府投入方向，促进农村文化的自我发展；应建立

---

① 顾金孚：《农村公共文化服务市场化的途径与模式研究》，《学术论坛》2009年第5期。
② 黄志冲：《农村公共产品供给机制创新的经济学研究》，《中国农村观察》2000年第6期。
③ 顾金孚：《农村公共文化服务市场化的途径与模式研究》，《学术论坛》2009年第5期。
④ 财政部教科文司、华中师范大学全国农村文化联合调研课题组：《中国农村文化建设的现状分析与战略思考》，《华中师范大学学报（人文社会科学版）》2007年第4期。

农村公共文化需求表达机制;应优化农村公共文化供给决策机制;还应构建以公共文化供给效率为主要依据的考核机制。政府可采取"民办公助"、"公办民助"等多种方式,引导和支持私人(企业)、农村社区自治组织、非政府组织、民间团体等社会力量,为农村居民提供多层次、多样化的公共文化产品。

参考文献

[1] 陈庆德:《文化产品性质初探》,《经济学研究》2006年第1期。

[2] 亓鋆:《新农村建设与公共文化产品供给》,《人民论坛》2011年第7期。

[3] 顾金孚:《农村公共文化服务市场化的途径与模式研究》,《学术论坛》2009年第5期。

[4] 财政部教科文司、华中师范大学全国农村文化联合调研课题组:《中国农村文化建设的现状分析与战略思考》,《华中师范大学学报》(人文社会科学版)2007年第4期。

[5] 吴理财、夏国锋:《农民的文化生活:兴衰与重建——以安徽省为例》,《中国农村观察》2007年第2期。

[6] 中共襄樊市委宣传部课题组:《论农村文化配置的结构性失衡》,《求实》2007年第3期。

[7] 巩村磊:《农村公共文化服务缺失的社会影响与改进对策》,《理论导刊》2010年第7期。

[8] 张天学、阙培佩:《我国现行农村公共文化产品供给的制度困境与对策》,《理论月刊》2011年第5期。

[9] 胡海鹏:《我国农村公共文化产品供给的政策思路和具体对策》,《中共成都市委党校学报》2009年第6期。

[10] 安世绿:《提升农村公共文化服务效率的制度设计——以北京市农村文化建设为例》,中国社会科学院研究生院,2010。

[11] 李少惠:《论我国农村公共文化服务内生机制的构建》,《经济体制改革》2007年第5期。

[12] 张天学:《农村公共文化产品的供给现状分析及对策建议——基于江苏省徐州地区农村的调查》,《农村经济》2010年第6期。

[13] Rosenbloom, *David H. Public Administration*, New York, Mc Graw-Hill, 1997.

[14] 世界银行:《变革世界中的政府——1997年世界发展报告》,中国财政经济出版社,1997。

[15] 汪超:《西部农村公共文化产品供给模式研究——基于需求的视角》,陕西师范大学,2009。
[16] 徐玲:《发挥非政府组织在统筹城乡公共文化建设中的作用》,http//www.com.edu.com/bbs52_ 76970htm.2009 - 03 - 02。
[17] 黄志冲:《农村公共产品供给机制创新的经济学研究》,《中国农村观察》2000年第6期。

(赖作莲)

第十六章　加强农村基层组织和人才建设

《中共中央关于构建社会主义和谐社会若干重大问题的决定》,以纲领性文献的形式全面系统阐述了构建中国特色社会主义和谐社会的理论。十七届三中全会通过的《中共中央关于推进农村改革发展若干重大问题的决定》指出:"必须清醒地看到,农村社会事业和公共服务水平滞后,改变农村面貌任务艰巨……农村利益关系日趋复杂,加强农村基层组织建设和社会管理工作繁重。"当前,农村基层组织建设和社会管理工作已引起广泛关注,正在实践中不断创新,进一步完善提高。其中,加强农村社会管理人才培养和作风建设作为一项基础性工作,理应受到高度的重视。

一　当前农村基层组织和人才建设存在的问题

1. 农村党员年龄、文化、性别结构不合理,影响基层组织人才储备

一是党员年龄普遍偏大,青壮年劳动力外出务工人数较多,造成党员年龄结构比例失调,年老党员多,年轻党员少。二是从男女党员的比例看,女性党员偏少。三是党员文化层次较低,大专学历以上的党员少,一个村几乎没有一个大专生。还有部分党员平常放松政治学习,对自己要求不严,思想甚至落后于一般群众,在群众中威信不高,影响了党支部的战斗力和号召力。

2. 基层干部素质不高,协调能力不强,带头作用不突出

一是文化水平低。大多数村干部只有初中文化水平,导致理解党的方针、政策的水平不高,决策能力、工作能力欠火候,影响了班子的战斗力。二是领导能力和技能差。基层干部缺乏技能培训,导致观念比较陈旧,思想惰性大,发展思路不清晰,致富办法少,造成农村基层组织对农民影响力呈逐渐弱化趋势。三是待遇低,缺乏生活保障机制和激励机制。基层干部工作条件艰苦,待遇低,工资少,社会保障机制和激励机制不完善,造成一部分干部积极性不高,工作主动性差。其中不少人为了多挣钱进城市务工或者离开家乡从事其他活动,履行干部职责成为他们的"第二职业"。

3. 农村社会管理基础条件差,保障机制和激励机制不健全

一是农村集体经济发展滞后,大多数行政村几乎没有任何积累,还背有沉重的历史债务,经济发展落后必然带来社会管理落后。二是社会建设落后。社区活动及公共福利少,村民之间自然形成的社会联系不多,邻里之间的社会联系主要靠生、老、病、死红白喜事的互助形式来维系,有组织的社区性公益活动很少。长期以来,农村被排斥在福利社会之外,国家给予城市公民的社会保障、文化、教育和社会活动场所等项目,农民大多数享受不上。近几年国家财政给农村的投入大幅增加,但大部分用在行政部门和事业单位吃皇粮的人头费上,用在农民群众社会福利设施方面的比例较少。

4. 民主管理制度执行力较弱,村民自治有待加强

一是民主监督、民主决策和民主管理在农村刚刚起步,民主选举制度还不够健全,干部群众民主意识有待进一步提高;二是一些农村特别是城市郊区村委会选举存在贿选和黑势力干扰选举的问题;三是一些边远农村村民选举积极性不高,有些村组为了鼓励村民投票,还通过发放毛巾、肥皂等礼品吸引群众参加民主选举。大多数农村有能力、有知识的党员流失严重,热心公益事业的村民愈来愈少,民主自治主体素质下降,热情不高。村民自治和民主管理平时很难开展,一般只是在村委会选举时上级派人督导才能开展活动。农村筹劳被当做乱摊派，造成一事一议意见难统一，筹劳筹款难兑现，实际上很难开展。农村修桥补路之类的小工程处于政府不投资、村委管不了的状态，致使有些设施年久失修，发挥不了应有的效益。

5. 农村基层组织运行经费不足

自农村税费改革以后，农村基层组织的经费来源主要依靠省、市、县的转移支付，而这部分资金根本无法满足村级事务的开支。加之原农村集体负债较大，仅靠转移支付这一项，连正常开支都不够，而且每年还要偿还一部分欠款，使村级财务运转艰难。基层干部长期工作在第一线，工作最具体、最直接，常年与农民直接打交道，稍有疏忽，就会遭到群众的非议，甚至谩骂。而农村工作又很复杂，每完成一件工作都受主观和客观两方面的制约，如修路架桥、村环境治理、五保户残疾人的供养等，都关系到农民的切身利益，干好每一项具体工作都需要资金来保障，没有资金再好的承诺也是一句空话。但群众不那么想，他们认为农村基层组织就应该为我们解决具体问题，否则要你干什么？收入少、工作压力大、条件艰巨、群众又不能理解，影响了一部分村干部工作的积极性。

二 创新农村社会管理必须坚持全心全意为人民服务的宗旨

坚持立党为公、执政为民，全心全意为人民服务的根本宗旨，是《党章》和《宪法》赋予执政党的责任和使命。坚持以人为本，实现好、维护好、发展好最广大人民根本利益，做到权为民所用、情为民所系、利为民所谋，是"十七大"以来中央坚持科学发展，不断创新执政理念，提高执政能力、执政水平的集中表现。创新农村社会管理，首先，我们要从基层组织和管理者的执政理念和工作作风转变入手，不断提高为人民服务的自觉性和水平，不断增强党的群众基础，使党始终得到人民群众的支持和拥护。其次，我们要充分发挥党组织的核心作用和党员干部的模范带头作用，这是加强基层组织建设的重点。党在农村的全部工作路线和工作任务，最终要靠基层党组织和党员来完成。发挥党支部和党员的重要作用，并不是要搞过多的形式化的改革，而是要教育农村党组织、党员充分发扬我党全心全意为人民服务、密切联系群众的优良传统，将工作深入到每一个农户的生产生活细节。其重要性和作用体现为以下三点。

1. 联系群众、依靠群众，是我党的三大作风之一，也是我党以往战胜一切艰难险阻的法宝

在当前家庭分散经营和利益多元化的经济环境下，农村社会关系和利益矛盾日趋复杂，农村工作非常艰辛，农民群众异常分散，很难动员组织到一起。这种情况下，基层党组织充分发扬我党密切联系群众的优良传统尤其重要，也非常实用。农村基层党组织来自民众，党员大多数是家庭经营的户主，最有利于将党的方针路线和工作任务落实于实践，最便于渗透、影响村民的生产生活。

2. 加强农村社会建设，提升乡村文明水平，转变基层干部队伍的思想作风是关键和重点

加强农村社会管理贵在安抚民心，集聚民气，公平民力。而干部的公道、正派、无私、奉献是集聚民气、公平民力的关键。人们常讲，"村看村、户看户、群众看干部"，"给钱给物不如建个好支部"，就充分说明了选好、配强农村基层领导班子特别是党支部书记的重要性。建设农村和谐社会，核心任务是要做好凝聚民心、理顺民意、化解民怨等群众工作。做好群众工作，既要言教，又要身教，而在农村工作中多数情况下是身教重于言教。因而做好农村社会管理工作，关键是建好一支富有战斗力的村级班子。班子选好了，"一把手"选准了，农村和谐社会建设就有希望了。

3. 新时期做好群众工作要靠疏导，不是靠堵漏

在今天社会交往日益密切，信息网络日益发达的社会里，靠历史上惯用的愚民政策和高压治理，已不可能解决任何社会事件和利益冲突问题。我们必须靠信息公开化和上下及时沟通，通过耐心疏导的办法化解纠纷。基层党组织要健全政府主导的维护农民权益的疏导机制，拓宽社情民意表达渠道，变上访为下访，切实把矛盾和问题解决在农村基层。另外，基层党组织要加强农村社会管理，开展平安乡村建设，还要加强农村社区建设，培育农村服务性、公益性、互助性社会组织，完善农村社会自治功能，使群众有充分的思想交流和发牢骚的对象和场所。同时，基层党组织还要搞好社会治安综合治理，加强法制建设。一要加强法制宣传教育，使广大群众懂法守法；二要依法管理宗教事务，反对和制止利用宗族、家庭势力干预农村公共事务，坚决取缔邪教组织，严厉打击黑恶势力。

三 创新农村社会管理必须加强农村基层组织建设，发扬我党组织动员群众的优良传统

　　加强农村基层组织执政能力建设和先进性建设，是创新农村社会管理的组织保证。为此，我们必须把党的执政能力建设和先进性建设作为创新农村社会管理的基本出发点和根本任务，保证党始终走在时代前列，坚持科学执政、民主执政、依法执政，着力提高党总揽全局、协调各方的能力和水平，充分发挥党委领导的核心作用、基层党组织战斗堡垒作用和共产党员先锋模范作用，使党始终代表中国先进生产力发展要求、中国先进文化前进方向、中国最广大人民根本利益。

　　当前，党的领导水平和执政能力、党的建设状况和党员队伍素质总体上是健康向上的。同时，我们也要看到党内也存在不少不适应新形势、新任务要求，不符合党的性质和宗旨的问题，具体包括以下方面：一些党员、干部忽视理论学习，理想信念动摇，对马克思主义信仰不坚定，对中国特色社会主义缺乏信心；一些基层党组织贯彻中央农村政策执行不力，或者变相走样，正如老百姓反映的"中央政策很好，但让歪嘴和尚念错了经"；一些党员干部法治意识、纪律观念淡薄；一些领导班子整体作用发挥不够，推动科学发展、处理复杂问题能力不够。所有这些归结到一点，就是忘记了我党长期形成的密切联

系群众、教育引导群众的优良传统，削弱了组织动员群众的能力。为了尽快改变这种状况，基层党组织要强化以下工作。

1. 进一步强化农村基层党组织的核心作用

一要改革和完善农村基层领导班子选举办法，创新农村党的基层组织设置形式，推广在农村社区、农民专业合作社、专业协会和产业链上建立党组织的做法；同时，积极探索村党组织书记跨村任职等方式，注重从农村致富能手、退伍军人、外出务工返乡农民中选拔村干部，引导高校毕业生到村任职，鼓励党政机关干部、企事业单位员工到村帮助工作。此外，基层政府要加大从优秀村干部中考录公务员和选任乡镇领导干部的力度，使农村干部有想头、有奔头，农村工作"有人干"、"愿意干"，并且千方百计"要干好"。

二要壮大集体经济，加大对农村基层组织的财政支持，为基层组织履职提供坚强的物质保证。农村基础设施建设薄弱，村级债务大，干部工资低，一些群众生活有困难。造成上述问题的原因是村级组织经济实力不强。要想解决这些问题，一是要发展壮大集体经济，二是要争取财政支持。基层政府要坚持"发展是硬道理"的信念，千方百计增加村经济实力，同时，还要努力争取上级支持。税费改革以来，村级收入多了财政转移支付资金扶持渠道，从中央到地方都有以支持村级办公室、活动室为重点的农村基层组织场所建设项目。农村组织要抢抓省、市、县财政扶持机遇，进一步完善党组织活动阵地和农村教育培训阵地的建设，改善村级组织活动条件和农民群众受教育培训的条件。

三要加强基层组织责任目标管理，提高和完善基层干部分配激励机制，切实提高村级干部待遇。我们可以把村干部的报酬由补贴改为工资，实行岗位工资与绩效工资制度。岗位工资按行政村大小确定，绩效工资与本村农民收入增长幅度和工作实绩挂钩，原则上村干部全年报酬应不低于当地农民人均纯收入。同时，我们还要建立村干部长效激励机制，对连续担任村党支部书记或村委会主任20年以上、成绩特别突出、正常离任的村干部，在其年满60岁后按月给予一定的生活补贴。

2. 大兴调查研究之风，创新新时期群众工作的方法与方式

加强农村社会管理要坚定不移依靠群众，虚心向群众学习，热心为群众服务，诚心受群众监督。农村工作要适应群众工作新特点、新要求，深入实际做好调查研究工作。基层政府要坚持问政于民、问需于民、问计于民。这样作决策、定政策才能接到地气，充分考虑群众意愿和承受能力，统筹协调各方面利益关系。创新农村社会管理不能理解为只是要管好百姓，而是要服务百姓，切实办好顺民意、解民忧、惠民生的实事，通过服务让群众理解支持自己的工作，通过人民共享改革发展成果来凝聚人心。基层党组织要充分发挥党组织和党员在服务群众中的带头、推动、督促、保证作用，创新联系群众方式。机关工作要重心下移，基层干部要坚守一线，领导干部要定期深入基层特别是经济落后、问题较多的地方调查研究，了解群众疾苦，倾听群众呼声，帮助解决困难。基层干部要通过"同吃同住同劳动"、"三问三解"等形式拓宽社情民意反映渠道，及时了解民情和民意，注重分析社情和舆情。基层政府要探索建立维护群众权益的有效机制，认真解决群众反映强烈的教育医疗、环境保护、安全生产、食品和药品安全、企业改制、征地拆迁、涉农利益、涉法涉诉等方面的突出问题，完善矛盾纠纷排查化解机制，引导群众依法表达合理诉求，切实维护群众权益。

3. 转变农业发展方式，创新农村组织形式

一是加强农村社会管理，重在创新农村组织与管理机制。由于农业经营方式高度分散，农民长期处于分散状态，从而给农村社会管理带来难以克服的障碍。政府应该通过新的经济组织形式和利益分配机制，提高农民的组织化程度，通过组织形式尽量将农民由个体的人变成单位人。农村生产大队和生产队改为村委会和村民小组后，村政组织被村委会所取代，经济组织被搁置起来，但实际上原基本经济核算单位的村集体经济组织作为村委会和村民小组的附着物是客观存在的，应该正其名、行其事，发挥其管理集体所有土地，产前产后统一服务的功能。同时，政府要对村集体经济组织进行体制创新，应把村委会单纯的村政组织改制为政经合一的农村社区组织，名称可为某某村村民公会，其性质既是村民自治组织，又是为农业发展提供各种服务的协会组织和合作经济组织。

二是大力发展龙头企业，延长农业产业链。农村现有龙头企业总体上看，规模、质量和效益都不够高。农村经济发展中存在的主要问题是市场开拓能力不强，企业与农户的利益联结机制不完善，产业化管理体制不顺。在市场经济环境下，龙头企业和农户之间只能是平等的交换关系，平等交换的关键是要科学制订涨落有序的价格波动区间，形成牢固的价格联盟。还有一个办法就是采取反租倒包或者土地入股的办法把农民土地租过来自己经营，把基地变成企业的第一车间，把农民变成农业工人。

三是创新农村组织形式。在流通领域政府可用股份制和混合经济理念改制供销合作社，通过流通环节的上下游联结提高农民的组织化程度。从江苏、浙江等发达地区发展趋势看，供销合作社在经过改革的阵痛后，又迎来了飞速发展的大好时光，在农村流通领域又唱起了主角。这说明供销社的市场空间是有的，关键是要提高自己的本领。目前大多数农村县及县以下的基层社组织瘫痪，原因是历史包袱太重，债务、人员安置、财产纠纷压得他们抬不起头来。从发展趋势看，要救活基层社非常困难。因而，我们必须彻底割断历史，通过股份制和混合经济理念改制供销社，吸收民营商社和流通经纪人参加，恢复民有、民营、民受益的性质，重新塑造供销合作社品牌。

四 加快推进村民自治和农村社区化管理进程，强化"由民做主"意识

中国的官场文化历来盛行"为民做主、为民请命"的理念，县乡领导曾被誉为"父母官"，民间把为民做主的官员称为"青天大老爷"，流传有"当官不为民做主，不如回家卖红薯"的古训。这里的"为民做主"的主体不是民，而是官，民不过是被人代替的客体。"由民做主"则不同，民是做主的主体，主由民自己来做。村民委员会要真正

体现村民自治组织的性质，就要提升"由民做主"的意识。凡涉及公民权利、公共利益的事情都要以公开、公决的形式由民做主，切实保障公民的知情权、参与权、监督权。对农村基层组织的设置形式，我们要进一步探索创新。一是要尽量多吸收各地约定俗成的村规民约，扩展农民自我教育、自我管理的形式。二是认真倾听群众呼声。基层社会建设、社会管理的过程，就是听民声、察民意、集民智的过程。胡锦涛同志讲的"情为民所系，权为民所用，利为民所谋"的用权之道，应该广泛落实于广大农村。

1. 健全农村民主管理制度，提高村民自治能力

我国政府应加强基层政权建设，扩大村民自治范围，保障农民享有更多、更切实的民主权利。一要继续推进农村综合改革，着力增强乡镇政府社会管理和公共服务职能，完善与农民政治参与积极性不断提高相适应的乡镇治理机制。二要健全村党组织领导下的充满活力的村民自治机制，推进村民自治制度化、规范化、程序化。三要培育农村服务性、公益性社会组织，完善社会自治功能和社区管理职能。四要在坚持按地域、建制村为主设置村级基层组织的基础上，创建"村组联建"、"村企联建"、"村族联管"的组织形式。有的地方积极探索把党组织建立在农业产业链、专业协会和各种联合体上；有的地方建立50户一社区，10联保共建的社区化管理模式，等等，效果都很好，各地应加以借鉴。总之，基层政府的核心任务是发展农村经济，让农民增收致富。

2. 通过社区治理和民众参与构建和谐社会

从理论上讲，社会性参与机制对社会管理的重要性毋庸置疑。社会性参与是分散化社会治理机制，其特征和作用，是将政府职能通过向社会转移或委托代理等方式，转移出政府，以达到提高行政效率，推动社会管理现代化的目的。罗·达尔认为："独立的社会组织在一个民主制中是非常值得期待的东西，至少在大型的民主体制中是如此，其功能在于使政府的强制最小化，保障政治自由、改善人的生活。"滕尼斯认为社区本身就蕴涵着和谐要素，因为社区中人们之间的关系是建立在情感、传统和共同纽带的基础上，社区成员对社区有强烈的认同感、归属感，人与人之间亲密度高，感情深，道德约束感强，社会整合度高。社区主义认为社区存在"道德的声音"、非正式的约束机制和高水平的回应能力，可以使人、社区和社会处于理想状态。社会资本理论认为，个人与邻里相互接触，就会产生社会资本的积累，社区最大的特点是社会单元群体性善意、伙伴关系、相互同情和交往、相互照应，这些积累起来就会形成社会资本，这些社会资本可以为自己提供便利和帮助，同时具备社会互助潜力，使社区总体受益于成员之间的合作帮助，从而提高整个社区的生活质量。而政府主导社会管理应以公开、公正、公平分配为原则导向，主要通过建立相应的财政扶助制度，针对社会弱势群体制定社会福利政策，通过实现公共服务的全社会共享，以彰显社会政治民主的价值。对于我国农村的社会管理而言，引入社会性机制参与社会管理，目的就是要打破政府的一元垄断，倡导管理主体多元化，寻找有利于公共利益实现的治理模式。

3. 通过公共服务的社会化、市场化解决社会生活难题

目前，农村基层组织管理者普遍存在年龄、文化、性别结构不合理问题，农村青壮年劳动力大量外出，也给农村社会服务和社会管理工作带来了一定的难度。浙江天台三河镇有5名儿童不慎滑落池塘，其全村竟找不到年轻力壮的施救者，村上的李奶奶租用摩托车到处找人，最后找到两位年轻人，但赶到时为时已晚，5名儿童全部死亡。这种情况说明农村社会服务和社会管理工作原有的模式和渠道已很难适应农村客观需要，留守儿童有爷爷奶奶看管，但却无力保护儿童安全。空巢老人经济上享受低保和老年补助，但却无人照顾他们的健康。创新农村社会管理，必须考虑建立新的机构和机制解决这些问题。其思路和办法就是通过社会化公共服务和市场化的运作模式解决这些难题。比如将儿童交由学校实行寄宿管理，或者让父母带进城里共同生活。空巢老人可以通过集中供养解决他们的生活与保健问题，成立专门的机构负责照顾儿童和老人，通过有偿服务市场化渠道解决营运问题。

五　切实做好农村社会管理的领导班子和人才建设

建设高素质干部队伍，凝聚各方面人才和力量，坚持把推进农村基层组织领导班子和人才建设同新农村建设和创新农村社会管理的伟大事业紧密结合起来，是创新农村社会管理的治本之策。农村基层组织建设要着力提高党组织的创造力、凝聚力、战斗力，要使党的组织成为发展农村经济、建设农村和谐社会的根本保证。由于农村大量青壮年进城务工，高学历人才大量外流，造成不少农村干部队伍年龄变大，农村管理人才青黄不接；一些基层党组织战斗堡垒作用不强，有的软弱涣散，有的领域党组织覆盖面不广，部分党员意识淡化、先锋模范作用不明显；有些领导干部宗旨意识淡薄，脱离群众，不讲原则、不负责任，个人主义突出，已经严重影响到农村发展和社会稳定。

为了彻底扭转这种情况，各级党组织必须进一步加强和改进农村发展党员工作，积极探索在青年农民、外出务工人员、专业协会负责人、致富能手中培养入党积极分子的有效方式，改善农村党员队伍的年龄结构、文化结构和知识结构，不断增强党的生机与活力。对现有农村党员，党组织要广泛开展党员设岗定责、依岗承诺和创先争优等活动，不断提高党员的政治觉悟和使命意识，使党员队伍更有代表性、时代性。基层党组织要依托党校、远程教育站点等阵地，搞好农村党员教育培训工作，使党员的模范带头作用和广大村民的生产生活实际紧密联系起来。另外，各级党组织要扩大党内基层民主，尊重党员主体地位，建立健全党内激励、关怀、帮扶机制，增强党组织的亲和力。

各级党组织要加大培养选拔优秀年轻干部的力度，重点要加强年轻干部的党性修养和实践锻炼，鼓励他们到基层工作，到艰苦地区、复杂环境、关键岗位砥砺品质、锤炼作风、增长才干。另外，党组织要建立来自基层一线党政领导干部的培养选拔链，大力选拔经过艰苦复杂环境磨炼、重大斗争考验、有培养前途的年轻干部，扎实抓好后备干部队伍建设，加强女干部、少数民族干部、党外干部的培养选拔，做到系统培养、择优使用。

1. 扩大基层党组织覆盖面，以党的基层组织建设带动其他各类基层组织建设

按照便于党员参加活动、党组织发挥作用的要求，我们要探索完善农村基层党组织设置形式，推广在农民专业合作社、专业协会、产业链、外出务工经商人员相对集中点和面上建立党组织的做法，抓紧在民营经济组织中建立党组织的工作，加大在中介机构、协会、学会以及各类新社会组织中建立党组织的力度，活跃基层，打牢基础。

2. 推进农村基层组织工作创新

基层组织要适应新形势、新任务要求，创新活动内容方式，找准开展活动、发挥作用的着力点，提高实效性，增强创造力、凝聚力、战斗力。我们要把发展现代农业、培养新型农民、带领群众致富、维护农村稳定贯穿于农村基层党组织活动的始终，把服务人民、凝聚人心、优化管理、维护稳定贯穿于农村社区基层组织活动始终，以发挥党组织在建设文明和谐社区中的领导核心作用。

3. 建设高素质基层组织带头人队伍

按照守信念、讲奉献、有本领、重品行的要求，我们应加强基层组织带头人队伍建设。火车跑得快，全靠车头带，选好基层组织领头人是班子建设的关键。各基层组织要拓宽农村基层干部来源渠道，选拔优秀人才担任村党组织书记和村委会主任，推进选聘高校毕业生到村任村官，鼓励复转军人到乡、村工作，及时调整软弱涣散的农村基层班子，选配好街道社区、非公有制经济组织、新社会组织的负责人。政府要建立农村基层干部长效激励机制，加大从农村、社区优秀基层干部中考录公务员的力度，切实解决农村基层干部基本报酬和社会保障问题，解除他们的生活压力和后顾之忧。

4. 构建城乡统筹的基层党建新格局

我们要统筹城乡基层组织党建工作，促进以城带乡、资源共享、优势互补、协调发展；要加强城乡基层党建资源和人才整合，推行机关、企业、社区党组织同农村党组织结对帮扶、定期交换等做法，推动城乡基层组织互相学习、互相交流、相互促进。针对党员干部城乡流动频率加大的变化,我们应建立城乡一体、流入地党组织为主、流出地党组织配合的流动党员组织生活制度。我们要高度重视吸纳农民工入党工作,实行城乡基层党组织一方为主、接续培养、两地考察、相互衔接的优秀农民工入党办法。此外,政府可通过财政转移支付和发展村集体经济的办法,建立稳定规范的基层组织工作经费保障制度。对农村历史上形成的债务,政府要通过财政、创收、减免等渠道予以化解。按照《中共中央关于加强党的建设的决定》中2010年底基本完成村级组织活动场所、农村党员干部现代远程教育网络一体化建设任务的要求,政府在农村,应尽快完成村级组织活动场所、现代教育网络建设。

参考文献

[1] 中共中央:《关于推进农村改革发展若干重大问题的决定》,2008年10月20日《人民日报》。

[2] 中共中央:《关于加强和改进新形势下党的建设若干重大问题的决定》,2009年9月28日《人民日报》。

[3] 徐勇、吴理财:《县乡村治理体制反思与改革》,西北大学出版社,2004。

[4] 赵树凯:《关于乡镇改革历史的考察》,《经济研究参考》2008年第31期。

[5] 贺国强:《推进农村基层组织建设,为建新农村提供坚强自治保障》,2006年4月3日,人民网。

(杨沛英)

第十七章 创新农村社会保障的政府支持

农村社会保障制度是中国社会保障体系的重要组成部分。加快农村社会保障制度建设,是促进农业和农村发展、改善农民基本生活、大力推进社会主义新农村建设的内在要求,对于统筹城乡经济社会发展、加快构建社会主义和谐社会和全面建设小康社会都具有非常重要的战略意义。

在农村社会保障体系的建设中,政府起着主导作用。"十六大"以来,各级政府和有关部门按照中央的统一部署,加大了投入力度,大力支持农村社会保障体系建设,使农村社会保障项目不断增多,覆盖范围不断扩大,保障标准不断提高。但是,目前我国仍存在一定范围、一定程度的政府责任"错位"、"缺位"和"越位"现象,极大地影响了农村社会保障体系的建设和完善。本章试图通过对农村社会保障政府支持的理论和实践分析,探讨创新农村社会保障政府支持的方向和路径,以期对当前加快农村社会保障制度的建立和完善,有所裨益。

一 农村社会保障建立离不开政府支持

(一)农村社会保障的公共产品性质要求政府支持

1. 提供公共产品是政府的责任

萨缪尔森(1954、1955)认为,公共产品是每一个人对这种产品的消费并不减少任何他人也对这种产品的消费。① 非竞争性和非排他性是公共产品的基本特征。根据公共产品非竞争性和非排他性的不同程度,公共产品又可以分为纯公共产品和准公共产品。纯公共产品是指具有完全的非竞争性和非排他性特征的公共产品,如国防。纯公共产品不能通过市场提供,只能由政府或社区提供。准公共产品是指不同时或不完全具有非竞争性和非排他性的公共产品,如公共道路。根据非竞争性和非排他性的不同组合,准公共产品又可以分为两类。一类是具有消费的竞争性但不具有排他性的物品,如社会保障体系中的孤儿院、养老院等社会福利项目;另一类是具有消费的排他性但不具有竞争性的物品,如社会保障体系中的社会保险项目。前一类准公共产品不具有排他性,价格形成困难,因此,只能采取免费供给方式;而后一类准公共产品具有排他性,有可能向主要受益者收费。② 可见,虽然可以通过市场提供部分准公共产品,但公共产品主要依靠政府提供。

2. 农村社会保障具有公共产品属性

农村社会保障具有维护社会稳定和谐的强大外部效应,一旦得以有效提供,就会惠及全体社会成员。农村社会保障的建立,可以从根本上提高农业生产力和农民生活水平,缩小城乡差距。因而,农村社会保障具有明显的外溢性特征和良好的社会收益。

同时,农村社会保障还具有非竞争性和非排他性的特征。在农村养老保险、医疗保险等社会保险项目中,产生的经济效能及其溢出效应,使大家共同参与时,公共产品效用不仅没有减少,反而会增加。从长期来看,随着国家实力增强、支持力度加大、农民变富、购买能力增强,农民享有产品的效用和福利也将逐步加大。农村"五保"供养、社会救济等社会福利项目,具有明显的非排他特征。因此,正如福利经济学家所言,社会保障是政府提供给全民的公共产品。③

---

① Samuelson, P. A., "The Pure Theory of Public Expenditure", *Review of Economics and Statistics*, No. 36, 1954.
② 〔日〕植草益:《微观规制经济学》,朱绍文等译,中国发展出版社,1992。
③ 〔日〕植草益:《微观规制经济学》,朱绍文等译,中国发展出版社,1992。

（二）政府为公民提供社会保障是国际社会的通行惯例

1. 国际公约赋予了人们获得社会保障的权利

《世界人权宣言》第二十五条规定："人人有权享受为维持他本人和家属的健康和福利所需的生活水准，包括食物、衣着、住房、医疗和必要的社会服务，在遭到失业、疾病、残废、守寡、衰老或在其他不能控制的情况下丧失谋生能力时，有权享受保障。"联合国《经济社会和文化权利国际公约》第九条规定："本公约缔约各国承认人人有权享受社会保障，包括社会保险。"第十一条规定："本公约缔约各国承认人人有权为他自己和家庭获得相当的生活水准，包括足够的食物、衣着和住房，并能不断改进生活条件。"

此外，1927 年的《农业医疗保险公约》，1933 年的《农业养老保险公约》、《农业残疾保险公约》，1952 年的《社会保障最低标准公约》等都规定了公民享有社会保障的权利。可见，公民获得社会保障的权利是国际公认的基本权利。

2. 众多国家建立了农村社会保障制度

现代社会保障制度建立一百多年来，许多国家，包括发达国家和发展中国家都纷纷建立各国的农村社会保障体系。德国于 1886 年颁布实施《关于农业企业中被雇佣人员工伤事故保险法》，开始实施农民社会保障；1957 年颁布了《农民老年救济法》，向建立独立的、全面的农村社会保障法律体系迈进。日本于 1938 年制定了包括农民在内的《国民健康保险法》，到 20 世纪 60 年代日本已基本建立起了覆盖全民的医疗保障体系。英国依据《贝弗里奇报告》，建立了均一给付的普遍养老模式的农村社会养老保险。①

（三）我国宪法赋予了农村居民获得社会保障的权利

我国宪法第四十五条规定："中华人民共和国公民在年老、疾病或

---

① 曹建民、龙章月等：《中国农村社会保障制度研究——以西北贫困地区为例》，人民出版社，2010。

者丧失劳动能力的情况下，有从国家和社会获得物质帮助的权利。"可见，农村居民获得社会保障权是宪法所赋予的，具有强制性和权威性，任何人都无权剥夺。

二 农村社会保障政府支持的主要形式

（一）资金支持

政府为社会保障提供资金支持，是政府履行公共财政职能的要求和体现。纵观各国社会保障基金的来源，无论采取何种社会保障模式，政府财政拨款是社会保障基金最固定、最主要的来源。在有数据可查的131个国家的城乡社会养老保险金的筹资形式中，至少有129个国家的基本来源均是由政府拨款或由政府和雇主出大头、受保人出小头。[①]发达国家的社会保障支出在财政总支出中占据相当的比重。比如，2001年瑞典的福利开支占据GDP的28.9%，挪威23.9%，英国21.8%，加拿大17.8%，日本16.9%，美国14.8%。当年人均GDP瑞典为24180美元，挪威29620美元，英国24160美元，加拿大27130美元，日本25130美元，美国为34320美元。可见，这些福利开支的实际数额相当庞大。[②]尽管鉴于高福利的负面效应，社会保障支出占财政总支出的比重有所调整，但福利支出数额仍然巨大。因此，政府为主要资金支付者是社会保障的一个根本性特征。[③]

对于农村社会保障来说，更需要政府的财力支持。一方面，农民本身财力相当有限；另一方面农民作为自雇者，参加社会保险，缺乏雇主缴费。农村各项社会保障制度的建立、运转、持续发展都需要政府财力的大力支持。正如温克勒在总结欧洲国家农民养老金的财政状况时所

[①] 刘书鹤：《农村社会保障的若干问题》，《人口研究》2001年第5期。
[②] 刘瑜：《福利开支占据美国财政支出一半以上》，《南方人物周刊》2007年第9期。
[③] 刘书鹤：《农村社会保障的若干问题》，《人口研究》2001年第5期。

说，没有一个社会保障机构能光靠所缴费用来承担农民养老金的支出，他们都需要依赖政府补助和其他方式来补贴。①

（二）组织管理支持

农村社会保障基本制度的建立与各项事业的顺利发展，需要由比较健全的农村社会保障管理机构来推动②，而这个管理机构必须由政府构建和运行。

我国政府建立的社会保障组织机构主要包括社会保障管理机构和社会保障经办及服务机构。③ 农村社会保障管理机构涉及的中央政府机构主要有劳动和社会保障部、民政部、卫生部以及财政部等。劳动和社会保障部是全国劳动和社会保险事务的主管部门，负责起草包括社会保险在内的劳动和社会保险法规政策，以及对养老保险、医疗保险、失业保险、工伤保险、生育保险、农村社会保险等事务的管理，其下设的社会保险基金监督司负责各项社会保险基金监督工作。地方各级政府中的劳动和社会保障行政部门，也按照这种设置内设机构。民政部主要负责管理救灾救济、社会福利（包括老年人、孤儿、"五保户"等特殊困难群体的福利）、优抚安置等事务。

除了上述两个主管部门之外，还有一些部门也承担了部分社会保障的管理职能。如卫生部承担着农村合作医疗的管理职能；财政部内设社会保障财务司，负责管理中央财政社会保障支出及相关财务制度；审计署内设社会保障审计司，负责对社会保障事务进行审计监督；国家发展和改革委员会内设社会发展司，负责制定社会保障发展的中长期规划。

我国在县级以上政府设立办理本辖区内社会保障业务的经办机构。农村社会保障经办机构是筹集和管理社会保障基金、给付社会保障待

---

① 胡豹、卫新：《农村养老保障模式的国际比较与经验借鉴》，《农村经济》2005 年第 10 期。
② 李迎生：《论政府在农村社会保障制度建设中的角色》，《社会科学研究》2005 年第 4 期。
③ 汪敏：《农村社会保障中的政府责任》，湖南大学博士学位论文，2007。

遇、组织社会保障服务活动、委托并监督社会保障基金积累部分的经营、确认公民享受社会保障待遇资格的专门机构。① 农村社会保障服务机构是指由社会保障经办机构兴办或者受社会保障经办机构委托,向公民提供某些特定项目社会保障服务的事业单位。

(三) 制度支持

政府在农村社会保障体系的构建中,必须提供相应的制度安排。例如,在农村养老保险制度的建立中,政府至少要提供以下三个层面的制度安排。一是社会养老保险制度。包括社会养老保险实施的对象、资格的取得、费用的收集与分担、待遇的享受与分配、基金的管理与增值以及与此相配套的措施。二是与养老保险制度相匹配的结构体系及政策。养老保险制度作为一种社会经济制度,是公共选择的结果,在社会经济运行中应该起着"减震器"和"安全网"的作用。政府应采取包括商业养老保险在内的多种形式合理解决全体农民的老年经济风险问题。三是与养老保险相关的法律制度。政府要依法介入养老保险体系,并依法对市场主体的活动进行监督管理。②

我国农村社会保障制度从无到有,逐步建立。20 世纪 50 年代,我国就开始建立以保吃、保穿、保住、保医、保葬为基本内容的农村"五保"供养制度,这是新中国的第一项农村社会保障制度。"十六大"以来,农村社会保障制度的建设步伐加快。2002 年 10 月,在《中共中央、国务院关于进一步加强农村卫生工作的决定》中明确指出,要"逐步建立以大病统筹为主的新型农村合作医疗制度","到 2010 年,新型农村合作医疗制度要基本覆盖农村居民";2003 年底,我国开始推行农村医疗救助制度,政府对患病且无力就医的贫困农民

---

① 王全兴:《经济法基础理论专题研究》,中国检察出版社,2002。
② 苏保忠、张正河:《农村基本养老保障制度建设中的政府责任及其定位》,《中国行政管理》2007 年第 12 期。
  黄庆杰:《城乡统筹的农村社会养老保障:制度选择与政府责任》,中国社会科学院研究生院,2009。

的医疗费用给予适当补助；2004年，卫生部、民政部、财政部、农业部、发展改革委、教育部、人事部、人口计生委、食品药品监管局、中医药局、扶贫办联合发布《关于进一步做好新型农村合作医疗试点工作的指导意见》；2006年，我国出台《关于加快推进新型农村合作医疗试点工作的通知》；2007年，国务院印发《关于在全国建立农村最低生活保障制度的通知》，加快了农村最低生活保障制度的建设步伐；2009年，我国发布《国务院关于开展新型农村社会养老保险试点的指导意见》，探索建立个人缴费、集体补助、政府补贴相结合的新农保制度，实行社会统筹与个人账户相结合，与家庭养老、土地保障、社会救助等其他社会保障政策措施相配套，以保障农村居民老年基本生活。目前，我国已初步建立了包括养老、医疗、社会救助、五保供养等内容的农村社会保障制度。

（四）立法支持

强制性是社会保障的基本特征之一。政府应当利用其强制权，通过国家立法形式，为社会保障提供一个相对完备的法律环境。通过立法推动农村社会保障事业发展也是国际社会的通行做法。例如，德国1957年和1995年分别颁布了《农民老年援助法》和《农业社会改革法》，这些法规规定了被保障人的范围、缴纳费用的原则和标准、享受待遇条件及标准，也明确了社会保障机构、参保人的权利和义务。

我国通过立法，加快了农村社会保障体系建设。例如，1992年民政部颁布《县级农村社会养老保险基本方案（试行）》，1994年国务院颁布《农村五保供养工作条例》，1996年民政部颁布《关于加快农村社会保障体系建设的意见》，2003年民政部、卫生部、财政部联合发布《关于实施农村医疗救助的意见》，2004年初国务院办公厅转发卫生部等部门颁布的《关于进一步做好新型农村合作医疗试点工作的指导意见》，等等。2010年，我国制定了《社会保险法》，明确规定了国家建立基本养老保险、基本医疗保险、工伤保险、失业保险、生育保险等社会保险制度，保障公民在年老、疾病、工伤、失业、生育等情况下依法从国家和社会获得物质帮助的权利。我国政府通过逐步完善的法律体系，推动我国农村社会保障事业不断发展。

（五）监管支持

在农村社会保障事业的发展中，政府不仅是管理者，也是监督者。政府的管理和监督是确保社会保障制度依法正常、健康运行的基本保证。政府通过建立民主、科学的农村社会保障的监管机制实现对农村社会保障具体业务的监管职责。[1] 政府对社会保障运行的监管，是通过具有监管权力的监管体系来实现的，主要包括行政监管体系、司法监管体系和专门监管体系。[2] 例如，在农村养老保障制度的推进上，政府的监管责任主要体现在两方面。一是强化对农村基本养老保障监督机制的建设。重点是养老保障目标的落实、依法管理和基金运行情况。二是不断提高对农村基本养老保障的管理效能。[3] 此外，为了确保农村社会保障资金的安全运营和保值增值，政府还应当鼓励并推动媒体和其他舆论机关实施舆论监督，以弥补政府主导的监管机制的不足。[4]

综上所述，新世纪以来，我国政府积极履行和实践在农村社会保障中的职能，在资金、组织、制度、立法等方面积极支持农村社会保障的发展，使农村社会保障事业取得了较大的成绩。

三 农村社会保障政府支持的局限与不足

当前，尽管我国农村社会保障体系已初步形成，但是我国农村社会保障工作基础仍然薄弱，农村社会保障事业发展仍然滞后。就农村社会保障的政府支持方面，仍存在一些局限与不足。

---

[1] 李迎生：《论政府在农村社会保障制度建设中的角色》，《社会科学研究》2005 年第 4 期。
[2] 汪敏：《农村社会保障中的政府责任》，湖南大学，博士学位论文，2007。
[3] 苏保忠、张正河：《农村基本养老保障制度建设中的政府责任及其定位》，《中国行政管理》2007 年第 12 期。
[4] 李迎生：《论政府在农村社会保障制度建设中的角色》，《社会科学研究》2005 年第 4 期。

（一）资金投入总量不足，方向分散

虽然近年来各级财政加大了对农村社会保障的投入，2012年中央财政安排社会保障和就业支出增长率达21.9%，但与巨大的资金需求相比，仍存在较大的差距。以新型农村社会养老保险的财政补贴为例，按照200元及以下标准缴费者每人每年补贴30元的补贴标准，我国农村人口大约有七亿多人，依据预期目标，到2012年7月1日实现全覆盖。这意味着仅此一项，资金需求量就相当庞大。

一些地区，特别是中西部地区尤其是西部少数民族地区，由于地方财政困难，难以保证农村社会保障的投入。又由于事权划分及其财政支出责任不明确，对上级政府和下级政府支出责任缺乏合理界定，各级政府发展农村社会保障事业的积极性没有得到充分调动，甚至出现了下级依赖上级、地方依赖中央的现象。此外，各部门缺乏协同合作，各自为阵，资金投入分散，未形成合力，也降低了资金投入效率。

（二）法律体系不完善，制度建设滞后

一是政府在农村社会保障中的工作，大多停留在政策层面，尚未上升到法律法规高度，缺乏必要的法律依据和保证。例如，2003年新型农村合作医疗开始试点，2006年农村最低生活保障制度和新型农村社会养老保险制度再一次开始试点，但有关文件都没有上升到法律或法规的层次，其法律效力较低。二是以政策性文件规定的政府农村社会保障的责任多用概括性的描述语言，对各级政府缺乏明确的法律责任边界。例如，在国务院2006年颁布的《农村五保供养工作条例》中，对县、乡、村等各级的职责缺乏明确界定，这直接导致各级政府，特别是基层政府在实际工作中缺乏具体的法律依据。三是法令法规的稳定性、协调性较差。现有法令法规由不同职能部门颁布，而职能部门的改革经常发生，随着职能部门的调整，有些法令法规可能随之丧失作用。由于各部门的职能范围不同，导致文件制定的政策选择和价值取向也不同，缺乏部门之间的横向协调性、统一性，从而加大了执行和遵守的难度。四是

地方性立法缺乏。各地区差异较大，需要各地根据经济发展状况，因地制宜地制定本地区的法律法规，但地方性立法普遍不足。

（三）机构不健全，管理水平较低

一是基层管理机构不健全，工作力量薄弱、设施条件简陋等问题突出。管理机构不健全，社会保障经办机构一般只设到县一级，许多乡镇没有专门的社会保障机构。对全国农民社会养老保险经办机构队伍建设情况的调查显示，2209个县级市中有1267个建立了经办机构，占57.4%；29378个乡镇中，共有4137个建立了经办机构，占14.1%。人员编制紧张，全国平均每名县级新农合经办人员要负责3万名左右农民的参合经办工作，负责多项社会保障工作的民政岗位仅配备1名助理员，有的还是兼职。二是管理散乱。农村社会保障管理呈现明显的城乡分割、条块分割。各部门、各地区之间各自为政，多头管理，形成"多龙治水"的管理格局。在利益关系的牵制下，在农村社会保障的管理和决策上，各部门间难免出现这样那样的矛盾。三是专业人才匮乏，管理水平较低。农村社会保障的管理是一项技术性很强的工作，需要专业人才才能胜任。但是目前普遍较缺乏专业人才，从在编人员来看，有近1/4的工作人员还未达到大专以上文化程度，拥有高级专业技术职称的仅占3%，专业技术人员严重不足。缺乏专业人才，加之缺乏严格的管理制度，致使管理漏洞频出。在资格审核、资金发放等方面不规范、随意性较大等问题突出。[①]

（四）部门职责不清，监管方式僵化

一是对农村社会保障基金监管的机构权责笼统，职责不明；二是监管方式僵化，对社保基金投资运营缺乏专业性的技术方法，难以有效地保证社保资金的保值、增值。三是信息不对称，披露制度不完善，公众难以有效参与监管。在以往的实践中，出现过农村救灾救济款被挪用的案例，农村合作医疗中也存在基金不规范运作的现象。

---

① 于长永：《农村社会保障立法：价值、障碍与策略》，《农村经济》2010年第10期。

四 创新农村社会保障的政府支持

（一）健全法律法规，依法推进农村社会保障建设

加强社会保障立法，确保农村社会保障工作的稳定性与法律权威性。一要抓好社会保障基本法的建设，尽快制定《农村社会保障法》，就农村社会保障应遵循的原则、保障内容及形式、管理体制、资金来源、发放条件、保障标准、保障监督、法律责任等作出明确规定。二要加快农村社会保障单行法规的制定，出台《农村养老保险法》、《农村合作医疗法》、《农村社会救助工作法》、《农村优待抚恤法》等。三要加快保障农村居民基本生存权的立法。在《社会救助法》的基础上，加快《农民工权益保障法》、《失地农民权益保障法》、《农民医疗保险法》和《农民养老保险法》等专项农民权利保障法的制定。四要抓好地方性法规的建设，鼓励与提倡各地方政府根据本地实际情况制定具体的保障办法。根据东中西部农村经济发展的差异，允许和支持不同区域制定保障水平适应本地经济发展水平的保障立法。五要着力做好农村社会保障的城乡衔接、地区衔接、新老衔接等方面的立法支持，将一些地区的有效做法，作为立法的参考依据。例如，在城乡居民的养老保险接续上，可以参考北京市的做法：农保缴费年限按城镇职工养老保险缴费折算，参加城镇职工养老保险的农民工到达领取年龄时不符合按月领取条件的，可按一次性待遇政策，将资金转入农保机构，建立个人账户，享受农保待遇。农民工加入城镇职工养老保险履行了与城镇职工同等义务的，退休时可以享受同等权利。这样，通过立法，政府把一些行之有效的做法规范化、制度化。

（二）加大财政投入，多渠道筹集资金

加大中央和地方的财政投入，把农村社会保障资金，作为拉动内需、保障民生的重点来投入。一是坚持事权、财权统一，合理确定中央

和地方财政分担的比例。中央的投入要重点倾斜，特别是对中西部尤其是西部地区和享受西部政策地区，在保障金的安排方面给予倾斜。二是保证农村社会保障资金及时、足额拨付。为了保证对社会保障基金的拨付，多数国家将社会保障基金直接纳入国家财政的预算范畴，将其与经常性预算放在一起进行管理；还有的国家虽然将社会保险基金放在经常性预算系统之外运行，但也会通过财政专户对其进行监控；还有的国家虽然建立了完全独立于国家财政预算系统之外的社会保险基金系统（如新加坡），但国家财政仍承担着对社会救助、社会福利等事业的直接拨款责任，有的还对系统之外的社会保险基金给予适当的援助。① 三是拓宽农村社会保障资金筹资渠道。政府除了应当兑现国家对农村社会保障事业的财政责任，通过财政的转移支付实际推动农村社会保障制度的建设之外，由于政府的财政支持在特定历史发展阶段毕竟是有限的，因此，政府还应积极推动多渠道筹集农村社会保障资金，通过政府税收的杠杆，鼓励个人和企业在参与社会保障、社会保险方面承担更多的责任，满足农村社会保障制度发展对资金的需求。按照国际经验，政府鼓励"第三部门"参与社会保障建设对我国农村社会保障事业的发展尤其必要。例如，在西方国家，作为"第三部门"重要组成部分的慈善机构非常发达，慈善救济和政府救济相互补充，扩大了保障范围，提高了保障标准，使其社会保障制度更加完善。②

（三）加强组织支持，促进部门协调协作

一是加强农村社会保障基层经办机构的建设。统一社会保障经办机构的性质，提高经办机构的权威性，明确基层经办机构是社会保险经办管理的法定主体，是服务型政府的重要组成部分。政府应稳定基层经办机构的队伍，鼓励地方结合实际改革创新，具备条件的地方，可将经办机构从事业单位改成参与管理的事业单位。二是加快政府职能转变，明

---

① 郑功成：《社会保障学——理念、制度、实践与思辨》，商务印书馆，2000。
② 李迎生：《论政府在农村社会保障制度建设中的角色》，《社会科学研究》2005年第4期。

确政府职责分工。我国应明确各级政府在农村社会保障事业中的职责边界，最大限度减少政府"缺位"、"错位"，充分发挥村委会、社会组织、社会工作人才队伍、志愿者队伍在农村社会保障工作中的作用。三是加强部门协作。农村社会保障事业的推进，涉及部门多，工作环节多，而各项事业间又存在难以分割的关联性，因而，政府要加强部门间的协调协作，加快形成各司其职、各负其责、分工合作、齐抓共管的工作机制，增进互联、互动、互补，增强推进合力。

（四）调动多方力量，加强农村社会保障建设监管

政府应切实落实各部门对农村社会保障体系建设的职责。劳动和社会保障部门要对农村社会保障基金提供主体依法缴纳社会保障费用，社会保障经办及服务机构依法运行，保障对合法权益等行为进行监管；财政部门要行使对各社会保障管理机构、经办机构的财务监督权，监督农村社会保障收支的年度预算执行情况，中、长期计划执行情况，财政性农村社会保障基金的使用情况，农村社会保险基金的使用情况；[①] 审计部门主要是对社会保障经办机构依法进行农村社会保障基金的收支以及运营情况等方面的审查；民政部门要对农村社会救助和农村社会福利等项目的实施行使监管权。此外，政府还要加强信息公开，完善公示和披露制度，充分利用公众舆论力量加强对农村社会保障的监管。

参考文献

[1] Samuelson, P. A., "The Pure Theory of Public Expenditure", *Review of Economics and Statistics*, No. 36, 1954.

[2] 〔日〕植草益：《微观规制经济学》，朱绍文等译，中国发展出版社，1992。

[3] 曹建民、龙章月等：《中国农村社会保障制度研究——以西北贫困地区为例》，人民出版社，2010。

---

① 郑功成：《社会保障学——理念、制度、实践与思辨》，商务印书馆，2000。

[4] 刘书鹤:《农村社会保障的若干问题》,《人口研究》2001年第5期。
[5] 刘瑜:《福利开支占据美国财政支出一半以上》,《南方人物周刊》2007年第9期。
[6] 胡豹、卫新:《农村养老保障模式的国际比较与经验借鉴》,《农村经济》2005年第10期。
[7] 李迎生:《论政府在农村社会保障制度建设中的角色》,《社会科学研究》2005年第4期。
[8] 汪敏:《农村社会保障中的政府责任》,湖南大学博士学位论文,2007。
[9] 王全兴:《经济法基础理论专题研究》,中国检察出版社,2002。
[10] 苏保忠、张正河:《农村基本养老保障制度建设中的政府责任及其定位》,《中国行政管理》2007年第12期。
[11] 黄庆杰:《城乡统筹的农村社会养老保障:制度选择与政府责任》,中国社会科学院研究生院,2009。
[12] 于长永:《农村社会保障立法:价值、障碍与策略》,《农村经济》2010年第10期。
[13] 郑功成:《社会保障学——理念、制度、实践与思辨》,商务印书馆,2000(4)。

(赖作莲)

第十八章 全面推进义务教育，提供更加丰富的优质教育

新农村建设过程中，义务教育的非公平、非均衡性发展是一个不争的事实。《国家中长期教育改革和发展规划纲要（2010—2020）》明确指出要"把促进公平作为国家基本教育政策……重点是促进义务教育均衡发展和扶持困难群体，根本措施是合理配置教育资源，向农村地区、边远贫困地区和民族地区倾斜，加快缩小教育差距"。为贯彻落实纲要精神，教育部与27个省市及新疆建设兵团签署了义务教育均衡发展备忘录，共同推进义务教育均衡发展。

一 城乡教育资源统筹与整合前瞻性研究

一般而言，教育资源包括人力资源、物质和资金。人力资源即师资力量，指教师的知识构成、教学能力、职业素质、个人修养；物质资源包括基础设施和教学设备，如教学楼、宿舍、食堂、体育设施、电脑与多媒体等信息化设备、实验仪器、图书馆等；资金即教育经费投入，包括教育事业经费拨款、科研经费拨款、教育附加拨款、社会捐赠等。

农村教育资源的供给状况，不仅影响到农村人力资源供给的质量和农业现代化的进程，而且关系到整个国民素质的提高。城乡统筹发展过程中，农村教育存在经费短缺、师资力量欠缺、教育内容脱离农村实

际、区域教育发展不均衡、教育体系不健全、城乡教育差距过大等不适应新农村建设的问题。

（一）城乡教育资源统筹及整合的必要性

现阶段，城乡教育资源配置的不均衡性主要表现在以下几个方面。

1. 马太效应

中国基础教育中，城市和县镇由于师资力量强大、经费充足和配套设施完善，拥有的教育资源越来越丰富、生源越来越充足；而占总人口过半的农村地区，拥有的教学资源的数量和质量改善缓慢，部分地方甚至停办学校。近10年来，农村小学学校数从44万所减少到21.1万所。当然，首先承认这样的差异是合理的，是必然的，是城镇化的衍生现象。但是，差异过大，易引起基础教育资源配置的不公平，最终扩大城乡二元结构，即扩大工业化的城镇和落后贫瘠的乡村之间的差别；我们需要现代化城镇，也需要与之相适应的农村。

2. 师资力量

一是农村师资流失严重。由于待遇、生活环境、发展机遇、子女教育等诸多原因，农村优秀教师极易流向城镇。二是在相对封闭的环境里，农村教师缺乏严酷的升学率压力，农村学校竞争较小，对教师及其教学质量的要求较低，导致知识结构和深度以及教学能力相对较差。高学历的、优秀的毕业生或教师，往往不愿意去小城镇或农村任教；边远地区还存在部分文化层次不高、年龄偏大的民办代课教师，虽然他们有教书育人的热忱，但若不继续培训，则难以跟上现代教育的脚步。

3. 教学设施及设备

教学硬件设备的配置往往和经济发展水平相联系。城镇学校的设备、仪器，往往种类更丰富，且配备了能熟练操作的教师。大多农村学生很难享受先进的教育手段，很难通过先进的设备和仪器进行教学实验。

4. 生源及在校生情况

因家庭经济困难产生"读书无用"思想，超生、"重男轻女"思想，择校困难以及留守儿童缺乏教育监督等诸多因素，导致农村学校生源逐渐减少，辍学率增加，造成早期以行政村为布局基础的村校校舍等教学资源浪费现象。反观城镇学校，则存在报名难、入学难、上下学难、班级、年级规模过大等问题。

5. 教育理念

一是多数农村学校管理者、教师办学的基本指导思想是"重安全轻教学质量"，只要不出安全问题就行，教学质量被忽略。相对而言，城镇学校更看重教学质量、教学成果。也许这和公众监督、教师收益水平有关。二是对教学内容的态度，农村孩子大多只能学习规定课本的知识，城市孩子有学校举办的兴趣班，有机会在老师的指导下发展爱好。三是父母对教育的态度。在农村，要么学习成绩好，要么家庭经济宽裕，否则，家长很少热衷于敦促孩子学习并为他们创造学习机会。同时，父母外出打工，留守儿童的家庭教育逐渐缺失，更谈不上配合学校教育。事实上，"关于中国农村教育的代际因果关系"研究表明，父母教育对子女教育有显著正的影响；所以留守儿童的教育令人担忧。

6. 教育经费来源

农村基础教育资金来源渠道和数量有限，主要靠政府财政拨款和少量的社会捐助。相对于农村经济发展状况，基础教育的初始建设成本和后期维持成本较高，难以按农民生活区域配置，常常只能集中配置，但这些村小学却在教育改革过程中逐渐被取消。由于经费限制，相当一部分农村地区没有基础教育或缺少正规的师资力量；而城镇学校较易获得社会捐赠，又可获得"择校费"等收入，其运作资金相对丰裕。同时，家庭配合学校教育的资金支出，在城镇也高于农村，虽然农村家庭教育支出的比例远高于城镇。

因此，为了提高农村劳动力素质（从事农业和非农业劳动）、缩小城乡差距、实现人口城市化、促进农村经济发展，我国政府有必要统筹及整合城乡教育资源。

（二）城乡教育资源统筹及整合的可行性

一是国家政策导向和支持。"十一五"期间，我国把"城乡、区域教育更加协调，义务教育趋于均衡"作为国家教育事业发展主要目标，并在发展思路中指出"坚持公共教育资源向农村、中西部地区、贫困地区、边疆地区、民族地区倾斜，国家财政新增教育经费主要用于农村，逐步缩小城乡、区域教育发展差距，推动公共教育协调发展"。其间，我国实施了国家贫困地区义务教育工程、国家西部地区"两基"攻坚计划、农村中小学危房改造工程、农村贫困家庭中小学生"两免一补"政策、农村中小学现代远程教育工程，等等。

"十二五"规划进一步将"惠及全民的公平教育"、"提供更加丰富的优质教育"列入其战略目标中。并要求"建立城乡一体化义务教育发展机制，在财政拨款、学校建设、教师配置等方面向农村倾斜。率先在县（区）域内实现城乡均衡发展，逐步在更大范围内推进"①。

二是各省级政府积极响应，制定"十二五"期间，各省政府加快推进本省义务教育均衡发展的思路、举措。各省级政府在财政投入、师资力量、帮扶弱势群体、县域义务教育均衡发展等方面为城乡教育资源统筹提供了必要的地方政府保障、支持和导向。如表18-1所示。②

表18-1　各省推进义务教育均衡化情况

省份	主　题	基　本　做　法
北京市	让每一所学校、每一名学生都精彩	软硬件发展为水平；创新体制为质量；教育均衡为弱势群体
天津市	推动城乡义务教育一体化发展	干部队伍素养；合作学区；教师城乡对口交流
河北省	推广多种模式，加快均衡发展	省级统筹，地方资金配套；经费保障；省级专项经费扶持贫困地区和薄弱学校；义务教育标准化学校建设
山西省	强化政府职责，全力推进义务教育均衡发展	中小学校舍安全；农村寄宿制学校，由学校布局；教育公平；课程改革，素质教育

① 中国教育部：《国家中长期教育改革和发展规划纲要（2010-2020）》，2007。
② 中华人民共和国教育部网站：《推进义务教育均衡发展专题》，http://www.moe.cn/publicfiles/business/htmlfiles/moe/s5200/201103/116066.html。

续表

省份	主 题	基 本 做 法
辽宁省	谱写义务教育均衡发展新篇章	基础教育强县(区、市)、义务教育均衡发展示范县(区、市);教育公平;支持农村学校、薄弱学校;健全扶困助学体系
黑龙江省	创新和完善机制,切实履行承诺	学校布局;经费保障;教师资源配置;督导评估;政府责任
上海市	为了每一个孩子健康快乐成长	以常住人口为基数均衡配置教育资源;财政转移支付;中心城区支援郊区学校;进城务工人员随迁子女义务教育
江苏省	从初步均衡向优质均衡跨越	公用经费标准;课(簿)本免费;"支教工程";师资交流;教育资源共享;示范区;激励机制
浙江省	以均衡化推进现代化	办学模式硬件建设;困难生;农村教师
安徽省	推进均衡发展保障起点公平	资源配置向农村学校倾斜;中小学布局;义务教育学校标准化;中小学校舍安全
福建省	共享教育资源,共绘均衡蓝图	财力资源;人力资源;共享信息资源
江西省	吹响推进义务教育均衡发展的集结号	财政支出;城镇新区教育园区;师资力量;教师培训经费;素质教育;帮扶政策;课程改革
山东省	资源配置与内涵提升同步发展	中小学标准化建设工程;素质教育问题;"农村中小学教师素质提高工程"、"齐鲁名师名校长建设工程"和"中小学教师全员远程研修"
河南省	努力办好每一所学校	教育投入;中小学布局,学校标准化建设;教师交流;管理体制;督导问责
湖北省	让优质均衡的义务教育成为湖北教育的新名片	联校走教;联校办学、联片管理;教育发展协作区;保育寄宿制;农村教师资助行动计划;课内比教学、课外访万家
湖南省	以合格学校建设为抓手,推进均衡发展	义务教育学校建设和布局调整;办学体制和办学模式;城乡统筹、项目统筹、经费统筹;公平受教育权益;均衡发展长效保障机制
广东省	把义务教育均衡发展作为教育发展的重中之重	千校扶千校;教育资源下乡;办学模式
广西壮族自治区	分三步走推进义务教育均衡发展	教育项目建设年;义务教育学校常规管理年;农村中小学财务管理年;义务教育均衡发展改革试点
海南省	加快推进义务教育均衡发展	教育经费;教育扶贫移民;规范化学校;师资队伍;入学资助;招生制度;课程改革;教学质量;督导评估;教育责任

续表

省份	主 题	基 本 做 法
重庆市	让城乡居民同享高质量的义务教育	教育经费;办学条件;师资队伍;学校管理;教育质量
贵州省	推进义务教育均衡发展,提高义务教育整体水平	经费;教师交流和服务期制度;教师培训;农村中小学现代远程教育带动教育资源共享
陕西省	让每个孩子沐浴在义务教育均衡发展的阳光下	县域义务教育均衡发展;利用中小学闲置校舍;义务教育办学行为;择校乱收费
宁夏回族自治区	"七抓七促",强力推进义务教育均衡发展	学校建设规范化;办学条件标准化;师资配置均衡化;教育水平优质化;办学行为规范化;强弱之间、城乡之间均衡发展;典型经验共享化
新疆维吾尔自治区	为实现全面建设教育强区目标奠定坚实基础	义务教育普及;办学条件;培养培训,教育管理干部和教师队伍整体素质;中小学教师队伍建设;教育教学质量;弱势群体
新疆生产建设兵团	让职工群众共享更加公平、更高质量的义务教育	少数民族教师双语培训;偏远学校教师缺乏;教学模式

注:截止到2012年5月10日,缺少青海、甘肃、西藏、云南、四川、吉林、内蒙古等省区资料。

三是经济、社会发展增加了教育资源的供给。经济的高速增长、持续发展,提供了大量的教育人才、丰富的物质资源、充裕的资金。目前,我国的学龄人口逐年减少,中小学在校人口从2010年的1.9亿人减少到2010年的1.5亿人;教育学本、专科、研究生毕业人数不断增加,从2010年的5.4万人增加到2010年的34.68万人;人均教育经费大幅增加,小学人均教育经费从2001年的690.46元增加到2010年的4942.4元,初中人均教育经费从2001年的900.42元增加到2010年的6628.24元。[①]

[①] 注:此处列举教育学专业毕业生数据仅为了表达师资力量增加趋势。事实上,教育学毕业生不一定从事基础教育工作,甚至不从事教育工作;非教育专业的毕业生可能从事教育工作,如中文、数学专业。同时,所采用数据仅包括普通小学、初中、本专科,不涉及成人、特殊等教育形式。

四是扶贫式移民搬迁和城乡一体发展,为城乡教育资源统筹奠定了基础。城乡教育资源统筹可以作为发展新农村的内容之一,减少单独统筹教育资源的行政运作成本。区域的系统、协调发展为教育资源的梯度转移提供了便利。伴随移民搬迁和城乡一体化的交通发展、户籍制度改革,促进了教育资源共享的实现。

二 教育资源配置的公平与效率问题

(一)教育的公平与效率

教育公平指在时空上能自由分享教育资源,不同于教育平等,教育公平承认差异。教育效率指教育对个人能力培养、发展的贡献,对社会、经济发展的贡献以及教育资源的使用效率。

教育公平包括教育机会的公平,即起点的公平,事前公平;教育内容的公平,即过程的公平;教育结果的公平,即事后公平。首先,受教育的权利是"天赋人权"的组成部分,"不分民族、种族、性别、职业、财产状况、宗教信仰等"。《中华人民共和国宪法》、《义务教育法》明确以法律的形式规定学龄儿童受教育的权利,任何个人、组织不得侵犯。教育机会公平体现了传统文化中"有教无类"思想,是实现教育公平的基础。其次,受教育过程中,每个人应得到平等的对待,不能因为教育者的喜好,就差别对待每个受教育者,每个人应该公平享有教育资源。最后,教育结果的公平并不是要求每个受教育者都表现为一样的技能水平、发展状况。只要达到了每个人受教育的目的,就可以"因材施教"。教育结果公平也是对教育过程公平的监督,是整个教育公平的保障。当前,中国教育不公平主要体现在城乡不公平、区域不公平。有研究指出,可以用洛伦茨曲线和基尼系数测定教育不公平的水平。

教育效率主要是通过规模效应集中优化教育资源,培养出精英人才,实现社会经济总量发展。从某种意义上说,公平教育是普世教育,效率教育是精英教育。市场竞争下追求的优质教育也就是追求精英教育。

(二) 公平教育与精英教育的抉择

受资源约束,公平教育、精英教育只是一种相对状态、理想状态。在此,我们借助经济学的预算约束和无差异曲线简单描述公平教育和精英教育的抉择问题。

假设配置教育资源面临两种选择:公平教育和精英教育。如图 18-1 所示,曲线 U_1 和 U_2 代表社会教育总体水平和状态,是社会公平教育和精英教育的不同组合,且 U_2 曲线上的教育状况比 U_1 曲线上的教育状况好;直线 C_1 和 C_2 代表不同的教育资源状况,且直线 C_2 代表的教育资源比直线 C_1 代表的教育资源更丰富;B 点是比 A 更好状态的教育状态,但是直线 C_1 代表的教育资源无法实现 B 点教育水平。D 点代表社会将教育资源主要配置给精英教育,其社会整体教育水平达到 U_1;若减少精英教育的资源,配置给公平教育,沿 U_2 移动到 B 点,则可以实现一个更高的社会教育水平。所以,不同教育资源状况下,可以调整资源配置,使社会教育水平达到理想水平;但教育水平的不断提升最终需要教育资源的投入。

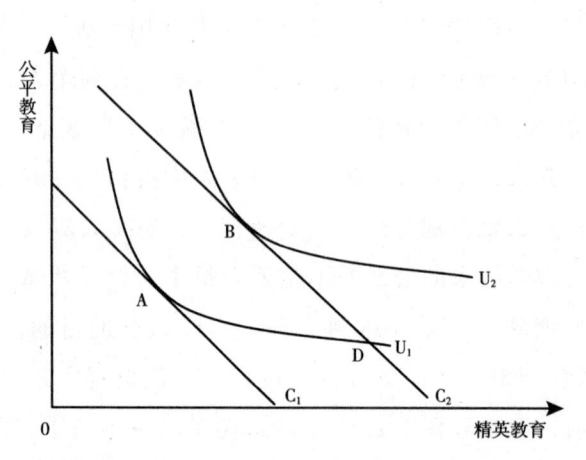

图 18-1 公平教育与精英教育的抉择

均等化教育资源理念下的公平教育与市场竞争环境下追求优质教育资源抉择问题,不是谁先谁后的问题,也不是"同时兼顾"的中庸之道就能解决的问题。不同的社会、经济发展水平下，教育所起的作用是不同的，有的需要普世教育，有的需要精英教育。不同的教育资源，其发挥作用的方式也不一样，就师资而言，语文、数学基础性课程，需要广泛普及；而美术、音乐艺术性课程，在有潜质的学生中加强即可。所以，基础课程的教育应倾向于公平教育，而艺术课程的教育可侧重于精英教育。因此，教育公平与精英教育的抉择是一个动态过程。当前形势下，市场竞争下的优质教育过于集中呈现出一系列社会问题，所以，面对应试教育中不可回避的升学问题，国家有必要对与升学有关的教育资源进行公平配置，而其他与生存能力、技能有关的教育资源可适当按市场规律的效率配置。

（三）以人的发展为前提，探讨我国义务教育均等化发展机制

义务教育阶段，中国缺的不是精英教育，而是公平教育。教育公平应作为国家基本义务教育政策。为促进义务教育均衡发展，扶持困难群体，我国需要调整教育资源配置，向农村地区、边远民族地区和贫困地区倾斜，加快缩小城乡及区域教育差距。

1. 约束机制

一是建立教育质量评价制度。政府应建立和完善教育的评价机制，改变过去只以考试成绩判断教育好坏的标准；教育质量评价应以人的发展状态、能力状况、社会贡献率为基础，不应强调个人利益最大化；仅有的教育资源不能只为中考、高考服务，也要为个人技能、生存能力服务。

二是建立公众参与和监督制度。教育需要全民参与，学校教育、家庭教育和社会教育缺一不可；义务教育不是政府的责任，而是全社会的责任；公众有义务监督教育状况、教育经费使用情况，政府有责任搭建监督平台，可考虑吸纳热心教育的各层次人员参与，通过乡村的教育监督管理会员会形成教育合力，促使教育质量提高与教育管理完善。

2. 保障机制

一是健全义务教育法律体系。义务教育均等化，只有上升到法律层次，才有可能得到完全保护。政府应通过加大对扰乱义务教育秩序行为的惩处力度，增加投机分子的行为成本。

二是改进政府决策机制。首先决策要以人为本，实施决策的目标是实现人的自我发展，而不是搞政绩、树形象。其次，决策应建立在调查分析的基础上，符合实际情况、因地制宜，符合时代特征、可实践性强；决策不是空口号，要具有可操作性。再次，决策应广泛听取不同意见，集思广益；决策应收集各方需求，力争收益群体最大化。最后，对决策者实行终身负责制，避免决策的随意性。

三是加强基础设施建设。城镇化、移民搬迁、人口出生率降低、教育规模化，使得村校的逐渐消失成为必然。同时，源于对高质量教学的追求，越来越多的农村中小学生涌进城镇学校，给住宿、饮食、交通等基础设施建设增加了压力。所以，政府需要抓紧中小学危房改造，努力推广实施蛋奶工程和营养计划，积极探索校车运营方式，加强乡村公路网络建设。

四是完善社会保障体系。只有生存压力减小，生活无后顾之忧，农村适龄儿童才有上学、中途不辍学的可能。

3. 激励机制

一是实现城乡教育资源的标准化配置。政府应做到城乡义务教育无差异，只是学校选址不同而已。城乡学校的教学楼、实验室、图书馆、食堂、教学设备等资源配备应无明显差异。

二是促进师资力量的合理配置。政府应提高农村教师收入水平（增加奖励、地区补贴等），解决生活困难问题，鼓励优秀教师到农村中小学任教，创新城镇教师到农村的支教模式，鼓励城乡中小学合作，共享资源、共办教育、共谋发展，力争县域层面统一组织教师培训、考核教学质量。

三是加大教育投资力度。一方面，政府应增加财政的教育支出，实现义务教育的全免费，合理制订中央财政和地方财政的承担方式、承担比重；另一方面，政府应鼓励和引导社会力量投向农村教育，如湖南电视台卫星频道《天生一对》节目，为农村学校募集校车。

三 重大教育工程的实施状况

20世纪90年代以来，政府实施了国家贫困地区义务教育、"两免一补"、"蛋奶工程"、农村中小学现代远程教育、农村寄宿制学校建设、全面免除城市义务教育学杂费、全国中小学校舍安全和营养改善等工程。具体情况如表18-2所示。

表18-2 重大教育工程

年份	名称	内容
1994	国家贫困地区义务教育工程	落实党中央、国务院"科教兴国"战略,帮助贫困地区加快实施普及义务教育
2001	"两免一补"	农村义务教育阶段(小学和初中),向贫困家庭学生免教科书费和杂费,补助寄宿生一定生活费
2003	农村中小学现代远程教育工程	模式:教学光盘播放点、卫星教学收视点、计算机教室 经费筹措:西部试点地区中央投入(2/3)为主,地方投入为辅;中部地区以地方投入(2/3)为主,中央补助为辅;东部地区原则上由地方政府负责
2004	农村寄宿制学校建设工程	中央共投入专项资金100亿元,以农村初中为主 重点支持攻坚县、贫困县、革命老区县、人口较少民族县 重点布局在县城周边和人口较多的大乡镇,同时兼顾高海拔地区和边远地区
2007	"蛋奶工程"	陕西省率先提倡并实施寄宿制学校每个学生每天能吃上一个鸡蛋、喝上一杯牛奶或豆奶
2008	全面免除城市义务教育学杂费	免除学杂费 对享受城市居民最低生活保障政策家庭的义务教育阶段学生,继续免费提供教科书,并对家庭经济困难的寄宿学生补助生活费
2009	全国中小学校舍安全工程	全国中小学校开展抗震加固、提高综合防灾能力建设,使学校校舍达到重点设防类抗震设防标准,并符合防灾避险安全要求
2011	营养改善工程	启动国家试点:每生每天3元,全年200天,中央财政承担 支持地方试点:贫困地区、民族地区、边疆地区、革命老区等地改善就餐条件 鼓励社会参与:人民团体、基层组织、企业、基金会、慈善机构 完善补助家庭经济困难寄宿生生活费政策

免除学费、杂费、课本费,提供补助类教育工程,切实减轻了农民的经济负担,保证了农村家庭经济困难学生接受义务教育的权利;远程教育类教育工程,使得广大农村孩子和城市孩子共享优质教育资源,不但丰富了农村学校的教学内容,还促进了其教学手段和方法的完善,提高了农村教育质量;校舍安全类教育工程改善了农村办学条件,改善了边远地区学生的住宿环境,保障了山区、牧区、高原和边远地区学生的受教育权利;营养改善类教育工程,有助于提高学生身体素质,并为学习创造了良好的条件。同时,针对区域差异,教育工程多向西部地区倾斜,提高了落后地区的农村学生入学率和巩固率,降低了辍学率。

当然,教育工程的实施中也出现了一系列问题。一是资金问题。工程建设资金出现缺口,学校运转经费紧张,家长教育成本增加,地方财政配套资金难以落实到位。二是管理问题。一方面,教育工程实施过程滋生腐败行为,如营养工程可能是危害身体健康工程、各级政府部门层层扣钱等。另一方面,增加了教师、学校的管理难度,如对住宿生的管理、学生安全、住宿相关配套设施的维护。三是适应问题。低年级学生生活难以自理、环境不适应、缺少家长约束、生活矛盾等。因此,各项教育工程的顺利实施,政府需要鼓励社会力量积极参与,弥补资金缺口;需要加强社会监督,杜绝腐败失职行为;需要增强各级政府的管理、执行能力,加快工程进展;需要完善学校管理,转变教师育人的观念和方式。

四 计划生育国策实施下的教育布局

自20世纪80年代初实施计划生育政策以来,我国人口自然增长率逐年下降,从1980年的11.87‰,降到2010年的4.79‰。"十二五"期间,我国仍然坚持计划生育基本国策。

1980年在农村实施计划生育政策以来,农村人口增长速度得到一定控制。但是,农村地缘辽阔、人口分散,没有类似企业的单位管理制度,其计划生育政策效果不如在城镇理想。第六次人口普查显示,我国城市少儿抚养比是 16.23%，农村少儿抚养比是 26.41%；城市平均家庭户规模是 2.82 人/户，农村是 3.29 人/户。伴随计划生育政策实施而来的老龄化社会问题，在农村也同样凸显。一是老龄人口比重增加。2009 年，60 岁以上老龄人口占农村总人口的比重达 14.76%，比全国平均水平还高 0.27 个百分点。二是老年抚养比上升，已达 17.73%。三是未富先老。现阶段，农村整体经济发展和农民收入都处于较低水平，所以，政府应采取计划生育户参加养老保险的措施。

同时，随着城镇化进程的推进，我国城镇和农村人口的数量开始逐渐接近。未来，城镇人口数将超过农村人口数。近 10 年来，我国小学招生人数减少主要是农村招生人数的减少，如图 18-2 所示[①]。农村生源的变化，导致农村小学数量从 2000 年的 41.6 万所，减少到 2010 年的 21.1 万所，教育布局不得不重新调整。

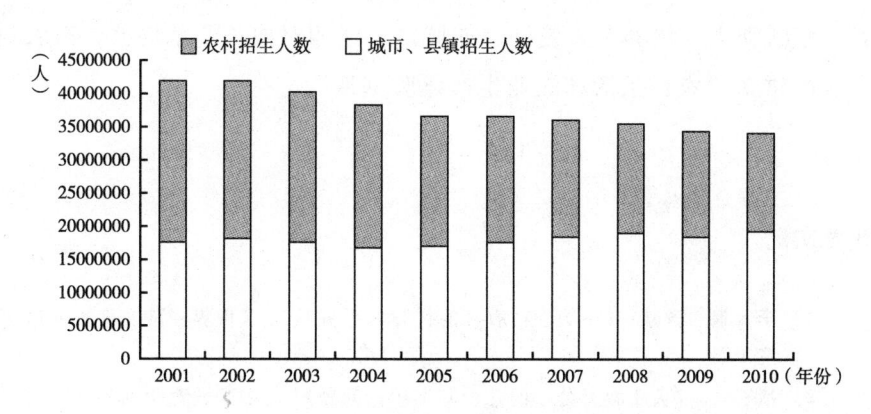

图 18-2　2001~2010 年城乡小学招生情况

新中国成立后，我国确立了面向工农的教育方针，在基础教育阶段主要发展小学教育，在农村兴办大量小学。因此，在较长一段时间内，基本上规模较大的行政村都建有小学。改革开放以来，城镇化、农村综合改革、产业结构调整、农村人口流动，已有的教育布局已不适应新农

---

① 中国教育部网站：《历年教育统计数据》，http://www.moe.edu.cn/publicfiles/business/htmlfiles/moe/s6200/list.html。

村建设,农村教育改革势在必行,教育布局调整亟待解决。教育布局调整应以"布局合理、功能完善、结构优化、设施完备、管理规范和师资增强"为目标。农村教育制度的变化应遵循以下原则。一是遵照实际情况,切实可行地调整布局。政府应根据当地人口情况、交通状况、经济状况、师资力量、生源的年龄构成,合理调整学校布局。二是根据农村发展需求和农村学龄儿童自我发展需求,在一定范围内允许学生流动,简化合理转校的相关手续。三是在县域层次,统一城乡教师工资福利制度,适当鼓励向农村倾斜,同时,增加农村教师的培训机会。四是加大财政支付,鼓励社会捐助,实现城乡基础教学配套设施的一体化、标准化,试行特殊教学配套设施在城乡间的梯度转移。五是淡化行政辖区观念、行政级别管理,加强不同学校之间的联系,树立教育质量好的学校的示范作用。六是共同推进素质教育,发挥各个城乡各自优势,开展兴趣活动班,培养个人爱好,如城镇小学相对擅长艺术培养,而农村小学可建立"农村生活和农业生产体验基地"。

参考文献

[1] 李云森、齐豪:《中国农村教育的代际因果关系》,《世界经济文汇》2011年第4期。

[2] 褚宏启:《关于教育公平的几个基本理论问题》,《中国教育学刊》2006年第12期。

[3] 辛涛、田伟、邹舟:《教育结果公平的测量及其对基础教育发展的启示》,《清华大学教育研究》2010年第2期。

[4] 高政、邓莉:《教育公平的文化视角》,《清华大学教育研究》2010年第4期。

[5] 张乐天:《〈纲要〉实施背景下农村教育发展的审思》,《南京师大学报(社会科学版)》2011年第5期。

[6] 王善迈:《教育公平的分析框架和评价指标》,《北京师范大学学报》(社会科学版)2008年第3期。

[7] 钱志亮:《社会转型时期的教育公平问题》,《清华大学教育研究》2001年第1期。

[8] 张乐天:《发展中国家农村教育补偿政策实施状况及其比较——中国、印度、

马来西亚、尼泊尔四国案例分析》，《比较教育研究》2006 年第 11 期。
［9］崔惠玉、刘国辉：《基本教育公共服务均等化研究》，《财经问题研究》2010 年第 5 期。
［10］钱志亮、石中英：《关注中国农村教育》，《教育科学》2004 年第 6 期。
［11］王景、张学强：《当前我国农村义务教育阶段寄宿制学校发展的问题研究》，《教育科学》2010 年第 3 期。
［12］赵枫岳、蒋桂莲、钱同舟：《我国新农村建设中的教育布局与发展问题》，《河南工业大学学报》（社会科学版）2008 年第 1 期。

（黄　懿）

第十九章　加强农村环境保护工作的原则和对策建议

进入21世纪以后,农村农业环境形势的发展变化在国家领导层面引起高度重视,加强农村农业环境保护、推进农村环境综合整治被党中央、国务院作为解决"三农"问题和统筹城乡发展的一个重要方面反复强调、多次部署。2007年11月20日,国务院办公厅转发了环保总局等部门颁布的《关于加强农村环境保护工作意见》;2008年7月24日,国家首次召开了全国农村环境保护工作电视电话会议;2010年,中央1号文件提出"实行以奖促治政策,稳步推进农村环境综合整治";2011年10月17日,国务院发布了《国务院关于加强环境保护重点工作的意见》,要求集中整治存在突出环境问题的村庄和集镇,重点治理农村土地和饮用水源地污染;2012年,中央1号文件再次明确提出:"搞好生态建设……把农村环境整治作为环保工作的重点,完善以奖促治政策,逐步推行城乡同治。推进农业清洁生产,引导农民合理使用化肥农药,加强农村沼气工程和小水电代燃料生态保护工程建设,加快农业面源污染治理和农村污水、垃圾处理,改善农村人居环境。"另外,各级地方政府、相关企业、农民群众在长期实践中已经对农村农业环境保护工作进行了有益的探索,积累了丰富的经验,国家的决策和地方的实践共同推动我国农村农业环境保护工作进入了一个新的历史发展机遇期。

一 环境治理与现代化建设并重发展，改善农村农业环境

1992年初，邓小平同志在南方讲话中，鲜明地提出了"发展才是硬道理"的著名论断。这一重要理论，抓住了社会主义初级阶段的主要矛盾，为解决这一时期各种问题指明了前进方向。农村及农业的可持续发展，是我国可持续发展的根本保证。早期"先污染，后治理"的发展方式让我们遭受了严重挫折，现在全国农村农业环境整体下降局面的形成，可以说是自然规律对我们的警示和报复，必须引起我们深刻反思。但是在目前形势下，脱离农村农业经济发展水平强调环境保护目标，也是不可能实现的。因此，政府在加强农村农业环境保护工作时，要坚持科学发展理念，正确处理近期任务与长远目标的关系，正确处理经济发展和环境保护的关系，积极转变经济增长方式，变"先污染，后治理"为"科学发展，同步治污，超前保护，优先解决环保突出问题"，把经济发展对环境的负面影响限制到最低程度，将经济增长转化为人的福利改善，推进人与社会、人与自然和谐发展和持续发展。

加强农村农业环境保护工作宣传教育力度，增强全社会环保意识观念，提高全社会环保技术水平，是做好农村农业环境保护工作的重要基础。广大农村是半数国民安身立命之所，并是传统文化传承之地，也是全国农副产品生产基地，更是锦绣城镇生态屏障。搞好农村农业环境保护工作，关系到农民安居乐业、农业持续发展、农村和谐稳定，是建设社会主义新农村的一项重要任务，也可以说是偿还对"三农"历史欠账、让农民共享改革发展成果、增强农民幸福感从而提高社会公平性、正义性的举措之一。农村农业环境问题表现在农村区域，其形成有极其复杂的社会原因和历史过程。因此，加强农村农业环境保护工作需要整个社会付出持续不懈的巨大努力，相关企业经营管理人员、相关领域技术研发和推广人员、社会公众尤其是各级政府领导人员，都应与广大农民群众一起，积极承担起自己的一份责任。我们要清醒认识我国农村农

业环境恶化的严峻现实、严重危害和潜在后果，增强保护农村农业环境的危机感、紧迫感和责任心。只有形成人人关心农村农业环境、共同投入保护行动的社会氛围，农村农业环境保护工作才能实现较大的发展和突破，城乡居民的米袋子、菜篮子才能获得安全保障，我国社会的科学发展、持续发展才能获得坚实基础。

为此，政府可采取以下具体措施。一是召开各级专题会议，开展各种主题活动，表彰农村农业环保模范单位和先进人员，进行广泛动员、层层发动；二是充分发挥报刊、广播、电视、电影等主流媒体的宣传主渠道作用，宣传农村农业环保形势和任务，展示农村农业环保成就和经验；三是通过组织参观学习、举办培训班、开展知识竞赛、编写并表演戏剧小品等形式，宣传农村农业环保政策，普及农村农业环保知识，推广农村农业环保实用技术；四是采取综合措施，使农村农业环境保护工作的政治意义、主要内容、目标要求、任务划分、技术方案、整创步骤、验收标准、政策导向等深入人心，化为共识，形成氛围，聚起合力；五是在农民群众中扩大"以奖促治"政策影响范围，调动他们参与环境整治的积极性、主动性，引导他们对直接受益的环境基础设施建设投工投劳。

加强农村农业环境保护工作，要遵循"政府主导，农民参与，市场力量介入"的原则。政府手中掌握着丰富的社会资源，进行社会管理是政府的基本职能。在加强农村农业环境保护工作中强调政府主导，是因为农村农业环境保护领域中的许多工作具有公益性质，只能而且必须由政府担负主要责任；农村人居环境基础设施的建设，应该以政府出资为主；农民参与农村农业环保也需要政府进行有效的组织；市场力量介入农村农业环保更离不开政府的引导、支持和规范。

国家有"以奖促治"政策，各省市有"以奖代补"资金，地方政府也有相应的专项配套资金。各级政府应该充分利用这些政策，发挥环保专项资金的功能，引导和推动农村环境整治与保护工作。各级政府尤其是省、市政府要加大财政转移支付力度，创新农村农业环保资金投入方式，对涉农项目资金进行整合使用。例如，把农村环境连片整治项目与基本农田改造相结合，或者与农村新能源建设相结合，或者与农业结构调整和农业现代化相结合，或者与农村扶贫工作相结合，从而使项目资金产生集聚效应，扩大农村环境整治与保护的成果。政府还可以考虑对损害农村农业资源环境、生态环境的行为进行收费甚至惩罚，对保护农村农业资源环境、生态环境的行为予以补贴或者奖励，建立起农村农业生态环境补偿机制，有效地实现保护资源、维护生态环境的目的。

各级政府要正确认识农民对农村农业环境保护工作的积极作用，尊重农民对农村农业环境保护工作的知情权、参与权和监督权，真诚听取他们对涉及自身环境权益的发展规划和建设项目的意见，充分重视并科学利用他们世代在当地生活而积累起来的环保智慧和经验，使当地的政府和知识阶层成为本地以及更大范围农村农业环境保护政策的决策者和协助者。把当地人单纯看做环境的破坏者而从当地环境中执意剥离出去的环境保护政策，不仅会失去当地人感情上的认同，还可能会违背深刻的生态规律，使执行的结果与政策的初衷大相径庭而陷于失败。我们需要探索村民自治与政府支持相结合的农村农业环境保护运行和管理机制，例如，通过制定村规民约等方式，组织村民参与农村农业环保项目的运行和管理。

引导市场力量介入农村农业环境保护工作，不但能够缓解我国当前普遍存在的财政资金约束，还能够推动企业分担农村农业环境保护工作的社会责任，实现企业赢利、环境改善、农民享受美好新生活，最终互惠多赢。我国东部发达地区人口密度、人均收入和污染强度相对较高，具备借助市场力量治理多类污染的客观条件。政府只要在土地使用、贷款、税收等方面出台适当的优惠政策，为企业提供一定的支持，就可以通过市场化机制进行农村农业污染治理。在条件适宜的地区，政府可以就农村农业环保部分工作的市场化进行试验。

政府加强农村农业环境保护工作，要充分发挥科技支持作用，对污染治理技术路线进行创新，通过促进经济增长方式转变，治理原有污染，实现节能减排，甚至把污染物变为资源和产品，取得发展生产并保护农村农业环境的双重胜利。

农村农业环境保护工作在许多方面都需要科学技术提供支持。例如，研制开发高效低毒农药、可降解农用地膜或其替代品，研发推广化肥农药最佳施用管理技术、测土配方施肥技术、缓控释肥技术、生物防控技术、节水农业技术、畜禽粪污低成本治理技术、秸秆农膜等循环利用技术、水土保持技术、农业环境监测技术，等等；与此同时，科学技术在农村农业环境保护工作中也大有用武之地，并能给技术发明人提供丰厚的经济回报。

我国应加大农村农业环境保护科技经费投入，尽快研究推广适合农村地区的环境保护技术，鼓励大专院校、科研院所及各类研究、开发机构参与乡镇级村庄环境保护和建设工作。

污染是现代生产和生活的伴生物，只要有现代生产和生活，就一定会产生污染。加强农村农业环境保护工作是一项长期任务，为了更好地完成这项任务，我国必须重视农村农业环境保护工作的法制、体制、机制建设。

在防治大气和水的污染，防治工业污染和城市污染以及保护森林、草原、海洋环境，保护野生动植物，保护矿产资源、渔业资源等方面，我国已颁布和实施了一批重要的法律。但是主要针对治理工业污染和城市污染建立起来的《环境保护法》、《水污染防治法》等，难以用来解决日益严重的农村农业环境污染问题；专门针对农村、农业环境污染问题的法律体系尚未建立起来，需要政府尽快补充制定农村、农业环境保护方面的专门法规，制定农村环境保护标准和农业环境标准，形成完整的操作性强的法律体系。农业环境立法要适应全球经济一体化的要求，与国际环境立法相衔接。

各地区要根据农村农业环境管理的实际需要，加快推进农村农业环境保护管理机构的建设和农村农业环境监督管理专业队伍的建设，形成完善的农村农业环境监督管理网络体系，提高农村农业环境管理人员的素质和水平，加强农村农业环境执法的强度和深度，切实增强对农村农业环境的监督管理能力。

我国应加快研究和制定农村农业环境保护相关配套政策，加大农村农业环保工作的资金投入力度，建立较为稳定的农村农业环保长效投入机制。国家和地方政府要按照一定比例安排农村农业环境保护专项资金，切实承担"政府主导"责任，还要研究制定乡镇和村庄两级资金投入制度；要发挥政策导向作用，通过支持土地资产运作、个人资本参与、企业投资经营、业主承包开发、共同投资管理等方式，积极引导和鼓励社会资金参与农村农业环境保护；要强化对政府专项农村农业环保资金使用绩效的评估，切实提高政府专项资金使用效益。

政府应加大生态补偿力度，对于跨越省际的生态补偿尤其需要进行专门的研究和安排。为此，我国应该尽快出台国家层面的生态补偿条例。

政府应建立全国统一的县、区农村农业环境质量统计体系，科学设立统计指标，由各省、直辖市、自治区定期收集、整理，编为表册，予以发布；积累数年之后，政府相关部门应将各县、区农村农业环境质量指标数据纳入省、直辖市、自治区统计年鉴和国家统计年鉴中，逐年发布。以此为基础，政府应建立农村农业环境保护预测预警机制，完善农村农业环境安全评估体系。

政府应建立农村农业环境保护目标考核机制，将农村农业环境保护工作列入地方政府领导干部任期目标责任年度考核范围，逐年进行考核；同时将考评结果作为领导干部业绩组成部分，作为参加评先、评优和职务晋升的主要依据之一。

二 首先解决农村饮水安全和生活污染、工农业生产污染

古人云："凡事预则立，不预则废。"制定规划是开展农村农业环境保护工作的基本环节。加强农村农业环境保护工作是一项长期的艰巨任务，完成这项任务涉及诸多层面，千头万绪。我国国土广袤，幅员辽阔，各地经济发展水平、农村农业环境具体状况差异较大，工作内容应该各有侧重。各地应结合具体情况，排查本地区农村农业环境主要污染特征，在调查研究基础上，确定环境治理的重点任务、预防环境污染的

重大事项、农村农业环境保护工作的长远目标,制定并实施农村农业环境保护规划。

各级政府要牢固树立科学发展观,按照因地制宜、量力而行并为发展预留充足空间的原则,以立足于付诸实施、经得起历史检验的态度,做好农村农业环境保护规划工作。各级政府既要克服浮躁虚夸和盲目攀比心理,防止规划内容单纯求高,脱离当地实际条件,最终沦为形式主义、花架子,又要克服悲观失望和无所作为情绪,防止"上面有政策、下面有对策"的官场积弊再次显现,防止把农村农业环保工作局限在清扫垃圾、打捞河面漂浮物这样的简单层面上。各级政府要用规划统领涉及"三农"的各项工作,在拟定和编制县镇村庄建设规划、产业发展规划、农民培训规划等具体规划时,要参考农村农业环境保护规划的内容,落实农村农业环境保护规划的要求。通过规划对农村农业环境污染进行事前预防,可以有效减少污染的发生,对治理污染来说,往往也能收到事半功倍的效果。

各级政府要抓住农民群众反响强烈、影响面大、矛盾突出的问题,优先予以规划、解决;对突出问题尽可能采取综合措施进行深度治理,争取治理一件、了结一批,使本地区农村农业环境保护工作取得更大的效益。当前,各级政府要首先解决对群众健康造成直接危害的农村饮水安全、工农业生产污染、农村生活污染等问题,然后渐次深入,有序推进。

各地应按照城乡统筹发展的要求,加强农村环保基础设施建设,逐步推进农村生活垃圾和生活污水集中处理。

各地治理农村生活垃圾时,应根据各地具体情况,采取相应的处理方式。农村经济基础较好、生活垃圾产量较大的地区,相关部门可以实行"村收集、镇转运、市或县集中处理"的模式;经济发展水平相对较低、生活垃圾产量较少的地区,相关部门可以采用"村收集、镇村转运、相对集中处理"等模式。除了集中建设有规模的垃圾场进行直接填埋以外,各地政府还应该发展危险废物分拣集中的技术和制度,以及废旧材料分拣回收、废旧器材分拣拆解回收、生活垃圾焚化发电等生活垃圾资源化循环利用的技术和制度。这样,我们一方面可以降低填埋垃圾中有毒有害成分的含量，通过分拣把危险废物集中到一起，单独再进行处理；另一方面，也可以尽可能化废为宝，把生活垃圾中有利用价值的东西拾干捞净，转化为资源，并减少垃圾的总量。

治理农村生活污水，各地政府也应区别情况，选择恰当的方式进行村庄集中处理。大多数村庄远离市区，地势平缓而且村民居住相对集中，政府可以采取"一村一站"的处理模式，在村内自建一个污水处理站，铺设污水管网，收集生活污水，导入污水处理站进行集中处理。少数村庄住户分散、相距较远，地势高低错落，甚至有河沟或桥路建筑等穿村而过，政府可以采取"一村多点"的处理模式，将全村划分为多个片区，每个片区各自铺设污水管网，建设一个污水处理点，各点分别收集生活污水，分别进行处理。极少数村庄距离市区或城镇污水管网较近，地势又较为平缓，政府可以采用并入市政处理模式，在全村铺设污水管网，并接入附近的市政管网，将全村生活污水收集，然后导入市政污水处理厂进行处理。村庄生活污水集中处理技术在国内已经比较成熟，江苏省江阴市在规划农村居民点建设生活污水集中处理设施方面，已经取得了成功经验。

发酵床畜禽养殖技术的出现，为综合利用农作物秸秆和畜禽粪尿，消除农业生产中的多重环境污染，开辟了一条光明道路。该技术用作物秸秆制作养殖畜禽的发酵床的垫料，从当地土著菌群中提取、培养EM益生菌，将EM益生菌液撒播在垫料中，垫料发酵后成为发酵床，将畜禽圈养在上面，畜禽将粪尿随意地排泄在发酵床上，为垫料里微生物提供了养料，然后通过微生物的发酵作用，畜禽粪尿被分解掉，不但不需要向外清理，而且还变成了畜禽爱吃的饲料！畜禽圈舍内没有蚊蝇滋扰，没有熏人的氨气，却有酒曲飘香。这样，一项技术就将农作物秸秆、畜禽粪尿从人见皱眉的垃圾变为高效的饲料和发酵成熟的肥料，而且显著改善了养殖场的空气质量。

生物质气化技术是另一项能将农作物秸秆由垃圾变为能源的新技术。它利用生物质气化炉，在缺氧状态下对秸秆、果壳、柴薪等农业废弃物进行加热，使其中碳、氢、氧等元素变成一氧化碳、氢气、乙烯、甲烷等可燃性气体，转化为干净、清洁的绿色能源，成为生活煤气或者锅炉燃气、发电厂燃气。该技术已经完全成熟，可为一个村子集中提供秸秆汽化的生物质气化炉已经投入使用，可供农户家庭单独使用的生物质气化炉也即将面世销售。

减轻化学农药引起的农业面源污染的关键措施，在于研发、推广现代农业实用技术。首先，政府应引导农民通过精确使用、替代使用化学肥料，达到化肥的减量使用，通过扩大使用高效低毒的植物性农药、微生物农药，降低农药的毒性和残留能力，进行源头控制；其次，政府在有条件的地区通过设置人工湿地或植被缓冲带等措施，对农田径流污水进行净化处理，实现末端治理。

精确使用化肥的技术，目前首推测土配方施肥技术。测土配方施肥是以土壤特性测试和肥料田间试验为基础，根据作物需肥规律、土壤供肥性能和肥料起效特点，提出氮肥、磷肥、钾肥及中、微量元素的施用数量、施用时间和施用方法，将制订的方案以"配方"形式交给种植户，指导他们进行肥料的搭配、混合与播撒；或者把配方交给肥料公司进行肥料配制，肥料公司再把配制好的肥料供应给种植户，由种植户按照配方提示的方法和时间在田间施用。

化肥的替代肥料，主要有有机肥料、有机—无机肥料、生物肥料等。有机肥料由动植物废弃物、植物残体等生物物质加工而成，消除了其中的有毒有害成分，富含多种有机酸、肽类以及氮、磷、钾等大量有益成分，能为农作物提供全面营养并被作物充分吸收，还能改善土壤的理化性质和生物活性。有机肥还具有起效慢、肥效长等特点。有机—无机肥料是有机肥料与无机肥料通过机械混合或化学反应而制成的肥料，其产品中既含有大量化学物质，也含有一定量的有机质。生物肥料是既含有作物所需的营养元素，又含有微生物的制品，是生物、有机、无机的结合体，能够提供农作物生长发育所需的各类营养成分。扩大使用上述替代肥料，尽可能少使用或不使用化学肥料，能够减轻甚至杜绝化肥产生的农业面源污染。

根据原料来源，农药可以分为有机农药、无机农药、植物性农药、微生物农药，此外，还有昆虫激素。植物性农药、微生物农药、昆虫激素都属于生物农药，其中微生物农药包括微生物活体农药和微生物代谢产物农药。通常有机农药、无机农药具有高效快速、毒性大、靶标性差、稳定性强并能在动植物及人体中不断积累等特点；生物农药具有安全、有效、靶标性强（有的甚至靶标专一）、无残留、无污染等特点，符合保护生态环境的要求，在病虫害综合防治中发挥着愈来愈重要的作用。当然，生物农药也存在受环境局限等不足。近年来，我国生物农药的研究开发热火朝天，研发出的生物农药有几十个品种，生产厂家达到几百个。要减轻农药引起的农业面源污染，扩大使用生物农药是最重要的途径。

在对农业面源污染进行末端治理方面，设置人工湿地或植被缓冲带，净化农田径流污水，因基建投资少、能源消耗低而效果显著，是一个重要的技术手段。我国1994年在滇池进行的人工湿地项目研究结果表明，人工湿地在正常运行情况下，对主要污染物的去除能力为：TN 60%、TP 50%、TDN 40%、TDP 20%、SS 70%、CODCr 20%，环境效益令人欣喜。目前，我国已经在滇池、太湖、官厅水库等多个水域的农业面源污染控制中，采用了人工湿地工程技术。当然，这项技术还存在较大的局限性，它只适用于农田污水形成径流的区域，而对广大的旱作农业区来说，土壤中残留的化肥农药只可能在溶于水后，随着水分向下渗透，最后进入地下水系统。

推进园区化和污染集中治理，是克服乡村企业和畜禽养殖污染的重要策略。园区化是指在乡镇规划建设工业集中区、畜牧小区（即集约化畜禽养殖场）和农民集中创业点，引导乡村企业进入工业集中区进行生产、养殖户进入畜牧小区从事养殖、农民进入集中创业点开展创业；污染集中治理，是指在园区内由专业治污公司对各种生产性污染进行集中治理。推进园区化和污染集中治理，是治理以及预防乡村企业污染和畜禽养殖污染的重要途径。

推行园区化，能够把园区内的生产性污染化零为整积聚起来，形成规模，便于环保部门进行环境监管，也便于政府布置市场化运营的集中治污方案。以前要求生产性污染排放者"谁污染谁治理",现在变为"谁排染谁交款"、"谁治污谁收费"。入园各主体的工业生产、畜禽养殖、特色创业等活动也变得目标更明确、业务更专一。入园各主体治理污染的责任转移出去以后,各主体入园的环保门槛也将得以相应降低,这一点对经济欠发达地区格外重要,务必引起足够重视和充分运用。园区安排具有环保设施运营资质的专业治污公司负责集中治理园区内的生产性污染,解决了乡村企业污染治理设施技术落后、效益低下等难题,提高了整个县域的节能减排水平和环境保护水平。由一个治污公司承担起对整个园区内生产性污染进行集中治理的全部责任,极大地减轻了环保部门进行环境监管的压力,环保部门很大程度上充当"裁判员"角色,调处、仲裁治污公司与排污主体的矛盾纠纷成为一项日常工作。允许排污主体的排污权在园区内部转让交易,又使排污权成为一种可以自由流动的生产要素,扩展了排污主体进行生产经营的自由空间。

各地在规划建设工业集中区时,要注重发展以当地自然资源、特色产品或独有技术等为要素的生产项目;要以延长、拓宽、加深产业链作为调整产业结构、转变经济增长方式的指向,着力形成专业化分工、社会化协作的企业集群和特色产业聚集区;要通过调整产业结构、调整产业布局以及推行园区化消减已经发生的生产性污染;要优先发展能耗低、投资省、产品周转快的产业,尽量减少对外地能源和原材料的需求;要增加本地能源和原材料在生产中的循环使用周期,减少废弃物的排放量,对生产中涉及的物质和能量进行多层次、多方位的利用;要优先选择包含清洁生产或低排污生产工艺的项目,尽可能降低对污染进行末端治理的压力和责任;要通过扶持专业治污公司对园区内生产性污染进行集中治理,优化治理污染的结构和流程,降低治理污染的社会成本,达到减少和预防污染的目的。

全国产业结构调整活动催生了东部地区的产业梯度转移。对于经济欠发达地区来说,顺应形势、承接产业转移是实现自身产业结构调整的一个重要机遇,既不能如饥似渴,来者不拒,也不能谈污染色变,洁身自好，错失良机。各地政府要对转移产业的经营管理者信誉、技术装备水平、资源能源需求、产品供需前景、生产过程影响、"三废"处理方案和成效等因素进行深入综合考察。各地政府一方面要严格控制重污染企业和落后产能向农村转移，坚决杜绝新的污染源向农村扩散，另一方面要规划和建设工业园区，合理设置并严格把守准入门槛，将经过审查的转移产业引导至工业园区落户，在园区内对各企业产生的污染进行集中治理。对新设立企业和新上项目，政府也要进行审查评估和入园安置。

浙江省以"生产发展、生活改善、生态良好"三生统筹理念为指导，将农村农业环境保护工作任务分解、落实到相关职能部门，分别推进了乡村企业污染集中治理以及农村聚居点环境整治，实施了生态农业促进计划，取得了良好效果。江苏省提出"十二五"期间推进农业生产方式转变，实现农业功能由生产为主转变为生产、生活、生态并重，新建500个循环、有机农业示范园区，把太湖流域基本建成环湖生态农业圈。以上这些做法和思路值得各地参考借鉴。

三　加强脆弱生态区环境保护管理，恢复和重建生态系统

我国是世界上生态脆弱区分布面积最大、脆弱生态类型最多、生态脆弱性表现最明显的国家之一。受到农牧业生产和资源开发等活动的影响，脆弱生态区域的地表结构、土壤肥力、土地生产率、生物生产率及生物多样性呈现下降趋势，自然灾害频繁发生而且强度增加，环境条件逐渐恶化，地区贫困不断加剧。

党中央、国务院高度重视生态脆弱区的保护工作。环境保护部2008年9月发布了《全国生态脆弱区保护规划纲要》，提出"以维护生态系统完整性，恢复和改善脆弱生态系统为目标"，"坚持优先保护、限制开发、统筹规划、防治结合"，"因地制宜，合理选择发展方向，优化产业结构，力争在发展中解决生态环境问题"。

我国生态脆弱区分布广泛而且面积巨大，有时一个区域就由多个生

态系统组成复合生态系统,情况复杂,特点鲜明,差异突出。各地政府必须因地制宜,在深入调查研究的基础上制订本地区恢复和重建生态脆弱区生态系统的规划方案。下面介绍两个案例。

广西壮族自治区有41%的面积为岩溶地貌,生态环境问题中石漠化表现最为突出。许多岩溶地区季节性旱灾、缺水严重。自治区科技部门从"十五"时期就把修复岩溶区生态系统列为重点支持项目,并在科技部相关项目支持下开展科学研究与技术攻关,建立起4个主要岩溶类型的10多个试验示范区。平果县龙何屯示范区通过水资源科学开发,调整优化土地利用方式,改变农业种植结构,退耕还林,引进优良经济植物和适生树种,发展生态经济林产业,将岩溶山地植被覆盖率提高了60%,使土壤侵蚀模数下降了80%,单位面积土地产值提高10倍以上,节约水肥50%以上,水资源利用率提高55%,农民年人均收入年均增加20%以上。经过开发,该地年可利用岩溶水资源3万立方米。

四川省2012年出台《青藏高原区域生态建设与环境保护规划》,内容包括以下方面。四川省要维护国家生态安全,构建青藏高原东南缘生态屏障,将区域生态环境保护与经济社会发展及人民增收相结合。四川青藏高原区域划分为生态安全保育区、城镇环境安全维护区和其他地区,生态安全保育区包括严格保护区域和重点生态功能区,其他地区则分为水能资源保障区和矿产资源预留区;生态安全保育区以森林、草地、湿地生态系统为重点,以主要河流为廊道,以自然保护区、世界文化和自然遗产、湿地公园等为节点,形成点线面结合的生态安全格局;重点生态功能区要保护和恢复生态系统,限制大规模、高强度工业化城镇化开发;城镇环境安全维护区承载区域主要经济社会活动,严格控制敏感区域的城镇建设范围与人口,根据民族地方特点推进城镇化建设,合理调控产业发展,发展循环经济;水能资源保障区和矿产资源预留区保护在前、开发在后,减少资源开发对生态环境的影响。此外,四川省还强化草原生态系统保护,遏制湿地萎缩退化,维护河流生态系统健康,巩固提升森林生态系统服务功能;继续推进退牧还草,加强重点生态功能区中度和重度退化草地综合治理；大力推进规划区域内沼泽湿地、湖泊湿地和河流湿地生态系统恢复工程；开展生物多样性保护；采取工程措施和生物措施加大地质灾害防治力度；合理调整粗草和料场种植结构，优化畜牧生态布局和畜群结构；在有效保护前提下，推动生态旅游健康快速发展；推广清洁能源，加快实施传统能源替代；提高矿产资源开发环保门槛，开发项目向规划的重点勘探开采区集中；优化水电开发布局，合理确定开发规模，统筹协调干流和支流开发力度，建立健全水能资源开发综合决策机制，加强开发项目运营期间的生态环境监控。

四　加强减灾防灾体系建设，提高农村农业抗御灾害能力

我国应坚持以人为本、减少危害，政府主导、分级管理、社会参与，以防为主、防抗救相结合，各负其责、区域和部门相协作，减轻灾害风险与经济社会可持续发展相协调等原则，以地方应急管理体系为依托，以健全完善农村农业自然灾害预测预防预报预警体系、应急救援体系、恢复重建体系、保障体系为重点，形成统一指挥、结构合理、功能完善、反应灵敏、协调有序、保障有力、运转高效、特色鲜明的农村农业减灾防灾管理体系，使农村农业应对各种自然灾害的能力显著提高。

第一，加强应对自然灾害的社会管理体制和社会动员机制建设。我国应以提高基层应急能力为重点，进一步理顺各级政府的应急管理体制；继续完善有关自然灾害应对的法律法规，重点抓紧制定各项配套政策，完善自然灾害预防应急准备、监测预警、信息发布、应对处置、恢复重建等方面具体的制度和标准。

第二，加强和完善自然灾害监测预警体系建设，实现对各类自然灾害监测预防预报预警的制度化、规范化、常态化。我国应推进监测预警基础设施的综合运用与集成开发，加强预警预报模型、模式和高新技术

运用，完善灾害预警预报决策支持系统。我国还应注重加强洪涝、干旱、台风、风雹、沙尘暴、地震、滑坡、泥石流、风暴潮、赤潮、林业有害生物灾害等频发、易发灾害以及高温热浪等极端天气事件的监测预警预报能力建设，建立减灾委协调相关部门工作，制定对灾害信息沟通、会商、通报的制度，建设灾害信息共享及发布平台，要求各社会媒体以及电信运营系统切实承担气象灾害预警信息发布和传播的社会责任。与此同时，各级政府要发挥政治优势、组织优势，广泛动员群众，加强乡村基层灾害信息员队伍建设，加密乡村人工监测站，构建农村农业自然灾害监测预报的社会网络，做到在特殊时期对灾害隐患进行24小时连续防守观测，确保重大灾害紧急避险警报及时上传下达。

第三，建立健全自然灾害应急救援体系。具体包括以下措施。一要进一步加强专业应急队伍、机动应急队伍、单位应急队伍、乡村社区应急队伍建设，形成坚强稳固的自然灾害应急救援社会骨干力量；二要将自然灾害应急救援体系的建设纳入民防事业建设的范围之内，完善社会动员机制，充分发挥群众团体、红十字会等民间组织，基层自治组织和公民在灾害防御、紧急救援、救灾捐赠、医疗救助、卫生防疫、恢复重建、灾后心理支持等方面的作用，全面提高减灾志愿者的减灾知识和技能，促进减灾志愿者队伍的发展和壮大；三要加强自然灾害应急预案体系建设，县（市）人民政府要指导、帮助乡村社区制订自然灾害应急预案；四要加强应急物资的储备和管理，进一步优化储备布局和方式，合理确定储备物品的种类和规模，加强跨部门、跨地区、跨行业的应急物资协同保障，建立高效的共享协调机制；五要加大自然灾害应急管理的资金投入，建立健全长效规范的应急救援保障恢复体系；六要加快建立国家巨大灾难保险体系，充分发挥各类商业保险的应急功能，建立应急管理公益性基金，有效分散风险，减少损失。

第四，以基层为重点，切实加强减灾防灾基础能力建设。具体措施如下。一要实施地质灾害危险区域内群众的搬迁移民及地质灾害点的工程治理，合理避让灾害风险；二要建设农村避灾安置场所，根据防灾减灾需要，建设县、乡、村三级避灾安置设施网络，确保灾害来临时人员能得到科学有序的转移和妥善安置；三要全面落实防灾、抗灾、减灾、救灾各专项规划，抓好防汛抗旱、防震抗震、防风防潮、防沙治沙、森林草原防火、病虫害防治、三北防护林、沿海防护林等减灾骨干工程建设；四要重点加强对中小河流、中小水库和滑坡及泥石流多发地区的综合治理，加大农田水利基础设施投入力度，加强台风洪涝地震多发地区防灾避灾设施建设。

第五，不断加强减灾防灾教育培训和科普工作，提高农民对自然灾害的防范意识和应对能力。具体措施包括以下方面。一要充分发挥政府、社会、新闻媒体、网络等各方面的力量，采取各种形式，深入开展自然灾害应急管理科普宣传，在灾害隐患地区竖立警示牌和对居民发放"宣传单"、"明白纸"或"逃生路线卡"；二要切实推进防灾避险、自救互救等应急救援知识进农村、进学校、进家庭，将自然灾害应急管理知识、技能、方法的培训纳入国民教育体系，并针对不同的教育阶段，开设相应的培训课程。

（阎济华）

第二十章 建立以农村襄理为主体的红白喜事理事会，解决村民婚丧大事操办中的困难

一 邻里互助关系向对等交换关系转变后红白喜事料理出现困局

我国早在农耕时代就形成了"守望相助，葱酱相借"的邻里关系，"邻"的范围基本固定在 4 家以上、8 家以内的相邻关系中，里和乡成为极具时代特征的农村基层组织单位。在经济功能之外，传统社会的邻里关系承载着更多的社会功能和政治功能，它不仅是一种因比邻而居所产生的社会交往关系，同时作为传统社会政治治理的基层组织①，深受地域性、宗族性乡村治理模式的影响，在对邻里关系进行调节过程中形成了许多地方治理和道德教化的乡规民约。传统社会邻里关系的好坏，直接体现着传统村落的精神文明和社会文明程度，因此中国历朝历代的治理者、社会官僚及大思想家等，都把"睦邻、善邻"作为制定乡规民约的核心内容，以及追求良序、和谐政治治理社会的最高道德要求。随着社会文明程度的提高和物质生活的丰裕，邻里间"葱酱相借"的亲密联系逐渐减少，相当数量的农村居民已明显感觉到邻里关系的淡漠和疏远。这种现象在城市更为凸现。《中国青年报》社会调查中心对

---

① 肖群忠：《论中国古代邻里关系及其道德调节传统》，《孔子研究》2009 年第 4 期。

第二十章　建立以农村襄理为主体的红白喜事理事会，解决村民婚丧大事操办中的困难

4509 人进行的一项调查显示，80.9% 的人感觉当下邻里关系与 10 年前相比更趋冷漠，40.6% 的人不熟悉邻居，其中 12.7% 的人根本不认识邻居。如果生活遇到困难，仅 18.5% 的人会首先向邻居求助。[①] 相比之下理性经济人的角色却在村落居民中大行其道，呈现不断强化的趋势，逐利思想下邻里各方更希望同他人进行互惠的、有偿的、交换的互动以满足自身的经济需求。

邻里互助关系向对等交换关系的转变，是三方推力共同作用的结果。首先，随着农村生产力水平的发展，农业机械化普及程度大为提高，传统农业经营方式下主要依靠人力进行耕作的模式，逐步被主要依靠机械动力的精细农业生产经营方式所取代，农作物种、养、收各个环节所需的劳动力明显减少。农业生产各个环节所需的物资也可在集市贸易中购买获得，而不再需要从邻里处"相借"，这就从某种程度上导致邻里互助协作关系出现弱化趋势。其次，市场经济条件下农村居民的生活消费水平和信息化水平不断提升，农村家庭增收渠道的拓宽使单个家庭的经济实力较以往显著增强，自我应对自然、人事风险（抵御天灾人祸）的能力随之提升，自立能力强化后单个家庭极少依赖邻里互助弥补自身弱势，从而导致关系弱化。另外在市场意识薄弱的传统乡村社会环境下，邻里之间互相帮助大多属于无偿的个体行为，因此平时更加注重主动修好邻里关系，避免在家庭自身无法克服的风险中失利。乡村社会文明程度提升后，可以帮助单个家庭规避风险的社会性、专业性服务组织大量涌现，邻里不再是家庭克服当期风险的唯一选择。这也是封闭、贫穷、落后的乡村社会，更易产生相濡以沫、亲密如家人之邻里关系的重要原因。

邻里互助关系向对等交换关系转变后，农村红白喜事料理面临诸多困境，最突出的就是有偿劳动交换模式下红白喜事料理负担加重。传统的中国乡村社会是一个宗族社会，尽管存在少数杂姓村落，但村落聚居

[①] 何勇海：《"互信互助不互扰，邻里守望"精神不能丢》，2011 年 12 月 21 日《人民日报》（海外版）。

者仍以同宗同族的亲人为主体,通过家庭成员之间的交往互助,邻里关系在更大程度上表现为家庭关系的外在延伸。由于迁徙意识十分淡薄,乡村社会成员之间的联系较为稳固,熟人社会的邻里关系在此基础上得以规制。农村劳动力跨区域流动打破了传统的居住格局,乡村社会成员聚族而居的空间发生转移,安土重迁的中国农民开始大规模、高频率地在城乡之间双向流动。跨域转移弱化了乡村社会长期稳定的邻里互助关系,随着乡村社会成员务工经历的增加,逐利的思想观念引入乡村社会并且逐步得到强化,基于乡村社会主体经济利益实现的平等交换关系有着更强烈的内在需求,社会个体更希望从劳动交换中获益,达到增加家庭经济收入的目的,表现在红白喜事中即是进行有偿劳动交换的愿望更加迫切。在中国西南地区的某些农村,红白喜事中对煮饭、烧水、记账、迎客都有明确分工,在此过程中付出劳动的邻里也希望从中获得一定的经济或物质报酬,且"帮忙"的"标准"正因攀比畸形提升,出现与家庭经济实力不对等的局面,这在一定程度上加剧了农村家庭的经济负担。

二 农村劳动力跨域流动后红白喜事料理主客体禀赋不足

(一) 农村青壮年劳动力跨区域流动就业宏观考察

当代中国社会发展史上共出现过三次举世瞩目的"民工潮"现象。第一波"民工潮"发轫于1989年,是农村家庭承包经营体制改革和国家流动人口政策变动阶段性成果共同作用的结果,引发几百万农民近距离集聚流动现象,创造性地开辟了新中国历史上最具特色的"离土不离乡,进厂不进城"就地转移农村劳动力的模式。之后由于国民经济的治理整顿,曾出现大量农民工逆向返乡、回流农村的现象。1992年邓小平南方讲话后,在大力发展开发区和城市粮食供应制度解体的改革形势诱导下,当代中国历史出现了蔚为壮观的4000万农村劳动力跨区域进城务工的第二波"民工潮"现象。由于这一时期国家采取严格控制农村劳动力流动的户籍隔离政策，以及"经济吸纳，社会排斥"的城市政策，导致进城务工的农村劳动力大量游离在城市社会的边缘。20世纪90年代中后期香港回归祖国，港澳台制造业开始大规模转移到广东地区，廉价劳动力数量多、消费潜力巨大和基础设施优渥的江浙一带沿海地区，成为国际制造业向国内转移的首选区域和重点承接地，史无前例的经济发展形势形成强大的拉力，进城务工的农村劳动力数量持续稳定提高的阶段由此开启。

从宏观的角度考察发现，三次令人注目的"民工潮"有着三个鲜明的时代特征。一是以带有明显经济倾斜的"跨域转移"，尤其是跨区域转移就业为主要方式。"跨域转移"背景下，农村劳动力的流向呈现由不发达地区、农村向发达地区及城市输出的明显特征；流动的半径由最初的就近、就地为主，逐渐拉长为跨区域、跨省份就业为主；产业流向则以异地非农产业，尤其是大中城市的商业服务业、建筑业为主，部分输出的农村劳动力流入加工贸易型外向经济发展较快的东南沿海地区乡镇企业和三资企业。二是农村劳动力流动就业在时间上具有强烈的周期性，每年的春运成为这种周期性流动最为频繁的关键节点，以春节为节点的周期性流动突出表现在后两次"民工潮"发展阶段。周期性涌动使进城务工的农村劳动力如"候鸟"般在城乡之间来回迁徙，这种迁徙随着城市化进程的不断推进，出现周期性时间间隔拉长的趋势。三是"民工潮"下农村劳动力转移就业已出现明显的代际差异，"80后"、"90后"青壮年农村劳动力成为农民工群体的主体力量。中国青少年研究中心公布的统计数据显示，外出务工人员的60%均是新生代农民工，这一群体数量高达1.5亿人，其中约1亿新生代农民工初中刚毕业即外出务工，因此该群体中80%的人处于未婚状态。

（二）跨域流动背景下农村红白喜事料理主客体禀赋不足

从农村劳动力跨域流动的发展历程和时代特征看，农村青壮年劳动力的流失呈现日益严重的趋势，是导致红白喜事料理出现困境的另一重要诱因。它一方面导致料理主体数量不足、构成比例失调,另一方面加重了农村青年男女比例失调引致的婚育危机。毋庸置疑,农村劳动力跨区域流动就业支撑了城市经济的运转和发展,对农村家庭收入的增加和农村经济的发展也具有积极意义。然而,我们更应看到这种增长和发展是以二元体制的相对剥夺得以实现的,农民工数量的增长是以农村人力资源的流失和青壮年农业劳动者数量的锐减为代价的。目前学术界对中国农民工流动概况有一共识性的认识,即 1992 年以来农民工数量持续以每年 800 万~1000 万人的速度增加,且年龄构成已出现日益年轻化的趋势。2009 年,全国 31 个省份农民工监测调查结果显示,在所有跨区域流动就业的农村劳动力中,1980 年之后出生的新生代青壮年农村劳动力比例超过了一半,接近 60% 左右(约 1 亿人)。青壮年农村劳动力的大量流失导致农村红白喜事料理主体数量严重不足。农村红白喜事按操办动机的不同大致分为庆贺型喜宴(婴儿初诞后的满月、过周岁,新婚、上大学、当兵饯行、房屋上梁等)、避灾型生日宴、感恩宴(老人过整寿、去世时的白喜事)三种。① 家庭承包制的制度效能使农民的生理、安全和社交需求一一得到满足,但市场经济体制下富裕起来的中国农民有着更强烈的被尊重需求和自我实现需求。这种心理需求表现在农村红白喜事中,即是操办的程序和规格日益翻新,不少村落红白喜事操办的流程和场面甚至比城市更为隆重。在庆贺型喜宴和避灾型生日宴中,操办流程的现代化更需要熟知现代婚俗、民俗礼仪的青壮年农村劳动力主持操办;而白喜事的出殡仪式中对抬棺材的青壮年农村劳动力需求仍然很强烈。大量农村劳动力进城务工后,作为农村现代红白喜事料理主体的重要力量,青壮年农村劳动力供需不足的矛盾正日益凸显。

农村劳动力大规模跨区域流动就业,造成常年留守农村的青壮年强劳力大量流失,红白喜事料理陷入主体构成比例失衡危机。改革开放以来,大量农村劳动力涌向城市和非农产业,特别是随着我国工业化、城

---

① 邓亦武:《农民心理需要畸形化的影响与对策——以湖南省沅陵县油房村红白喜事风俗为例》,《武汉理工大学学报》(社会科学版)2005 年第 3 期。

第二十章 建立以农村襄理为主体的红白喜事理事会,解决村民婚丧大事操办中的困难

市化进程的加快,流入城市的已不仅是农村"富余"的劳动力,还包括大量农业生产所必需的劳动力,农业劳动力短缺与劳动力老龄化问题互相伴生,严重阻碍了农业与农村经济的深层次发展。从农业从业者的年龄构成看,目前留守农村者大多属60岁左右的老年劳动力,不少未成年人甚至在农忙时节承担着农业生产任务,而农村红白喜事料理主体就来源于这批留守农村的老、弱、妇孺劳动力,在许多农村地区,50岁以上的中老年妇女成为红白喜事料理的主体力量。春节是农村劳动力流动的关键节点,这时会形成一股农民工大举返乡探亲的潮流,因此对可调整日期的新婚、做整寿等红喜事,许多农村家庭都会选择在春节前后择期操办,以规避农村红白喜事中青壮年料理主体缺失的风险。这样的做法并不能从根本上解决料理主体构成比例失衡问题,况且孩子满月、上大学、当兵、房屋上梁等庆贺宴和家人过世时的白喜事,客观上不具备随意调整操办日期的条件。而随着务工群体的年轻化,不少进城务工的青壮年劳动力在城市定居的意愿日益强烈,他们在更大程度上选择留在城市过春节。综上所述,农村劳动力的跨区域流动就业,导致农村红白喜事料理面临主体数量不足和构成比例失衡等现实问题。

此外,农村青年男女比例失调问题正凸显为导致农村红白喜事料理客体禀赋不足的实然困境。据调查,留守农村的少数青壮年劳动力极度缺少婚配对象,有的村庄甚至出现10年未举办一场婚宴的尴尬局面,适婚青年男女比例严重失调是造成这种现象出现的根源,具体可从两个方面进行分析。一是受农村社会根深蒂固的重男轻女观念影响。适婚农村青年男女在其出生之日,就因人为的性别鉴定对胎儿进行人工筛选,初生女婴要么在腹中流产,要么出生后夭折或被转送。即使幸存下来其父母也会竭尽全力再生男丁,这样就导致男婴的出生数量和增长速度远远超过女婴,换句话说,农村青年男女在其出生时就存在严重的婚配比例隐性失衡问题,一旦进入适婚年龄很快凸显为严重的社会问题。二是大量青壮年农村劳动力进城就业,加重了农村适婚青年男女比例失调的危机。2010年发布的《中国流动人口发展报告》指出,2009年我国流动人口数量达2.11亿,并且在未来30年以内,人口规模将出现不断增加的趋

势。这其中出生于1980年、1990年后介于16~32岁之间的青年人占总人数的60%左右，其中女性的比例达40.8%；1980年之后且1990年之前出生的已婚比例为33.8%，1990年之后出生的已婚比例仅为1.6%。① 这意味着70%左右的新生代青年农民工正处于交友、恋爱、结婚的黄金期。

在劳动力跨域流动愈演愈烈的形势下，农村适婚女性青年人力资源流失现象相当严重，仅仅围绕以血缘和地缘为基础的生活圈展开社交活动的途径，对留守农村地区的未婚男性青年来说已不太现实，其择偶婚恋的对象需要到城市庞大的新生代农民工群体中去寻找。然而与此形成强烈对比的是，留守农村的适龄女性青年会选择到城市寻找婚配对象；而积累了一定务工经历的女性青年农民工，对城市生活的依赖和信任度与日俱增，她们在更大程度上也会以长期在城市生活和定居为最终目的，城市未婚男性青年成为助其实现这一目的的最佳人选。这种情况产生的直接后果是，农村未婚男性青年在社会交往过程中的资源占有率极低，这种困境并不能依靠春节期间短暂的"熟人见面会"得到根本解决。适婚青年男女比例失调的现象在城市同时存在，城市流动就业的女性青年农民工，自然成为城市未婚男性青年择偶婚配的候选对象，由此产生的结婚成本可能远低于与城市未婚女性青年的结合，从这个意义上讲，农村女性青年更具备竞争优势。综上所述，在重男轻女观念和女性青年跨域流动就业、择偶等多重因素影响下，农村未婚青年男女比例失衡危机正愈演愈烈，农村红白喜事料理正陷入客体禀赋不足的实然困境。

三 建立以农村襄理为主体的红白喜事理事会

（一）农村红白喜事困境彰显监管渠道缺失

农村红白喜事的操办对张扬谦恭礼让、守望相助的传统文化习俗具有重要意义，也在一定程度上反映了农村居民消费结构的变化，对

---

① 王冉：《新生代农民工的数量、结构和特点》，2012年4月20日，中国社会科学网。

第二十章 建立以农村襄理为主体的红白喜事理事会,解决村民婚丧大事操办中的困难

和谐邻里关系、增强村落社会群体之间联系纽带的紧密性具有积极意义。然而我们也不能忽视,由于监管渠道极度缺失,当下大肆操办红白喜事筵席,在很大程度上反映的是农民畸形的文化心理和攀比之风,它带来了两个方面的问题。

一方面,农村家庭人情性消费支出畸形增长,加重了农村家庭的生活负担。一段时期以来,房屋修建、农村红白喜事、日常生活消费、子女教育和家庭成员重大疾病支出,被列入农村住户常年支出的前几位。农民日常生活消费人均年支出虽随物价的变动呈小幅上升趋势,但在支出总水平中所占比重总体来讲明显下降;农户房屋修建支出属于非经常性的大项目支出,从长期看并不会造成过重的经济负担;子女教育支出属于能升高中、大学的特定家庭;家庭成员重大疾病支出随着农村新型合作医疗体系的完善有所缓解。只有农村红白喜事支出因缺少监督和管理,增长较为迅速,成为农村住户经常性支出的主要项目,相当数量的农户需借款负债才得以完成。"赶人情"已经成为农户生活的主要内容之一,婚丧嫁娶规模日益扩大,生日做寿越来越频繁,数十上百桌的红白喜事请客已相当普遍,并且呈现明显增多的趋势,过重的人情消费支出已经给农村家庭造成沉重的生活负担。

另一方面,缺少统一监管的农村红白喜事不利于文明、整洁农村人居环境的形成。长期以来农村红白喜事服务从业人员大多属于临时雇用,没有任何健康体检证明;服务队也不具备任何正规手续,处于无人监管状态。并且这些红白喜事服务队分散在各个乡镇街道、行政村,它们虽然能够基本按照"婚丧嫁娶"筵席需求,提供物品采购、筵席筹备和餐具清洗等"一条龙"服务,但不管是邻里之间东拼西凑的必备餐具,还是由服务队提供的"一条龙"服务,均存在不同程度的卫生安全隐患,筵席必备的餐具清洗消毒过程极不规范,多数只是清洗并未经过严格消毒。红白喜事筵席必备的桌椅、碗筷、蒸锅、帐篷等用品新旧程度不一,多以农用机动车、三轮车等运输到筵席操办方,缺乏必要的卫生防护措施。筵席后产生的生活垃圾随处丢

弃，不利于农村人居环境的整洁和卫生。还有许多家庭在举办筵席过程中，会聘请歌舞表演队到席间演出，过度的人群聚集观看容易造成踩踏事故和群体斗殴事件，对操办方房屋周围的农用耕地、菜园等也会造成不同程度的破坏，不利于文明、礼让良好社会风气的形成。在新型农村建设持续推进的关键时期，地方政府应该从农村红白喜事仪程的规范、监督和管理入手，解决村民婚丧大事操办中面临的实然困境，探寻新时期新型农村社会管理的可行路径。

（二）两条途径破解农村红白喜事监管缺失困境

如何从监管方面解决农村家庭婚丧大事操办中遇到的实际困难，在张扬良好农村社会文化习俗的同时，切实减轻农村家庭的生活负担，笔者认为可通过两条途径展开。

首先是通过民办公助形式建立以行政村为单元的红白喜事理事会。以行政村为单元建立红白喜事理事会的关键在于确定监管红白喜事的"襄理"人选。襄理是兼管农村红白喜事的总头目，因文化习俗的不同各地对此有不同的称谓。陕西关中地区亲切地称之为执事、大总管或者"相奉"。"相奉"二字寓意守望相助、互相奉献协作，也有不同的观点认为应当称作"相烘"，取"烘云托月"的美誉，具体如何统一称呼难以考证，总之这是一个提及顿生吉祥、尊敬之意的词汇。四川南部的农村地区则直接称之为"领头的"，其余参与喜事服务的乡民统称"帮忙的"。襄理是负责农村红白喜事相关事宜的大总管，他们热心肠、懂礼节、经验丰富，在农村社会具有很高的威望和较强的组织协调能力，每一自然村都会有这样一两位具备大总管资格的人选。因此，在建立以行政村为单元的红白喜事理事会过程中，对已经自然而然形成的襄理人选应直接任用，也可通过村民投票的方式选举产生，备选人员也应从熟悉本村人情事务、风俗习惯，善于接受新思想、新观念的社员中挑选。在此基础上，理事会应按照当地农村家庭基本消费能力和年均收入水平，规范红白喜事操办仪程，确定红白喜事筵席要求和人情支出标准，最大限度地发挥理事会的积极作用，避免因不必要的人情开支和管理费用，给农村家庭造成过重的生活负担,从而对农村社会邻里关系的和谐起到积极作用。

其次是通过社会性商业化服务弥补人手不足。改革开放后一些具有商业眼光的农民,开始自主经营红白喜事宴席餐具租借业务,红白喜事操办方只需给付一定的租金,即可拥有宴席所需的全套灶具、碗筷、桌凳等的使用权。最近几年一些具有经济头脑的农民,进一步完善租借餐具服务,自办"红白喜事一条龙"宴席服务队,或者成立"流水席"餐饮专业服务公司。这些社会性商业化服务组织不仅备有全套的各种宴席餐具,而且备有炊事员、采购员及专用车辆。他们与红白喜事操办方事先商定宴席的菜品、主食和席数,由其服务队安排专门的人员负责原料采购、宴席筹备、宾客接待等相关事宜,有的地方称之为"流动饭店",意指将在饭店里举办的宴席搬到举办者的家中。宴席服务队的出现是对农村传统红白喜事操办方式的创新,它通过筵席操办流程的一体化服务,切实减轻了农村家庭红白喜事操办中的心理负担和精神负担,大大方便了需要举办红白喜事的农村家庭。对亲朋好友及村民而言,也是一种解脱。过去即使是农忙时节,迫于人情压力村民都得去举办红白喜事的家庭帮忙,宴席服务队的产生使这种压力得到有效缓解。另外服务队的创立为农民就业开辟了新的路径,对增加农村家庭的经济收入具有积极的作用。

诚然,目前农村地区的宴席服务队还过于零散,组织化程度和服务水平都有待提高,对从业者的健康标准,食品原料加工、餐饮安全标准等尚未形成统一规范,需要我们在未来加以完善并强化。

对此,北京市平谷区的做法值得借鉴。2010年2月,北京市平谷区出台《平谷区农村(社区)家庭喜筵服务管理办法》,这是全国第一个对农村"婚丧嫁娶"等红白喜事服务予以规范的政府红头文件。文件倡导对农村家庭喜筵服务经营者实行备案、登记管理制度,经营者必须凭卫生、工商、属地乡镇街道等部门的联合审核文书,到卫生监督部门备案,在工商部门取得登记后方可从事喜宴经营活动。对备案、登记的有效期限、从业人员的健康、经营场地的要求、食品原料及加工安全标准等,均作出翔实明确的规定,实行喜筵服务活动申报、食品安全事故报告等制度。① 平谷区的做法值得在全国农村地区继续推广,各地在践行过程中可根据当地习俗采取不尽相同的方式,引导并规范理事会在农村红白喜事管理中健康发展。

参考文献

[1] 肖群忠:《论中国古代邻里关系及其道德调节传统》,《孔子研究》2009年第4期。

[2] 何勇海:《"互信互助不互扰,邻里守望"精神不能丢》,2011年12月21日《人民日报》(海外版)。

[3] 王冉:《新生代农民工的数量、结构和特点》,2012年4月20日,中国社会科学网。

[4] 邓亦武:《农民心理需要畸形化的影响与对策——以湖南省沅陵县油房村红白喜事风俗为例》,《武汉理工大学学报》(社会科学版)2005年第3期。

[5] 王烨、高金生:《平谷规范农村婚丧嫁娶服务》,2012年3月27日《京郊日报》。

(江小容)

---

① 王烨、高金生:《平谷规范农村婚丧嫁娶服务》,2012年3月27日《京郊日报》。

社会科学文献出版社网站
www.ssap.com.cn

1. 查询最新图书　　2. 分类查询各学科图书
3. 查询新闻发布会、学术研讨会的相关消息
4. 注册会员，网上购书，分享交流

　　本社网站是一个分享、互动交流的平台，"读者服务"、"作者服务"、"经销商专区"、"图书馆服务"和"网上直播"等为广大读者、作者、经销商、馆配商和媒体提供了最充分的互动交流空间。

　　"读者俱乐部"实行会员制管理，不同级别会员享受不同的购书优惠（最低7.5折），会员购书同时还享受积分赠送、购书免邮费等待遇。"读者俱乐部"将不定期从注册的会员或者反馈信息的读者中抽出一部分幸运读者，免费赠送我社出版的新书或者数字出版物等产品。

　　"网上书城"拥有纸书、电子书、光盘和数据库等多种形式的产品，为受众提供最权威、最全面的产品出版信息。书城不定期推出部分特惠产品。

咨询/邮购电话：010-59367028　　　　邮箱：duzhe@ssap.cn
网站支持（销售）联系电话：010-59367070　　QQ：1265056568　　　　邮箱：service@ssap.cn
邮购地址：北京市西城区北三环中路甲29号院3号楼华龙大厦　社科文献出版社　学术传播中心　邮编：100029
银行户名：社会科学文献出版社发行部　　　开户银行：中国工商银行北京北太平庄支行　　　账号：0200010009200367306

图书在版编目(CIP)数据

创新农村社会管理/杨沛英主编. —北京：社会科学文献出版社，2012.10
ISBN 978-7-5097-3663-0

Ⅰ.①创… Ⅱ.①杨… Ⅲ.①农村-社会管理-研究-中国 Ⅳ.①C912.82

中国版本图书馆 CIP 数据核字（2012）第 185077 号

创新农村社会管理

主　　编／杨沛英

出 版 人／谢寿光
出 版 者／社会科学文献出版社
地　　址／北京市西城区北三环中路甲 29 号院 3 号楼华龙大厦
邮政编码／100029

责任部门／财经与管理图书事业部　(010) 59367226　　责任编辑／高　雁　梁　雁
电子信箱／caijingbu@ ssap. cn　　　　　　　　　　　责任校对／李艳涛
项目统筹／恽　薇　　　　　　　　　　　　　　　　　责任印制／岳　阳
经　　销／社会科学文献出版社市场营销中心　(010) 59367081　59367089
读者服务／读者服务中心　(010) 59367028

印　　装／北京鹏润伟业印刷有限公司
开　　本／787mm×1092mm　1/16　　　　　印　张／18.5
版　　次／2012 年 10 月第 1 版　　　　　　字　数／274 千字
印　　次／2012 年 10 月第 1 次印刷
书　　号／ISBN 978-7-5097-3663-0
定　　价／59.00 元

本书如有破损、缺页、装订错误，请与本社读者服务中心联系更换

版权所有　翻印必究